Kyss by rowohlt POLARIS

EMMA CHASE

PRINCE OF PASSION

HENRY

ROMAN

Aus dem Englischen
von Anita Nirschl

Kyss

Die Originalausgabe erschien 2017
unter dem Titel «Royally Matched».

Deutsche Erstausgabe
Veröffentlicht im Rowohlt Taschenbuch Verlag,
Hamburg, Juni 2019

Published by Arrangement with Farrah Reilly
Redaktion Susann Rehlein, Berlin
Umschlaggestaltung ZERO Werbeagentur, München
Umschlagabbildung deckorator / shutterstock
Satz aus der TrinitéNo2 bei Pinkuin Satz und Datentechnik, Berlin
Druck und Bindung CPI books GmbH, Leck, Germany
ISBN 978 3 499 27392 6

1

HENRY

«Dreck.»

Ich habe den Ball gesliced.

Zumindest glaube ich, dass das der richtige Ausdruck ist. Gespliced? Gediced? Geminced? Ich bin mir nicht sicher. Ich war nie ein Fan von Golf. Es ist einfach zu langsam. Zu ruhig. Zu verdammt *langweilig*. Ich mag meine Sportarten so, wie ich auch meinen Sex mag – wild, laut und dreckig.

Ich steh eher auf Fußball. Oder Rugby. Voller Körpereinsatz. Polo ist auch okay.

Verdammt, im Moment wäre ich sogar mit einem dynamischen Quidditch-Match zufrieden.

«Was sagten Sie, Eure Hoheit?», fragt Sir Aloysius.

Ich reiche den Schläger an Miles, meinen Caddie, weiter und drehe mich forsch zu den Männern um, die für diesen Nachmittag der Folter verantwortlich sind.

«Ich sagte: *Dreck.*»

Der Graf von Pennington, Lord Bellicksbub, was passenderweise sehr wie Belzebub klingt, hält sich hustend die tattrige Hand vor den grauen Bart und weicht meinem Blick aus. Weil ich solche Dinge nicht mehr sagen sollte. Es ist *unangebracht.* Unfein. Des Kronprinzen und Erben des Throns von Wessco nicht würdig.

Kronprinz – das ist der Titel, den mir mein Bruder, der Mistkerl –, aufgehalst hat, weil er sich verliebt, auf den Thron verzichtet und seine wunderbare Amerikanerin geheiratet hat. Im letzten Jahr hat man mir bestimmt tausendmal gesagt, dass der Thronfolger sich *schicklich* verhalten muss. Aber ich war noch nie besonders gut darin, zu tun, was man mir sagt.

Das ist ein Problem.

Vielleicht auch ein Reflex. Wenn man mich nach links schicken will, gehe ich nach rechts. Wenn man mir sagt: Hinsetzen, dann springe ich. Wenn man mir sagt, ich soll mich benehmen, dann besaufe ich mich und verbringe das Wochenende damit, die drei Nichten des Erzbischofs zu vögeln. Es sind Drillinge. Und wirklich nette Mädchen. Ich frage mich, was sie diesen Freitag machen.

Nein, ich nehme es zurück. Das frage ich mich nicht. Denn das war der alte Henry. Der lustige, sorglose Henry, den jeder um sich haben wollte.

Jetzt muss ich der Henry sein, mit dem niemand abhängen will: ernsthaft. Gelehrt. Anständig, selbst wenn es mich umbringt. Und das könnte es definitiv. Meine Großmutter, die Queen, verlangt Schicklichkeit. Es ist das, was das Parlament – Leute wie Aloysius und Belzebub – erwarten. Es ist das, was mein Volk braucht. Sie alle zählen auf mich. Verlassen sich auf mich. Dass ich sie in die Zukunft führe. Dass ich gut bin.

Dass ich ... ein König bin.

Gott, mir dreht sich jedes Mal der Magen um, wenn ich das Wort nur denke. Wenn es jemand laut ausspricht, muss ich würgen. Wenn tatsächlich ich die Hoffnung für mein Land sein soll, dann sind wir alle gründlich am Arsch.

«Ein guter Hinweis, Prinz Henry», sagt Sir Aloysius. «Dreck an den Golfbällen macht einen großen Unterschied.»

Er ist ein elender Lügner. Er weiß ganz genau, was ich gemeint habe. Aber so geht Politik. Mit Heucheln und falschem Lächeln und Schlachtermessern, die auf den Rücken des Gegners zielen. Ich hasse Politik sogar noch mehr, als ich Golf hasse. Aber das ist jetzt mein Leben.

Mit schmalem Blick sieht Aloysius seinen Caddie an. «Beim nächsten Mal haben wir besser saubere Bälle, sonst werde ich persönlich dafür sorgen, dass Sie nie wieder auf diesem Platz arbeiten. Entschuldigen Sie sich beim Prinzen für Ihre Inkompetenz.»

Der nun bleiche Junge verbeugt sich tief. «Es tut mir schrecklich leid, Hoheit.»

Und wieder dreht sich mir der Magen um.

Wie hat Nicholas das nur die ganzen Jahre lang ausgehalten? Ich habe immer gedacht, er wäre ein Drama-King. Eine Spaßbremse und ein Jammerlappen.

Jetzt verstehe ich es. Ich bin die sprichwörtliche Meile in seinen Schuhen gelaufen – und sie sind nicht bequem.

Man sollte meinen, ständig den Arsch geküsst zu bekommen wäre angenehm, zumindest ein bisschen. Ist es nicht.

«Kein Problem», sage ich zu dem Caddie, obwohl ich gern Aloysius anschnauzen würde. Aber ich habe das Gefühl, wenn ich eine große Sache daraus mache, wird der alte Sack es an dem Jungen auslassen.

Die Caddies lassen sich etwas zurückfallen, als wir zum nächsten Schlag gehen.

«Wie denken Sie über das Repatriierungs-Gesetz, Hoheit?», fragt Belzebub beiläufig.

«Reparti-was?», antworte ich.

«Repatriierung», wiederholt Aloysius. «Die Erlaubnis für Unternehmen, die wegen belangloser Verstöße gegen das Arbeitsrecht sanktioniert wurden, Auslandsgewinne straffrei wieder nach Wessco zurückzuholen. Das würde ihnen erlauben, Tausende von Arbeitsplätzen zu schaffen. Der Gesetzentwurf hängt seit Wochen im Parlament fest. Mich überrascht, dass Ihre Majestät es Ihnen gegenüber nicht erwähnt hat.»

Wahrscheinlich hat sie das. Zusammen mit zehntausend anderen Zahlen und Fakten und diesem und jenem an Gesetzen, Informationen und Rechtslagen, die ich längst kennen sollte. Ich bin nicht blöd. Ich kann sogar ziemlich brillant sein, wenn mir danach ist. Ich war immer gut in der Schule. Es ist nur schwer, Interesse für Dinge aufzubringen, die mich nun mal nicht interessieren.

Zuerst hat mir meine Großmutter Informationen per E-Mail geschickt. Memos. Aber nachdem wir den Server des Palasts gecrasht haben, hat sie angefangen, mir alles auszudrucken. Wahrscheinlich wartet inzwischen ein ganzer Wald an Papier in meinem Zimmer auf mich.

Sorry, Umwelt.

In Politik mag ich zwar mies sein, aber darin, ein fröhliches Gesicht aufzusetzen und meine Unzulänglichkeiten zu vertuschen, bin ich ein Meister. Darin, meine Rolle zu spielen. So zu tun, als ob. Das mache ich schon mein ganzes Leben lang.

«Ja, natürlich, Repatriierung. Ich dachte, Sie hätten *Repetrifizierung* gesagt, womit ich mich gerade vertraut mache. Ich glaube jetzt schon sagen zu können, dass dieses Thema mir sehr am Herzen liegen wird.»

Bei ihren verwirrten Mienen verschränke ich die Arme, senke den Kopf und erkläre ernst: «Repetrifizierung ist die Verteilung ausgesetzter Haustiere an Senioren. Ich werde Ihnen ein Memo darüber schicken.»

Lord Bellicksbub nickt. «Interessant.»

«In der Tat», stimmt Sir Aloysius zu.

Und das, Ladys und Gentlemen, ist meine Vorstellung von einem Hole-in-one.

Aloysius nimmt seinen Schläger von seinem Caddie entgegen und schwingt ihn prüfend, bevor er sich seinem Ball nähert. Während er ihn aufstellt, fragt er mich: «Und was die Repatriierung betrifft. Klingt das für Sie auch nach einer löblichen Bemühung?»

Diesmal versuche ich nachzudenken, bevor ich spreche. Granny wäre so stolz auf mich.

Nach einem Moment nicke ich. «Mehr Chancen für die Arbeiterklasse sind immer etwas Positives. Ich denke, es ist eine gute Idee.»

Belzebub lächelt, dabei glänzen seine gelben Zähne in der kühlen Nachmittagssonne.

«Ausgezeichnet.»

«Was hast du dir dabei *gedacht*?»

Wie sich herausstellt, ist Granny doch nicht stolz auf mich.

Sie klatscht die *Sunday Times* auf ihren Schreibtisch, um die Schlagzeile für sich sprechen zu lassen.

KRONE ÄNDERT STANDPUNKT – PRINZ UNTERSTÜTZT UMSTRITTENE REPATRIIERUNG

Von meinem Stuhl auf der anderen Seite des mächtigen Schreibtischs der Queen aus zeige ich auf die Zeitung. «Das habe ich so nicht gesagt.»

Schon als ich zu ihr gerufen wurde, hätte ich wissen sollen, dass etwas nicht stimmt. Ins Arbeitszimmer der Queen zitiert zu werden ist nicht viel anders, als zum Schuldirektor gerufen zu werden.

Finster schaut sie auf mich herab. Die Falten um ihren Mund sind schärfer und tiefer, als sie es noch vor einem Jahr waren. Diese Wirkung habe ich auf die Leute.

«Wir haben uns monatelang bemüht, die Verabschiedung dieses Gesetzes zu verhindern. Das Einzige, was für viele Abgeordnete dagegensprach, war unsere ausdrückliche Missbilligung. Und jetzt hast du auf einen einzigen Schlag diese ganze Arbeit zunichte gemacht.»

Meine Haut fühlt sich zu eng unter meinem Anzug an. Ich fahre mir mit der Hand durchs Haar, das, wie mir vor längerem gesagt wurde, einen Haarschnitt nötig hat. Und genau deswegen reicht es mir beinahe bis zu den Schultern.

«Ich habe gar nichts zunichte gemacht! Das war eine beiläufige Bemerkung. Smalltalk.»

Die Queen stützt die Hände auf den Schreibtisch und lehnt sich nach vorne. «Du bist der Kronprinz. Den Luxus beiläufiger Bemerkungen gibt es für dich nicht. Du sprichst für das Haus Pembrook, und jedes deiner Worte, jede Handlung und jeder Atemzug haben das Potenzial, von einer Seite, die das nützlich findet, wiederholt oder auch verdreht zu werden. Wir haben das doch schon diskutiert, Henry.»

Ich war mal Grannys Liebling. Wir hatten eine besondere Beziehung. Sie war immer amüsiert über meine Eskapaden und Abenteuer. Das löste sich an dem Tag in Rauch auf, an dem ich zu ihrem Nachfolger ernannt wurde. Jetzt findet sie mich nicht mehr amüsant. Verdammt, ich glaube, sie mag mich nicht mal mehr.

«Hast du dir überhaupt die Mühe gemacht, dich mit unserer Haltung zu diesem Thema vertraut zu machen? Ich habe dir schon vor Wochen durch Christopher ein entsprechendes Memo zuschicken lassen.»

Christopher ist der Privatsekretär der Queen, ihr Lakai. Ich habe den Verdacht, dass er in seiner Freizeit mit einem Ballknebel mit ihrem Foto drauf im Mund rumläuft.

«Ich hatte noch nicht die Zeit dazu.»

«Du hast dir noch nicht die Zeit dazu *genommen.*»

Wenn Ausreden versagen, ist Ablenkung immer das Mittel der Wahl. «Du warst es doch, die darauf bestanden hat, dass ich an dieser blöden Golfpartie mit Arschloch eins und Arschloch zwei teilnehme.»

Ihre Worte sind hart und schnell – wie Automatikfeuer aus einem Maschinengewehr. «Weil ich törichterweise dachte, du wärst mit dem Prinzip ‹Kenne deine Feinde› vertraut. Wie dumm von mir.»

Ich blähe die Nasenflügel. «Ich habe um nichts von alldem hier gebeten!»

In diese Position gebracht zu werden. Diese erdrückende Verantwortung aufgebürdet zu bekommen. Ich wollte die Schlüssel zum Königreich nie haben – ich war zufrieden damit, einfach nur durch die verdammte Tür rein- und rausspazieren zu können.

Meine Großmutter richtet sich auf und reckt das Kinn. Ungerührt und unerschütterlich. «Nein, du warst auch nicht meine erste Wahl.»

Autsch.

Ein Tiefschlag von einer achtundsiebzig Jahre alten Dame sollte mir nicht allzu viel ausmachen. Aber von einer Frau, die ich bewundere, die seit meinem zehnten Lebensjahr so was wie eine Mutter für mich war? Das tut weh.

Also reagiere ich so wie immer. Ich lehne mich auf meinem Stuhl zurück, schlage lässig die Beine übereinander und grinse von einem Ohr zum anderen.

«Nun, wie es aussieht, sitzen wir im selben Boot, Granny. Wir sollten den Palast von Wessco umbenennen. Bevorzugst du *Titanic* oder *Hindenburg*?»

Weder zuckt sie zusammen, noch blinzelt sie, und ganz sicher lächelt sie nicht. Ihre grauen Augen sind so scharf und funkelnd wie die Klinge einer Guillotine. Und genauso tödlich.

«Du machst Witze. Wenn dieses Gesetz verabschiedet wird, kippt es Arbeitsschutzregelungen für Niedriglohnarbeiter, setzt sie ungerechten und möglicherweise gefährlichen Arbeitsbedingungen aus. Denkst du, diese Menschen werden dann über deine Witze lachen, Henry?»

Verdammt, sie ist gut. Mütter sind seit Anbeginn der Zeit gut darin, Schuldgefühle als Druckmittel einzusetzen. Aber Königinnen heben diese Methode auf eine völlig andere Ebene. Das Grinsen ist mir wie vom Gesicht gewischt.

«Ich werde ein Statement abgeben, in dem ich erkläre, dass meine Worte aus dem Zusammenhang gerissen wurden.»

Sie schüttelt den Kopf. «Damit zeigst du der Welt nur, dass du ein Narr bist, den man leicht in die Irre führen kann.»

«Dann werde ich ein Statement abgeben, dass ich noch mal über die Angelegenheit nachgedacht und meine Meinung geändert habe.»

«Was zeigen wird, dass man deinem Wort nicht vertrauen kann, dass deine Überzeugungen schwach sind und du nicht meinst, was du sagst.»

Gott, es ist wie bei einer chinesischen Fingerfalle, je mehr man sich anstrengt, desto stärker hält sie einen fest. Ich rauche nicht, aber im Moment könnte ich eine Zigarette gebrauchen. Oder ein Glas Whiskey. Eine Pistole wäre vielleicht auch eine Möglichkeit.

«Was zum Teufel soll ich dann tun?»

«Nichts», zischt sie. «Ich werde das in Ordnung bringen. Du wirst nach Guthrie House gehen und dort bleiben. Du wirst mit niemandem sprechen, keine Gäste einladen. Du ... Lies einfach, Henry. Bilde dich. Um unser aller willen.»

So schickt eine Queen einen Prinzen auf sein Zimmer.

Sie dreht sich um und schaut aus dem Fenster, die kleinen, runzligen Hände fest hinter dem Rücken verschränkt.

Ich stehe auf und strecke die Hand nach ihr aus, weil ich irgendetwas sagen möchte. Eine Entschuldigung oder ein Versprechen, es besser zu machen. Aber dann lasse ich meine Hand wieder sinken. Weil es keinen Unterschied machen würde – ich wurde bereits entlassen.

♛

Entschlossen gehe ich durch die Tür von Guthrie House – historische Residenz des Thronfolgers und mein Heim während des letzten Jahres. Trautes Heim, Gefängnis allein. Immer zwei Stufen auf einmal nehmend, laufe ich die Treppe zu meinem Schlafzimmer hoch. Es fühlt sich gut an, ein Ziel zu haben, eine Richtung, einen Plan. Und mein Plan ist es, zu trinken, bis ich meinen verdammten Namen vergesse. Alle vier.

Die Papiere, die die Wände pflastern, flattern knisternd, als ich ins Zimmer stürme. Das war kein Witz, als ich sagte, meine Großmutter hat mir einen ganzen Wald an Dokumenten geschickt. Ich habe sie überall im Zimmer an die Wände gepinnt, damit ich sie lesen kann, während ich mich anziehe, einschlafe, morgens wieder aufwache. Ich muss inzwischen die Augen zumachen, wenn ich mir einen runterhole – Regierungsmemos sind ein echter Stimmungskiller. Insgeheim hoffe ich, die Informationen durch bloße Nähe in mich aufzunehmen. Bis jetzt hat es nicht funktioniert; Osmose wird überbewertet.

Ich entledige mich meines marineblauen Anzugs – ein einengendes, unbequemes Ding. Obwohl mir gesagt wurde, dass ich darin beeindruckend aussehe, ist er nicht mein Stil. Jedes Mal, wenn ich den Anzug anziehe, fühlt es sich an, als schlüpfte ich in die Haut von jemand anderem.

Ich weiß noch, als ich fünf oder sechs war, habe ich mal einen von Dads Anzügen anprobiert. Mum hat ein Dutzend Fotos gemacht und darüber gelacht, wie niedlich ich bin. Ich frage mich, ob sie noch irgendwo auf dem Dachboden sind oder, was wahrscheinlicher ist, im Besitz des königlichen Historikers, der sie nach meinem Tod veröffentlichen wird. Um zu beweisen, dass Prinz Henry vor langer Zeit einmal ein richtiger Junge war.

Ich habe meinen Vater vergöttert. Er wirkte immer so groß auf mich … überlebensgroß. Er war weise und sicher, es gab keine Aufgabe, der er nicht gewachsen war – aber er hatte auch einen verspielten Zug und liebte es, die Erwartungen anderer zu unterlaufen. Er ging mit Nicholas und mir zu Konzerten und in Vergnügungsparks, obwohl die vom Security-Team davon graue Haare bekamen. Es machte ihm nichts aus, wenn wir rangelten oder uns schmutzig machten. Einmal verließ er ein

Treffen mit dem Premierminister, um bei einer Schneeballschlacht mitzumachen, die wir im Hof veranstalteten.

An manchen Tagen fühlt es sich so an, als würde ich immer noch den Anzug meines Vaters tragen. Und egal, wie sehr ich mich auch anstrenge ... er wird nie passen.

«Was machen Sie denn da?», fragt mein mürrischer Butler Fergus mit einem finsteren Blick zu meinem auf dem Boden liegenden Anzug.

Ich streife mir ein verwaschenes T-Shirt über und knöpfe meine Lieblingsjeans zu. «Ich gehe ins Goat.»

Wie erwartet, schnaubt er missbilligend. «Die Queen hat Ihnen gesagt, Sie sollen bleiben, wo Sie sind.»

Ich habe zwei Theorien bezüglich dessen, wie Fergus immer alles zu wissen scheint: Entweder hat er den ganzen Palast mit Mikrophonen und Kameras verwanzt und beobachtet alles von einem geheimen Kontrollraum aus, oder sein Schielauge verleiht ihm übernatürliche Fähigkeiten. Eines Tages frage ich ihn vielleicht – obwohl er mich wahrscheinlich nur einen Schwachkopf nennen wird.

Ich schlüpfe in ein ausgetretenes Paar Lederstiefel. «Genau. Und wir wissen beide, dass ich beschissen darin bin, zu tun, was man mir sagt. Lassen Sie den Wagen vorfahren.»

2

HENRY

Das Horny Goat ist mein Rückzugsort. Meine Zuflucht. Meine Kuscheldecke – mit flaschenweise Alkohol.

Es ist ein Denkmal, eines der ältesten Gebäude der Stadt – mit einem undichten Dach, schiefen Wänden und klebrigen Holzdielen. Gerüchten zufolge war es früher ein Bordell – was ziemlich poetisch ist. Nicht wegen der Ausschweifungen, sondern wegen der Geheimnisse, die diese Wände stets hüteten. Und immer noch hüten. Keine einzige Story über meinen Bruder oder mich sickerte je unter seinem windschiefen Dach hervor. Kein einziges königliches Wort, das betrunken hier geäußert wurde, ist je wiederholt oder gedruckt worden.

Was in Vegas passiert, bleibt nicht immer in Vegas – aber was im Horny Goat passiert, sieht nie das Tageslicht.

Für diese Verschwiegenheit ist der Besitzer Evan Macalister verantwortlich. Das Goat ist seit Generationen im Besitz seiner Familie. Als ich mich auf den Barhocker schiebe, stellt er einen schäumenden Bierkrug vor mich hin.

Abwehrend hebe ich die Hand. «Platz da, Guinness, das ist ein Job für Whiskey.»

Er nimmt eine Flasche aus dem Regal hinter ihm und gießt mir ein Glas ein. «Harter Tag im Palast, Hoheit?»

«In letzter Zeit scheine ich keine anderen mehr zu haben.» Ich setze das Glas an, lege den Kopf in den Nacken und kippe den Whiskey hinunter.

Die meisten Leute trinken, um ihre Sinne zu betäuben, um zu vergessen. Aber das Brennen, das meine Kehle versengt, ist ein willkommener Schmerz. Er gibt mir das Gefühl, wach zu sein. Lebendig. Er schenkt mir Konzentration.

Ich winke nach einem weiteren.

«Wo ist Meg heute Abend?», frage ich.

Sie ist Macalisters Tochter und eine ehemalige spätnächtliche Gespielin meines Bruders, bevor er die kleine Olive kennenlernte. Was Frauen angeht, bin ich nicht wählerisch. Ich hab nichts gegen die abgelegten Frauen anderer, und an Meg ist nichts langweilig – aber ich würde sie nicht mal vögeln, wenn die Welt unterginge und das meine letzte Chance auf Sex wäre. Meine einzige Regel, was das andere Geschlecht betrifft, lautet, meinen Schwanz nicht irgendwo hinzustecken, wo mein Bruder schon war.

Trotzdem würde ich lieber sie ansehen als Macalister in seinem Flanellhemd.

«Sie ist mit dem Kerl aus, mit dem sie grad zusammen ist. Tristan oder Preston – irgend so ein Mädchenname, kann's mir nicht merken.» Er schenkt sich selbst ein Glas ein. «Er ist ein nichtsnutziger Bastard», murmelt er.

«Sind wir das nicht alle?»

Er lacht. «Daran erinnert mich meine Frau auch gern. Ihr zufolge war ich ein hoffnungsloser Fall, bevor sie mich in die Finger bekommen hat.»

Ich hebe mein Glas. «Auf gute Frauen – mögen sie nie aufhören, das Beste in uns zu erahnen und ans Licht zu bringen.»

«Amen.» Er stößt mit mir an, und dann leeren wir beide unsere Gläser.

«Darauf trinke ich.»

Dieser Einwurf kommt von einer zierlichen Brünetten, die sich gerade auf den Barhocker neben mir setzt.

Ich kann praktisch spüren, wie uns James, mein blonder, treuer Security-Schatten, von seinem Platz nahe der Tür aus beobachtet. Ich bin an Security gewöhnt, das ist nichts Neues, aber im letzten Jahr wurde sie unangenehmer, enger – wie eine Schlinge um den Hals.

«Was darf's denn sein, Miss?», fragt Macalister.

«Was auch immer Prinz Henry trinkt», antwortet sie mit einem Lächeln, dabei legt sie genug Scheine auf die Bar, um für unsere beiden Drinks zu bezahlen.

Ich mag Frauen. Nein, ich liebe Frauen. Wie sie sich bewegen, wie sie denken, den Klang ihrer Stimmen, den Geruch ihrer Haut – ihre Wärme und Weichheit. Aber an dieser Frau ist nichts Weiches. Sie ist nichts als Ecken und Kanten – ausgeprägte Wangenknochen, straffe Gliedmaßen, ein spitzes Kinn und dunkles, knapp unterhalb ihrer Ohren zu einem strengen Bob geschnittenes Haar. Nicht unattraktiv – aber schlank und scharf wie ein Pfeil. Sie klingt nach einer Amerikanerin und ist ungefähr so alt wie ich, aber sie hat eine aggressive Art an sich, die ich bisher nur bei Frauen mittleren Alters angetroffen habe. Cougars. Ich liebe Cougars – Frauen, die erfahren genug sind, um genau zu wissen, was sie wollen, und selbstbewusst genug, um es laut auszusprechen.

Ich bin fasziniert. Und geil. Ich hatte keinen guten, gründlichen Fick mehr seit ... Nicholas' Hochzeit. Gott – das ist *Monate* her. Kein Wunder, dass ich reif für die Klapse bin.

Macalister füllt einen Krug mit Guinness und stellt ein Glas Whiskey vor sie hin. Dann schenkt er mir nach und macht sich am anderen Ende der Bar zu schaffen.

Ich drehe mich auf meinem Hocker zu ihr um und hebe mein Glas. «Prost.»

Ihre Augen sind eisblau. «Stößchen.»

Ich zwinkere ihr zu. «Eine meiner Lieblingsbeschäftigungen.»

Sie schnaubt, dann kippt sie ihren Whiskey hinunter wie ein Profi. Sie leckt sich die Lippen, während sie meinen linken Unterarm mustert. «Nettes Tattoo.»

Genau genommen sind es zwei Tattoos. Das königliche Wappen beginnt oberhalb meines Handgelenks und darüber das Militärwappen von Wessco. Das erste habe ich mir mit sechzehn machen lassen, als ich meinen Bodyguards nach der Sperrstunde im Internat entwischt und mit ein paar Freunden in die Stadt gegangen bin. Ich dachte, ich könnte einfach lange Ärmel tragen und meine Großmutter würde es nie erfahren. Diese Illusion hielt genau einen einzigen Tag – so lange dauerte es, bis Fotos von mir im Tattoo-Studio überall in den Zeitungen auftauchten. Das zweite habe ich mir vor ein paar Jahren stechen lassen – gleich nach meiner Grundausbildung – zusammen mit den Jungs meiner Einheit.

«Danke.»

Sie streckt mir ihre Hand hin. «Ich bin Vanessa Steele.»

Definitiv Amerikanerin. Wenn sie aus Wessco wäre, würde sie sich verbeugen. Ich schüttle ihre Hand, sie ist trocken und geschmeidig. «Henry. Aber das wissen Sie ja schon.»

«Stimmt. Sie sind ein Mann, der schwer in die Finger zu bekommen ist.»

Ich nippe von meinem Krug. «Wie wär's, wenn ich mein Bier austrinke, und dann können Sie mich nach Herzenslust befingern, Schätzchen?»

Sie lacht mit funkelnden Augen. «Sie sind sogar noch besser, als ich es mir vorgestellt hatte.» Mit einem roten Fingernagel tippt sie auf die hölzerne Bar. «Ich habe ein Angebot für Sie.»

«Und ich steh drauf, wenn man sich mir anbietet. Zu dir oder zu mir?» Dann schnippe ich mit den Fingern, als mir etwas wieder einfällt. «Aber vorher müssen wir noch kurz im Palast vorbeischauen. Da gibt es eine Verschwiegenheitserklärung, die du unterzeichnen müsstest – eine Formalität. Danach können wir gleich zum guten Teil übergehen.»

Vanessa stützt die Ellbogen auf den Tresen. «Nicht so eine Art von Angebot. Ich will nicht mit Ihnen schlafen, Henry.»

«Wer hat was von Schlafen gesagt? Ich rede von Sex. Gutem Sex. Jeder Menge davon.»

Das lässt ihre hübschen Wangen erröten, und sie lacht. «Ich will keinen Sex mit Ihnen.»

Ich tätschle ihre Hand. «Jetzt bist du einfach nur albern. Dieses Katz-und-Maus-Spiel kann verführerisch sein, aber es ist nicht nötig.» Meine Stimme senkt sich zu einem Flüstern. «Ich bin eine sichere Bank.»

Ihr Lächeln ist schelmisch und selbstbewusst. «Das hab ich gehört. Aber hier geht es um was Geschäftliches, und ich vermische niemals Geschäft und Vergnügen.»

Und mein Interesse verpufft. Heutzutage ist *geschäftlich* die wirkungsvollste kalte Dusche. «Bedauerlich.»

«Das muss es nicht sein. Ich bin Fernsehproduzentin. *Matched* – haben Sie davon gehört?»

Nachdenklich kneife ich die Augen zusammen. «Eine dieser Reality-Dating-Shows, nicht wahr? Wie *Survivor*, nur mit Zickenzoff und String-Bikinis?»

«Ganz genau.»

Aus dem Augenwinkel bemerke ich, dass Macalister einem seiner Türsteher winkt, einem bärenstarken, stiernackigen Kerl. Vanessa muss es ebenfalls bemerkt haben, denn sie spricht schneller.

«Ich stelle eine Special-Edition zusammen – eine *Royal*-Edition –, und ich möchte, dass Sie der Star sind. Wir werden uns um alles kümmern, alle Vorbereitungen treffen. Ein Schloss mit zwanzig blaublütigen Schönheiten, und Sie brauchen nichts weiter zu tun, als zu genießen, wie sie sich um Sie reißen. Es wird eine einmonatige Dauerparty. Und am Ende können Sie Ihre wichtigste königliche Pflicht abhaken: Ihre Königin erwählt zu haben.»

Der Vorschlag ist gar nicht mal so schlecht. Der schlummernde, vernachlässigte Teil von mir, der sich an einfache, leichte, entspannte Tage erinnert, reckt und streckt sich. Es ist dieses Gefühl, das man in den kältesten Winternächten bekommt – eine Sehnsucht nach süßer Sommersonne.

Der Türsteher steht hinter ihr. «Zeit, zu gehen, Miss.»

Vanessa steht von ihrem Hocker auf. «Betrachten Sie mich als weiblichen Billy the Kid.» Sie zwinkert mir zu. «Ich mache Sie berühmt.»

«Ich bin schon berühmt.»

«Aber Sie genießen es nicht mehr, oder, Henry? Ich kann etwas für Sie tun, das niemand sonst kann: Ich kann dafür sorgen, dass berühmt sein wieder Spaß macht.» Sie schiebt ihre Visitenkarte über den Tresen. «Denken Sie darüber nach, und rufen Sie mich an.»

Ich sehe ihr nach, wie sie durch die Bar und zur Tür hinausschlendert. Und obwohl ich nicht die Absicht habe, ihr interessantes Angebot anzunehmen, stecke ich die Visitenkarte in meine Brieftasche. Nur für den Fall.

♛

Die Achtziger sind ein Jahrzehnt, das in Sachen Musik schmerzlich unterschätzt wird. Sie bekommen nicht annähernd den Respekt, den sie verdienen. Ich versuche, meinen Einfluss in der Welt dazu zu benutzen, auf diesen Missstand aufmerksam zu machen, indem ich bei jeder sich bietenden Gelegenheit Balladen aus den Achtzigern singe. Jetzt gerade singe ich auf der Karaoke-Bühne *What About Me* von den Moving Pictures. Das war ihr One-Hit-Wonder, ergreifend und voller Selbstmitleid. Mit geschlossenen Augen schmettere ich den Text hinaus und schwanke hinter dem Mikrophon.

Nicht im Takt zur Musik – ich bin so besoffen, dass ich froh sein kann, überhaupt noch zu stehen.

Normalerweise spiele ich auch Gitarre, aber meine Feinmotorik ist schon vor Stunden auf der Strecke geblieben. Ich bin ein phantastischer Musiker – nicht dass irgendjemand das je bemerkt hätte. Es ist wie bei talentierten Sprösslingen erfolgreicher Stars, die ewig in deren Schatten verbleiben: Mein Talent wird von meinen Titeln verdeckt.

Die Liebe zur Musik habe ich von meiner Mutter. Sie spielte mehrere Instrumente. Ich hatte Musikunterricht, zuerst Klavier, dann Geige, aber an der Gitarre bin ich wirklich hängengeblieben. Die Karaoke-Bühne im Goat war früher mal mein zweites Zuhause, und in den letzten paar Stunden habe ich ernsthaft darüber nachgedacht, darunter einzuziehen. Wenn Harry Potter der Junge unter der Treppe war, dann könnte ich doch der Prinz unter der Bühne sein. Warum denn nicht, verdammt?

Als ich mich zum zweiten Mal in den Refrain stürze, flüstern Stimmen am Rand meines Bewusstseins. Ich nehme sie wahr, höre aber nicht wirklich zu.

«Gott, wie lange ist er schon in dem Zustand?»

Diese Stimme mag ich. Sie ist beruhigend. Tief und tröstlich. Sie erinnert mich an die meines Bruders, aber er kann es nicht sein. Weil Nicholas in einem weit, weit entfernten Land weilt.

«Er hat eine schwere Zeit durchgemacht.»

Und das klingt wie Simon – der beste Kumpel meines Bruders. Er schaut ab und zu nach mir, weil er ein guter Kerl ist.

«Besonders hart waren die letzten paar Monate für ihn», sagt Simon.

«Monate?», fragt die tiefe Stimme erstickt.

«Wir wollten dich nicht beunruhigen, ehe es nicht Grund zur Beunruhigung gab.»

Diese Stimme gehört zu einer Schönheit. Simons umwerfend schöne und erschreckend direkte Frau Franny klingt so. Ich frage mich, ob Franny eine Zwillingsschwester hat. Falls ja, würde ich die so was von klarmachen.

«James hat mich kontaktiert, als er sich geweigert hat, nach Hause zu gehen. In den letzten zwei Tagen ist es schlimmer und …»

«… katastrophal geworden», beendet Franny Simons Satz. Die zwei sind süß.

Hashtag #beziehungsziele.

«Wow. Ihr Royals macht keine halben Sachen, was?», sagt eine hübsche, eindeutig amerikanische Stimme. «Sogar eure Nervenzusammenbrüche sind episch.»

Der Song endet, und nach einem Moment öffne ich die Augen.

Ein einsamer Gast an einem der vorderen Tische klatscht, dabei fällt die Asche seiner Zigarette in Zeitlupe zu Boden.

Und dann schaue ich hoch.

Und meine Augen nehmen einen herrlichen Anblick in sich auf.

Mein großer Bruder Nicholas neben der Bar, das Gesicht von Sorge gezeichnet. Sicher ist es nur eine Phantasie. Eine Täuschung. Aber ich will daran glauben.

Ich lächle breit und mache einen Schritt vorwärts, vergesse jedoch, dass ich auf einer Bühne stehe. Und dieser erste Schritt ist ein absoluter Knüller. Denn einen Moment später wird meine ganze Welt schwarz.

Als ich das nächste Mal die Augen öffne, liege ich auf dem Boden und starre auf die Wasserflecken an der Decke des Horny Goat. Und ... ich glaube, da oben klebt Kaugummi. Welcher Blödmann klebt Kaugummi an die Decke? Ist doch sicher ein Gesundheitsrisiko.

Das Gesicht meines Bruders schwebt in mein Sichtfeld und blendet alles andere aus. Und süße, selige Erleichterung wallt in meiner Brust empor. «Nicholas? Bist du wirklich hier?»

«Ja, Henry», antwortet er sanft. «Ich bin wirklich hier.» Seine große Hand legt sich auf meinen Kopf. «Das war ein ziemlicher Sturz. Geht es dir gut?»

Gut? Ich könnte fliegen, verdammt.

«Ich hatte einen absolut lächerlichen Traum.» Ich zeige auf

meinen Bruder. «Du warst da.» Dann zeige ich auf Simon neben ihm. «Und du auch.» Dann auf Franny, die sich wie alle anderen über mich beugt. «Und du auch. Du ... hast auf den Thron verzichtet, Nicholas. Und alle wollten, dass ich König werde.» Ein irres Lachen kommt mir über die Lippen ... bis ich mich nach rechts drehe und dunkelblaue Augen, süße Lippen und schwarzes, lockiges Haar sehe.

Dann schreie ich wie ein Mädchen: «Ahhhh!»

Es ist Olivia. Die Frau meines Bruders. Seine sehr amerikanische Frau.

Ich drehe mich wieder zu Nicholas um. «Das war gar kein Traum, oder?»

«Nein, Henry.»

Ich lege mich wieder auf den Boden. «Scheeiiiiiße.» Jetzt fühle ich mich richtig mies.

«Sorry, Olive. Du weißt, ich halte dich für absolut top.»

Sie lächelt liebenswürdig. «Kein Problem, Henry. Tut mir leid, dass du eine schwere Zeit durchmachst.»

Ich fahre mir mit der Hand übers Gesicht und versuche, einen klaren Gedanken zu fassen.

«Schon gut. Jetzt muss ich nicht unter der Bühne wohnen. Planänderung. Alles wird gut.»

«Du wolltest unter der Bühne wohnen?», fragt Nicholas.

Ich winke ab. «Vergiss es. Das war Potters dumme Idee. Zauberer-Wunderknabe, von wegen.» Und nun sieht mein Bruder wirklich besorgt aus.

Ich mache eine Handbewegung in seine Richtung. «Aber jetzt bist du ja hier. Du kannst mich mit zu dir in die Staaten nehmen.»

«Henry ...»

«Gebt mir eure *müden*, eure *armen*, eure *geknechteten Massen*, die frei zu atmen begehren … das beschreibt mich perfekt! Ich bin eine geknechtete Masse, Nicholas!»

Er drückt meine Schultern und schüttelt mich ein wenig. «Henry. Du kannst nicht nach Amerika gehen.»

Ich klammere mich an sein Hemd, und meine Stimme verwandelt sich in die eines achtjährigen Jungen, der Angst vor Gespenstern hat. «Aber sie ist so gemein, Nicholas. Sie. Ist. So. Gemein.»

Er klopft mir auf den Rücken. «Ich weiß.»

Nicholas und Simon zerren mich hoch und halten mich fest, damit ich auf den Beinen bleibe. «Aber wir kriegen das schon hin», sagt Nicholas. «Es wird alles gut.»

Ich schüttle den Kopf. «Das sagst du ständig. Ich fange langsam an zu glauben, dass du keine Ahnung hast, wovon zum Teufel du redest.»

3

HENRY

Danach ist alles verschwommen. Die Realität wird auf Schnappschüsse reduziert. Die Autofahrt zum Palast. Wie ich in die Rosenbüsche kotze, die auf Befehl meiner Ururgroßtante Lady Adaline vor dem Palast gepflanzt wurden. Nicholas und Simon, die mich ins Bett stecken, während Olive eine Bemerkung über die Memos an den Wänden macht – «wie Russel Crowes Zettelwirtschaft in *A Beautiful Mind*», sagt sie.

Dann … ist da nur die sanfte Dunkelheit.

Aber nicht lange. Weil ich an Schlaflosigkeit leide – dem Leiden der Champions. So war es schon immer. Ich schlafe nur eine Handvoll Stunden, selbst in Nächten, in denen mein Blut hauptsächlich aus Alkohol besteht. Der Wecker auf dem Nachttisch zeigt ein Uhr an, als ich mich auf unsicheren Beinen in die Küche schleppe und dabei haltsuchend an den Wänden abstütze. Mein Magen knurrt beim Gedanken an das Gebäck unserer Köchin.

Ich kann mich nicht erinnern, im Goat etwas gegessen zu haben – wie lange war ich eigentlich dort? Einen Tag? Vielleicht zwei. Prüfend schnuppere ich an meiner Achsel und zucke zusammen. Definitiv zwei. *Verdammter Mist.*

Nachdem ich mir den Bauch vollgeschlagen und ein paar Leckereien für unterwegs eingesteckt habe, schlurfe ich durch die Gänge des Palastes. Das ist es, was ich nachts tue – dadurch habe ich Wertschätzung für diese Leute entwickelt, die durch die Gänge amerikanischer Einkaufszentren marschieren und das dann Walken nennen. Ich kann nicht in einem Zimmer bleiben, egal, in welchem, ohne dass die Wände um mich herum zusammenrücken. Mich zu bewegen verschafft mir ein gutes Gefühl, selbst wenn ich nirgendwo hingehe.

Schließlich wandere ich hinüber zum in der Nähe der Privatgemächer der Queen gelegenen blauen Salon. Die Tür steht leicht offen – sodass ich sehen kann, dass Licht brennt, ich kann das Feuerholz im Kamin riechen und die Stimmen drinnen hören.

Ich lehne den Kopf an den Türrahmen und lausche.

«Du siehst gut aus, mein Junge», sagt Granny. Und da liegt eine warme Zuneigung in ihrem Tonfall, die ich kenne. Weil sie früher für mich reserviert war. Bin ich etwa eifersüchtig? Ein bisschen, ja. «Die Ehe bekommt dir.»

«Die Ehe *mit Olivia* bekommt mir», erwidert mein Bruder.

«Touché.»

Ich höre das Klirren des Kristalldekanters, dann wird eingegossen. Ich tippe auf Sherry. «Schläft Olivia?», fragt die Queen.

«Ja. Sie ist vor Stunden eingenickt. Der Jetlag hat ihr zugesetzt.»

«Ich hatte gehofft, ihre Müdigkeit käme davon, dass sie schwanger ist.»

Mein Bruder lacht erstickt. «Wir sind erst seit drei Monaten verheiratet.»

«Als ich drei Monate verheiratet war, war ich seit zweieinhalb Monaten schwanger mit deinem Vater. Worauf wartet ihr noch?»

Ich kann praktisch hören, wie er mit den Schultern zuckt. «Das hat keine Eile. Wir ... genießen einander. Lassen uns Zeit.»

«Aber ihr habt vor, Kinder zu bekommen?»

«Natürlich. Eines Tages.»

Ein Stuhl kratzt über den Holzfußboden, und ich stelle mir vor, wie sie es sich Seite an Seite für ein Schwätzchen am Kamin gemütlich machen.

«Dann sag mir, Nicholas. Jetzt, nachdem sich alles beruhigt hat, bereust du deine Entscheidung?»

Seine Stimme ist sanft, aber sein Tonfall hart wie Eisen. «Nicht im Geringsten.»

Meine Großmutter brummt zustimmend, und ich stelle mir vor, wie sie auf die elegante Weise, mit der sie alles tut, an ihrem Schlummertrunk nippt.

«Aber ich bin neugierig», fährt Nicholas fort. «Wenn du an meiner Stelle gewesen wärst, wenn du dich zwischen Großvater und dem Thron hättest entscheiden müssen, was hättest du getan?»

«Ich habe deinen Großvater von ganzem Herzen geliebt – das tue ich immer noch –, das weißt du. Aber wenn ich gezwungen gewesen wäre, mich zu entscheiden, dann ... hätte ich nicht ihn gewählt. Neben meinen Kindern war meine Regentschaft in gewisser Weise die Liebe meines Lebens.»

Es folgt eine Pause. Dann sagt Nicholas leise: «So war es für mich nie. Das verstehst du, oder?»

«Das sehe ich jetzt ein, ja.»

«Ich wusste immer, was von mir erwartet wurde, und ich war entschlossen, es gut zu machen. Aber ich habe es nie geliebt.»

«Und jetzt bist du zufrieden, ja? Mit den Restaurants, der Wohltätigkeitsorganisation, die du, Olivia und Mr. Hammond leitet?»

Es dauert einen Moment, bis er antwortet, und als er es tut, ist Nicholas' Stimme fast sehnsüchtig. «Ich bin nicht zufrieden. Ich bin glücklich. Irrsinnig glücklich. Mehr, als ich es je für möglich gehalten habe. Jeden Tag.»

«Gut», sagt meine Großmutter.

«Aber eine Sache gibt es da», fährt Nicholas fort, «einen Knick im Regenbogen.» Seine Worte sind leise und kratzig, als hätten sie schon lange in seiner Kehle gewartet. «Ich weiß, dass ich dich enttäuscht habe. Das war nicht meine Absicht, doch es ist trotzdem passiert. Ich habe dich nicht vorgewarnt oder es mit dir besprochen. Ich habe mich meiner Königin widersetzt, obwohl du mich zu anderem erzogen hast. Und das tut mir leid. Wirklich.»

Ein Geräusch von Kristall auf Holz – die Queen stellt ihr Glas auf dem Beistelltisch ab. «Jetzt hör mir ganz genau zu, Nicholas, denn ich werde das nur dieses eine Mal sagen. Du hast mich nie enttäuscht.»

«Aber ...»

«Ich habe dich dazu erzogen, ein Anführer zu sein. Du hast die Situation eingeschätzt, deine Möglichkeiten abgewogen, und du hast eine Entscheidung getroffen. Du hast nicht gezögert, du hast nicht auf Erlaubnis gewartet. Du hast gehandelt. Das ... ist es, was Anführer tun.»

In seiner Antwort liegt Leichtigkeit, Erleichterung. «In Ordnung.»

Es folgt eine weitere Pause, angenehmer als die vorherige, und ich stelle mir vor, dass mein Bruder einen Schluck trinkt.

Wahrscheinlich das Glas leert. Denn dann sagt er: «Wo wir gerade von Erziehung zu einem Anführer sprechen ...»

«Ja.» Die Queen seufzt. «Warum um den heißen Brei herumreden», sagt sie spitz. «Er ist ... wie sagt man in den Staaten? Eine ziemliche Katastrophe.»

«Das ist er.»

Ich drehe mich um, lehne mich mit dem Rücken an die Wand und rutsche hinunter auf den Boden. Es ist nicht so, dass ich es nicht gewohnt bin, dass Leute über mich reden. Meine Vorzüge und Fehler werden diskutiert, selbst wenn ich im Zimmer bin. Aber das hier ... das wird anders werden. Schlimmer.

«Erinnerst du dich noch an die Weihnachtsaufführung, in der Henry als Kind mitspielte? Es war das letzte Weihnachten mit Mum und Dad. Er hatte die Hauptrolle: Scrooge.» Nicholas lacht leise.

«Dunkel. Ich war bei der Aufführung nicht anwesend.»

«Nein, ich auch nicht. Dad hat mir davon erzählt. Sie waren besorgt, wenn ich hinginge, würden die Presse und seine Lehrer und Mitschüler so damit beschäftigt sein, mich zu begaffen, dass Henry keine Aufmerksamkeit bekäme. Und sie hatten recht.» Der Stuhl knarzt, als mein Bruder sein Gewicht verlagert. «Er hat sein ganzes Leben in meinem Schatten verbracht. Und jetzt steht er im Mittelpunkt, im gleißenden Scheinwerferlicht. Es ist nur natürlich, dass er eine Weile blinzeln wird. Du musst ihm Zeit geben, sich daran zu gewöhnen.»

«Er hat keine Zeit.»

«Hast du vor, in naher Zukunft zu sterben?», frotzelt Nicholas.

«Natürlich nicht. Aber wir beide wissen, dass das Unerwartete geschehen kann. Er muss bereit sein. Du verstehst das nicht, Nicholas.»

«Ich verstehe das vollkommen. Ich bin der einzige Mensch auf der Welt, der das versteht.»

«Ganz und gar nicht. Schon bevor du laufen konntest, wurdest du darauf vorbereitet, den Thron zu besteigen. Tausend kleine Dinge sind täglich um dich herum geschehen, die du nicht einmal wahrgenommen hast. Es waren die Art und Weise, wie andere mit dir gesprochen haben, die Unterhaltungen, die du geführt hast, die Themen, in denen du unterrichtet wurdest, und die Weise, wie sie dir nahegebracht wurden. Henry muss ein ganzes Leben nachholen.»

«Was er nicht schaffen wird, wenn du ihn brichst», sagt Nicholas schroff. «Wenn du ihm täglich bei tausend geringfügigen Anlässen vermittelst, dass er nie gut genug sein wird. Dass er es nie richtig machen wird.»

Schweigen senkt sich herab. Bis meine Großmutter leise fragt: «Weißt du, was das Schlimmste am Altwerden ist?»

«Erektile Dysfunktion?», antwortet mein Bruder trocken.

«Oh, darüber brauchst du dir keine Sorgen zu machen», erwidert die Queen ebenso trocken. «Das liegt in den Genen, und dein Großvater war ein Hengst bis zu dem Tag, an dem er starb.»

Ich unterdrücke ein Grinsen.

«Oh, oh», scherzt mein Bruder. «Keinen Sherry mehr für dich.»

«Das Schlimmste am Altwerden», fährt Granny fort, «ist, zu wissen, dass du diejenigen, die du am meisten liebst, bald verlassen musst und sie ohne dich weitermachen müssen. Und wenn sie nicht vorbereitet sind und verletzlich ... das ist eine entsetzliche Vorstellung.»

Nur das Knacken des Feuers durchbricht die Stille.

Dann erklärt die Queen unmissverständlich: «Sie werden ihn in der Luft zerreißen. Wenn er seinen gegenwärtigen Kurs beibehält, wird Henry spektakulär versagen.»

Meine Brust krampft sich so fest zusammen, dass es sich anfühlt, als müssten mir gleich die Rippen brechen.

Weil sie recht hat.

«Das wird er nicht. Er hat das Zeug dazu.»

«Das weißt du nicht», gibt sie zurück.

«Und ob ich das verdammt noch mal weiß! Sonst hätte ich niemals abgedankt.»

«Was?»

«Versteh mich nicht falsch. Ich hätte keine andere als Olivia geheiratet, und ich hätte ein ganzes Leben lang gewartet, falls nötig, bis das Gesetz entsprechend geändert wird. Aber das habe ich nicht getan, weil ich aus tiefster Seele wusste, dass Henry nicht nur ein guter König sein wird, er wird besser sein, als es mir je hätte gelingen können.»

Einen Moment lang kann ich nicht mehr atmen. Ich kann einfach nicht. Der Schock über die Worte meines Bruders schnürt mir die Kehle zu.

Granny auch, ihrem Flüstern nach zu schließen.

«Glaubst du das wirklich?»

«Absolut. Und offen gesagt, macht es mich traurig, dass du anders darüber denkst.»

«Henry war nie jemand, der sich herausfordernden Situationen gewachsen gezeigt hat», stellt sie nüchtern fest.

«Das musste er auch noch nie», beharrt mein Bruder. «Er

wurde noch nie darum gebeten, kein einziges Mal in seinem ganzen Leben. Bis jetzt. Und er wird sich der Situation nicht nur gewachsen zeigen ... er wird sie hervorragend meistern.»

Die Stimme der Queen ist gedämpft, wie beim Gebet. «Wie gern möchte ich das glauben. Leih mir etwas von deinem Vertrauen, Nicholas. Warum bist du dir so sicher?»

Nicholas' Stimme ist rau, voller Gefühl: «Weil ... er genau wie Mum ist.»

Als die Worte an meine Ohren dringen, schließen sich meine Augen. Brennend und tränenfeucht. Es gibt kein größeres Kompliment – nicht für mich – niemals.

Aber, Gott, schaut mich an ... es ist nicht mal ansatzweise wahr.

«Er ist wie sie. Weißt du noch, wie sie immer genau wusste, was jemand braucht – sei es Stärke oder Anleitung, Freundlichkeit oder Trost oder Freude –, und es demjenigen leichtherzig gab. Wie die Leute von ihr angezogen wurden ... auf Partys veränderte sich im ganzen Saal die Atmosphäre, wenn sie hereinkam, weil jeder in ihrer Nähe sein wollte. Sie hatte ein Licht, ein Talent, eine Gabe – unwichtig, wie man es nennt –, was zählt, ist nur, dass Henry es auch hat. Er sieht es nicht selbst in sich, aber ich schon. Das habe ich schon immer.»

Es folgt ein Moment der Stille, und ich stelle mir vor, wie Nicholas sich näher zur Queen lehnt.

«Die Leute wären mir oder Dad aus demselben Grund gefolgt, aus dem sie dir folgen, weil wir verlässlich sind, solide. Sie vertrauen unserem Urteil; sie wissen, dass wir sie nie im Stich lassen würden. Aber sie werden Henry folgen, weil sie ihn *lieben*. Sie werden in ihm ihren Sohn, Bruder, besten Freund sehen, und selbst wenn er wie jetzt Mist baut, werden sie zu ihm halten, weil sie sich wünschen werden, dass er Erfolg hat. Ich wäre respektiert und bewundert worden, aber, Großmutter ... er wird *geliebt* werden. Und wenn ich etwas gelernt habe, seit Olivia in mein Leben getreten ist, dann: Liebe ist stärker als Vernunft oder Verpflichtung, Ehre oder Tradition.»

Die Queen holt tief Luft. «Nichts, das ich versucht habe, hat die Situation verbessert. Was schlägst du vor, Nicholas?»

«Er braucht Abstand, um sich zu ... akklimatisieren. Zeit außerhalb des Rampenlichts, um das Ausmaß seiner neuen Situation und der Pflichten verarbeiten zu können. Zu lernen, was er lernen muss, auf seine Weise. Und es sich zu eigen zu machen.»

«Abstand.» Die Queen trommelt mit dem Finger auf den Tisch. «Nun gut. Wenn es Abstand ist, was der Junge braucht, dann soll er Abstand bekommen.»

Ich bin mir nicht sicher, ob mir gefällt, wie sich das anhört.

Zwei Wochen später weiß ich, dass es mir nicht gefällt.

Anthorp Castle. Sie hat mich ins verdammte Anthorp Castle geschickt. Es liegt nicht einfach nur abgelegen – es liegt am Arsch der Welt. An der Küste, mit schroffen Klippen und eisigem Meer auf einer Seite, Wald auf der anderen, die nächste Ortschaft eine Stunde Fahrt entfernt. Das hier ist nicht Abstand; das ist Verbannung.

«Verbannung! Sei barmherzig! Sage: Tod! Verbannung trägt der Schrecken mehr im Blick.»

Romeo war ein Weichei, aber in diesem Moment kann ich es ihm nachfühlen.

Ich sitze in der Mitte des riesigen Himmelbetts und klimpere auf meiner Gitarre zum Rhythmus der mondbeschienenen Wellen, die sich unter meinem offenen Fenster brechen. Die Luft ist kühl, aber das Feuer, das hell im Kamin lodert, macht das wett. Meine Finger zupfen die vertrauten Töne von Leonard Cohens *Hallelujah*. Es ist ein tröstlicher Song. Deprimierend und traurig, aber tröstlich in seiner mühelosen Wiederholung.

Angewidert von mir selbst, lege ich schließlich die Gitarre weg und schlüpfe in meinen Morgenrock. Dann wandere ich ein wenig im Schloss herum und begrüße unterwegs die unheimlichen Ritterrüstungen, die am Ende jedes Ganges Wache halten. Obwohl ich die Ruhe brauchen könnte, will ich nicht versuchen, wieder einzuschlafen.

Weil die Träume zurückgekommen sind. Albträume.

Sie waren erbarmungslos, gleich nachdem ich aus dem Militärdienst entlassen worden war – Erinnerungen an den Angriff, der eine Gruppe Soldaten an einem Außenposten tötete, unmittelbar nachdem ich ihn besucht hatte. Als ich Nicholas und Olivia gestanden hatte, was passiert war, und mich auf ihren Vorschlag hin mit den Familien der gefallenen Männer in Verbindung setzte, bekam ich eine kleine Atempause von den Albträumen, aber in der Nacht, in der ich den Fuß in Anthorp Castle setzte, kehrten sie umso heftiger wieder zurück – und mit einer grausamen neuen Wendung. Jetzt, wenn ich über die Leichen krieche, die den Boden übersäen, und sie umdrehe, um nach Überlebenden zu suchen, sind es nicht die leblosen Gesichter der Soldaten, die zu mir zurückstarren. Es sind die Gesichter von Nicholas, Olivia und … Granny. Keuchend und in kalten Schweiß gebadet, wache ich auf.

Das macht verdammt noch mal keinen Spaß.

Also wandere ich heute Nacht herum.

Schließlich lande ich in der Bibliothek im Erdgeschoss. Ich lasse mich in den Sessel hinter dem Schreibtisch fallen, nehme ein Blatt von einem Dokumentenstapel und lese mir die Gesetze durch, die die Hochzeit des Kronprinzen regeln, was im Wesentlichen eine Liste von Anforderungen an die Braut ist:

«Nachweislich aristokratischer Abstammung, innerhalb einer anerkannten ehelichen Verbindung.»

Obwohl es weiter unten heißt, dass Bastarde im Notfall akzeptabel sind. Wie aufgeschlossen.

«Beglaubigter Nachweis wessconischer Staatsbürgerschaft durch natürliche Geburt.»

Im Gegensatz zu geschlüpft oder geklont, nehme ich an.

«Jungfräulichkeit, durch die Einführung von zwei Fingern des königlichen Internisten in die Vagina zum Nachweis eines intakten Jungfernhäutchens zu bestätigen.»

Wer auch immer sich das ausgedacht hat, war ein kranker Hurensohn. Und definitiv männlich. Ich bezweifle, dass man so genau wäre, wenn das Gesetz eine Prostata-Untersuchung für Mitglieder des Parlaments verlangen würde.

«Ich koche Tee. Möchten Sie eine Tasse?»

Als ich aufschaue, sehe ich Fergus in der Tür stehen, in Morgenrock und Pantoffeln, das Gesicht verkniffen und mürrisch.

«Ich wusste nicht, dass Sie wach sind, Fergus.»

«Wer kann schon schlafen, wenn Sie durch die Gänge schleichen wie eine rollige Katze?»

«Tut mir leid.»

«Möchten Sie nun eine Tasse oder nicht?»

Ich lege das Blatt wieder auf den Stapel.

«Nein danke.»

Er dreht sich um, dann hält er inne und schaut noch einmal zu mir zurück, um leise hinzuzufügen: «Mit der Queen war es das Gleiche.»

«Was war das Gleiche?»

«Der fehlende Schlaf. Als junge Frau war sie schon nach drei Stunden wieder putzmunter wie dieses groteske Nagetier mit der Trommel.»

Er meint den Duracell-Hasen.

«Das wusste ich gar nicht über Granny», sage ich leise.

Fergus humpelt hinüber zum Bücherregal, um mit den Fingern an den Buchrücken entlangzufahren, bevor er ein dickes Buch herauszieht.

«Lesen half ihr immer. Das hier war ihr Lieblingsbuch.»

Der schwere Band wird mit einem dumpfen Knall auf den Schreibtisch fallen gelassen.

Hamlet. Interessant.

«Ihnen ist klar, dass sie alle sterben? Der König, die Königin und der liebe Prinz sind am Ende alle tot.»

Nicht gerade der Stoff, aus dem angenehme Träume sind – besonders für meine Familie.

«Ich sagte, dass es die Wahl Ihrer Großmutter war, nicht meine.»

Ohne ein weiteres Wort schlurft er hinaus.

Ich blättere durch die Seiten. Und rede mit mir selbst:

«*Dies über alles: Sei dir selber treu.* Leichter gesagt als getan, Polonius.»

Denn das hier war nicht der Plan. Nichts in meinem neuen Leben bin ich. Der Titel, die Verantwortung, in diesem kalten, alten, steinernen Ungetüm herumzuwandern, mit nichts als dem Echo meiner eigenen verdammten Schritte zur Gesellschaft. Und obwohl ich mich «akklimatisieren» soll, gelingt es mir einfach nicht.

Weil Nicholas sich irrt. Ich bin sein blinder Fleck; das war ich schon immer. Mehr als einmal habe ich das zu meinem Vorteil ausgenutzt. Er ist gut und wohlmeinend ... aber er irrt sich. Und wir sind alle am Arsch.

Die Stille hüllt mich ein, macht mich unruhig. Erinnert mich an ein verdammtes Grab. Und die Worte hallen in meinem Kopf wider wie von einem Geist geflüstert:

Sei dir selbst treu, Henry.

Vielleicht ist das das Problem. Und die Lösung.

Ich springe auf und marschiere auf und ab, um nachzudenken. Ich kann besser denken, wenn ich mich bewege. Noch viel besser kann ich nach einem guten Fick denken, aber na ja ...

Die Sache ist die, ich fühle mich schon lange nicht mehr wie ich selbst. Ich muss meinen Groove zurückbekommen. Ich muss mal wieder die Sau rauslassen. Ich muss mich eine Weile treiben lassen. Und dann muss ich es mit zehn Frauen treiben, vielleicht einem ganzen Dutzend.

Ich bin scheiße in Politik und Golf, furchtbar im Treffen weiser Entscheidungen oder darin, zu tun, was man mir sagt, aber worin ich immer gut war, ist, andere zu unterhalten. Eine Show hinzulegen. Leute fröhlich zu machen. Ich bin der Mittelpunkt jeder Party und ein verdammt guter Gastgeber.

Ich spiele mit der Idee herum wie mit Knetmasse – und nach einer Weile fängt sie an, Gestalt anzunehmen. Ich habe nicht um das alles hier gebeten, aber es wird Zeit, dass ich es mir zu eigen mache. Wenn ich schon spektakulär versagen werde, dann will ich auf meine Weise versagen. Mit einem Knall. Und einer Party. Einer einen Monat langen Party, in einem Schloss, in dem es von zwanzig schönen Frauen wimmelt, die sich um meine Aufmerksamkeit reißen. *Matched: Royal Edition* erscheint plötzlich wie eine verdammt brillante Idee.

Was soll schon schiefgehen?

Und als wäre Gott einverstanden, wird die Last auf meinen Schultern leichter. Der Druck, der meine Brust zusammenpresste und mich ständig fürchten ließ, ich hätte einen verdammten Herzinfarkt, löst sich.

Und ich fühle mich ... gut. Als hätte ich wieder die Kontrolle.

Die Dokumente und lächerlichen Gesetze hinter mir lassend, stehe ich auf und gehe schnurstracks zu meinem Zimmer, nehme meine Brieftasche von der Kommode und ziehe die scharfkantige Visitenkarte heraus, die immer noch darin ist.

Dann nehme ich mein Telefon und wähle.

4

SARAH

«Ach, Dreck.»

Ich starre auf die E-Mail auf meinem Handy – eine Vorladung von Mr. Haverstrom, meinem Boss. Und trotz des sonnig-kühlen Nachmittags bricht mir sofort der Schweiß aus.

Annies blonder Pferdeschwanz schwingt wie eine Peitsche, als sie sich zu mir umdreht. «Oh mein Gott, sag mir, dass dir jemand ein schmutziges Foto geschickt hat!» Sie streckt die Hände aus. «Lass sehen, lass sehen! Wovon reden wir? Einem Schwanz-Foto?»

«Dreck am Stecken?», fügt Willard wenig hilfreich von seinem Stuhl auf der anderen Seite des kleinen runden Gartentischs aus hinzu.

Annie klatscht in die Hände. «Der war gut.» Sie schiebt sich eine Gabel voll Salat in den Mund. «Hab ich euch eigentlich schon mal von dem Schwanz-Foto erzählt, das Elliot mir geschickt hat?»

Bedeutungsvoll sehe ich Willard in die braunen Augen, dann schaue ich auf die Uhr. Drei Minuten und siebzehn Sekunden.

So lange ist es her, dass Annie zum letzten Mal Elliot Stapleworth, ihren Vollpfosten von Exfreund, erwähnt hat. Er hat vor zwei Wochen mit ihr Schluss gemacht, aber sie ist immer noch besessen von ihm. Dabei hat sie einen viel Besseren verdient.

Besonders da er nicht nur ein Vollpfosten ist, wie ich immer dachte. Jetzt erfahre ich, dass er ein Vollpfosten ist, der noch nie was von Intimrasur gehört hat.

«Seine Eier waren die haarigsten kleinen Monster, die ich je gesehen habe. Wie zwei Baby-Igel zwischen seinen Beinen, aber nicht die niedliche Sorte. Ich hatte ständig Schamhaare im Mund.»

Das ist ein Bild, das ich nicht in meinem Kopf brauche.

Willard runzelt die Stirn. «Was für ein primitiver Arsch. Nichts killt die Stimmung schneller. Ich halte meine Jungs immer glatt wie einen Babypopo.»

Und da haben wir noch eins.

Fest sehe ich ihm ins Gesicht. «Ich wäre problemlos durch mein Leben gekommen, ohne das zu wissen.»

Er zwinkert mir zu.

Annie lehnt sich vor. «Aber da wir schon mal bei dem Thema sind, sag mal, Willard, sind deine männlichen Teile ... proportional?»

Willard ist nur etwas über eins fünfzig groß, also bloß knapp über der Grenze zur Kleinwüchsigkeit. Aber seine Persönlichkeit ist zwei Meter groß – frech und direkt, mit klugem, sarkastischem Humor obendrein. Er erinnert mich an Tyrion Lannister aus *Game of Thrones* – nur netter und attraktiver.

«Annie!», keuche ich errötend.

Sie stupst mich gegen die Schulter. «Du willst es doch auch wissen.»

Nein, will ich nicht. Aber Willard will leider antworten.

«Ich bin überproportional gesegnet. Genau wie bei einem Blinden die anderen Sinne stärker entwickelt sind, hat Gott mich in diesem Bereich überkompensiert.» Anzüglich wackelt er mit den Augenbrauen.

Sie nickt. «Das werde ich Clarice auf jeden Fall sagen, wenn ich sie dazu überrede, dich diesen Samstag mit ihr ausgehen zu lassen.»

Annie ist eine bekanntermaßen schlechte Kupplerin. Obwohl Willard schon mehr als einmal Opfer ihrer Kuppelkatastrophen wurde, lässt er es sie weiter versuchen.

Wie war noch gleich die Definition von Wahnsinn?

Annie sieht mich an. «Also, zurück zu deiner geheimnisvollen schmutzigen Nachricht, Sarah.»

«Mr. Haverstrom ...»

Sie würgt. «Mr. Haverstrom? Widerlich! Ich wette, sein Ding riecht wie verkochtes Gemüse. Das sieht man an diesem ständigen Miesepetergesicht. Bestimmt wie Brokkoli.»

Verdammt. Bisher mochte ich Brokkoli wirklich.

«Sarah hat keine schmutzige Nachricht von Mr. Haverstrom bekommen, Annie», erklärt Willard.

Annie wedelt mit den Händen. «Warum behauptet sie dann so was?»

Ich nehme meine Brille ab, um sie mit dem Tuch aus meiner Tasche zu putzen. «Mr. Haverstrom hat mir eine Mail geschickt. Ich soll nach dem Mittagessen zu ihm ins Büro kommen. Es klingt ernst.»

Die Worte laut auszusprechen bringt meine Nervosität auf Hochtouren. Mein Herz klopft, mir wird schwindlig, Adrenalin rauscht durch meine Adern, und ich spüre meinen Puls im Hals pochen. Auch wenn ich weiß, dass es albern ist, auch wenn meinem Gehirn klar ist, dass es keinen Grund zur Panik gibt, reagiert mein Körper in unvorhergesehenen Situationen oder wenn ich im Mittelpunkt der Aufmerksamkeit stehe, als wäre ich das nächste Opfer in einem Slasher-Film, das dicht gefolgt von dem maskierten, eine Machete schwingenden Psychopathen durch die Wälder stolpert. Ich hasse es, aber es ist unvermeidlich.

«Denk dran, langsam und gleichmäßig zu atmen, Sarah», sagt Willard. «Wenn überhaupt, wird er dir wahrscheinlich eine Beförderung anbieten. Du bist die Beste im ganzen Haus; jeder weiß das.»

Annie und Willard sind nicht nur meine Freunde, sie sind auch meine Kollegen hier in der Concordia-Bibliothek. Willard arbeitet unten in Restaurierung und Erhaltung, Annie in der Kinder-Abteilung, während ich meine Tage in Literatur und Fiktion verbringe. Jeder denkt, bei Bibliothekswissenschaft geht es nur ums Einordnen von Büchern und Verschicken von Überziehungsmitteilungen, aber da ist noch so viel mehr.

Es geht darum, die Gemeinschaft zu fördern, außerdem um Informationstechnologie, Organisation, es geht darum, anderen zu helfen, die Stecknadel im Heuhaufen zu finden, die sie suchen. Genauso wie Ärzte in der Notaufnahme Diagnosen und Behandlungen jederzeit parat haben müssen, müssen Bibliothekare, zumindest die guten, mit einer Vielzahl von Themen vertraut sein.

«Ich habe den Flachmann, den ich Elliot geklaut habe, unten in meinem Spind», sagt Annie.

Zeit: drei Minuten und zweiundvierzig Sekunden. Und der Rekord von neun Minuten und sieben Sekunden bleibt weiterhin ungebrochen.

«Willst du einen Schluck, bevor du rübergehst?», bietet Annie mir liebenswürdig an.

Sie ist eine gute Freundin – wie Helen für Jane in *Jane Eyre*. Sie ist ebenso gütig, wie sie hübsch ist.

Ich schüttle den Kopf. Dann strecke ich den Rücken durch und gucke wahnsinnig tough. «Ich sag euch nachher Bescheid, wie es gelaufen ist.»

Annie hält beide Daumen hoch, und Willard nickt, dabei fällt ihm sein braunes, gewelltes Haar in die Stirn wie einem Schurken aus einem Liebesroman. Mit einem letzten Winken für die beiden verlasse ich den kleinen gepflasterten Innenhof, in dem wir uns jeden Tag zum Mittagessen treffen, und gehe hinein.

In dem kühlen, schattigen Atrium schließe ich die Augen und atme den vertrauten, tröstlichen Geruch von Büchern und Leder, Papier und Druckerschwärze ein. Bevor Wessco ein eigenständiges Land wurde, war dieses Gebäude eine schottische Kathedrale, Concordia Cathedral. Es gab Modernisierungen im Lauf der Jahrhunderte, aber wunderbarerweise blieb die ursprüngliche Struktur erhalten – drei Stockwerke, mächtige, erhabene Marmorsäulen, Bogengänge und hohe, mit aufwendigen Malereien verzierte Decken. Wenn ich hier arbeite, fühle ich mich manchmal wie eine Priesterin – und zwar eine von der starken und mächtigen Sorte. Besonders wenn ich alles gegeben habe, um ein Buch für jemanden ausfindig zu machen, und das Gesicht dieser Person aufleuchtet. Oder wenn ich einen Leser mit einer neuen Reihe oder einem neuen Autor bekannt mache. In dieser Arbeit liegen Privileg und Ehre: Menschen eine völlig neue Welt voller Charaktere und Orte und Emotionen zu zeigen, die sie ohne mich nicht erfahren hätten. Das ist magisch.

Mark Twain sagte: «Such dir einen Beruf, den du gern

machst, und du wirst keinen einzigen Tag im Leben arbeiten müssen.»

In der Concordia-Bibliothek habe ich noch keinen einzigen Tag gearbeitet.

Meine Absätze klappern auf dem Steinboden, als ich zur hinteren Wendeltreppe gehe. Ich komme an der Buchausgabe vorbei und winke der alten Maud zu, die hier zwanzig Stunden in der Woche ehrenamtlich arbeitet, seit ihr Mann Melvin vor zwei Monaten gestorben ist. Dann entdecke ich George an seinem üblichen Tisch – er ist Stammgast, Rentner und ewiger Junggeselle. Im Vorbeigehen nehme ich zwei der Lokalzeitungen aus dem Ständer und lege sie vor ihn hin.

«Guten Tag, George.»

«Jetzt ist er gut, Liebes», ruft er mir hinterher.

Längs der Seitenwand steht eine Reihe von Computertischen, und ich sehe Timmy Frazier seinen leuchtenden Rotschopf über eine Tastatur beugen, auf der er wild herumtippt. Timmy ist dreizehn Jahre alt und ein guter Junge, allerdings längst nicht die ganze Zeit brav. Er hat fünf jüngere Geschwister, einen Dad, der Hafenarbeiter ist, und eine Mum, die halbtags in dem Anwesen auf dem Hügel putzt.

Dem Anwesen meiner Mutter.

Castlebrook ist eine winzige, schöne Ortschaft – eine der kleinsten in Wessco –, ein altes Fischerdorf, das nie florierte, aber gerade erfolgreich genug ist, um seine Bewohner daran zu hindern, sich nach grüneren Weiden umzusehen. Wir sind eine fünfstündige Autofahrt von der Hauptstadt entfernt, und obwohl die meisten Leute hier nicht allzu weit herumkommen, haben wir oft Besucher aus der Stadt, die sich nach einem ruhigen Wochenende am Meer sehnen.

St. Aldwyn, wo alle Kinder des Ortes zur Schule gehen, ist nur zehn Minuten zu Fuß entfernt, aber ich wette, Timmy könnte es in fünf schaffen.

«Gibt es einen Grund, warum du nicht in der Schule bist, Timmy Frazier?»

Er grinst schief, aber ohne die Augen vom Bildschirm zu nehmen oder mit dem Tippen aufzuhören. «Ich geh schon wieder hin, aber die vierte und fünfte Stunde muss ich schwänzen, damit ich diesen Aufsatz für die sechste Stunde fertig kriege.»

«Hast du schon mal daran gedacht, deine Hausaufgaben einen oder eventuell sogar ein paar Tage im Voraus zu erledigen?»

Timmy zuckt mit den Schultern. «Besser auf die letzte Minute als nie, Sarah.»

Lachend strubble ich ihm durch die roten Haare, dann gehe ich weiter und die Treppe in den zweiten Stock hoch.

Bei Leuten, die ich kenne, fühle ich mich wohl – bei ihnen kann ich gesellig, ja sogar witzig sein. Die neuen und unvorhergesehenen Situationen sind es, die mich fertigmachen. Und gleich kommt eine gewaltige auf mich zu.

Vor Mr. Haverstroms Tür bleibe ich stehen, um auf die schwarzen, auf das milchige Glas geklebten Buchstaben seines Namens zu starren und dem Stimmengemurmel drinnen zu lauschen. Es ist nicht so, dass Mr. Haverstrom ein gemeiner Boss ist – er ist ein bisschen wie Mr. Earnshaw aus *Sturmhöhe*. Obwohl er in dem Roman nicht viele Seiten gewidmet bekommt, ist seine Präsenz stark und wichtig.

Ich hole tief Luft, straffe den Rücken und klopfe fest und entschieden an die Tür – wie Elizabeth Bennet es tun würde. Weil ihr alles völlig egal war. Dann öffnet mir Mr. Haverstrom, die Augen schmal, Haut und Haar blass, das Gesicht faltig und mürrisch – wie ein zusammengedrücktes Marshmallow.

Äußerlich nicke ich und rausche selbstbewusst ins Büro, aber innerlich zucke ich zusammen und werde immer kleiner.

Mr. Haverstrom schließt die Tür hinter mir, und ich stutze, als ich Patrick Nolan auf dem Stuhl vor Mr. Haverstroms Schreibtisch sitzen sehe. Pat und ich teilen uns die Leitung der Abteilung Literatur und Fiktion. Er sieht nicht wie der stereotypische Bibliothekar aus, eher wie ein olympischer Triathlet, nichts als Muskeln und breite Schultern und hungriger Konkurrenzkampf in den Augen.

Pat ist kein solcher Vollpfosten wie Annies Ex Elliot, aber fast.

Ich setze mich auf den freien Stuhl neben Pat, während Mr. Haverstrom seinen Platz hinter dem Schreibtisch einnimmt. «Lady Sarah, ich habe Pat gerade den Grund erklärt, warum ich Sie beide um dieses Meeting gebeten habe.»

Haltet das «Lady» vor meinem Namen bloß nicht für ein Zeichen des Respekts. Es ist lediglich Tradition, das Äquivalent zu «Miss» für die Tochter einer Gräfin. Leider hat es keine wirkliche Macht.

Vielleicht bin ich einfach nur paranoid – das kenne ich von mir –, aber da ist dieses angespannte, schwere Gefühl in meinem Magen, als könnten die Bänder und Sehnen, die ihn halten, jeden Moment reißen und meine lebenswichtigen Organe zu Boden stürzen lassen.

Ich zwinge mich, zu sprechen. «Ja?»

«Wir wurden ausgewählt, das diesjährige Northern District Library Symposium auszurichten.»

Das ist nicht nur nicht gut – diese Neuigkeit ist schlecht. Sehr, sehr schlecht.

«Von jeder Abteilung wird natürlich eine Präsentation erwartet, und in Anbetracht der Größe und des Umfangs unserer Abteilung Literatur und Fiktion sehe ich keinen Grund, warum Sie und Patrick nicht getrennte, aber einander ergänzende Präsentationen halten könnten.»

Und platsch macht mein Magen. Und meine Milz. Ich bin mir ziemlich sicher, meine Leber liegt da auch irgendwo.

«Ich brauche Thema und Gliederung Ihrer Vorträge bis Ende der Woche, um sicherzustellen, dass es keine Überlappungen gibt.»

Ich klappe den Mund auf und zu wie ein Fisch, aber es kommen keine Worte heraus. *Atmen!* Ich muss atmen, um reden zu können. *Hol Luft, Mensch.*

«Mr. Haverstrom, ich bin mir nicht sicher, ob ich …»

«Mir ist bewusst, dass Sie nicht gern vor Publikum sprechen», fällt Mr. Haverstrom mir ins Wort.

Das ist die Untertreibung des Jahrhunderts.

«Aber Sie werden sich überwinden müssen. Das hier ist eine Ehre und gehört zu den Anforderungen Ihrer Stelle. Abgesehen von höherer Gewalt wird es keine Ausrede für Sie geben. Wenn Sie nicht in der Lage sind, all Ihren Pflichten nachzukommen, werde ich leider gezwungen sein, Sie durch jemanden zu ersetzen, der das kann.»

Scheiße. Verdammt, verdammt, Scheiße, Scheiße.

«Ja, Sir. Ich verstehe.»

«Gut.» Er nickt. «Dann lasse ich Sie mal wieder an die Arbeit gehen.»

Wir alle stehen auf, und Pat und ich gehen zur Tür.

«Lady Sarah», sagt Mr. Haverstrom. «Ich biete Ihnen an, die Präsentation mit Ihnen durchzugehen, sobald sie fertig ist, wenn das hilfreich für Sie ist. Ich möchte wirklich, dass Sie Erfolg haben.»

Ich lächle knapp. «Danke, Sir.»

Dann schüttelt er Patrick die Hand. «Pat, steht unser Termin zum Racquetball diesen Samstag noch?»

«Darauf kannst du dich verlassen, Douglas.»

Innerlich seufze ich, maßlos enttäuscht von mir selbst. Unter anderem weil ich auch Racquetball spiele ... ich bin sogar ziemlich gut darin. Und wenn ich einen Funken Miranda Priestly aus *Der Teufel trägt Prada* in mir hätte, dann würde ich es ihnen sagen, mich selbst einladen, bei den großen Jungs mitzuspielen.

Aber ich tue es nicht.

Mr. Haverstrom schließt die Tür und lässt Patrick und mich allein im Flur zurück. Mit einem schmierigen Lächeln beugt Pat sich zu mir. Ich weiche zurück, bis ich mit dem Rücken gegen die Wand stoße. Es ist unangenehm – aber nicht bedrohlich. Hauptsächlich weil ich zusätzlich zu Racquetball auch seit Jahren Aikido trainiere. Sollte Patrick also irgendetwas versuchen, erwartet ihn eine sehr schmerzhafte Überraschung.

«Seien wir mal ehrlich, Sarah. Du weißt es, und ich weiß es: Eine Präsentation vor Hunderten von Leuten zu halten ist das Letzte, was du willst.»

Mein Herz hockt mir in der Kehle und puckert.

«Also, wie wär's damit: Du machst den Teil mit der Recherche, den Folien und so, wofür ich nicht wirklich Zeit habe, und ich kümmere mich um die Präsentation und schreibe dir natürlich die Hälfte des Verdiensts zu.»

Natürlich. Das habe ich schon früher gehört – in der Schule bei Gruppenprojekten, bei denen ich, das stille Mädchen, die ganze Arbeit gemacht habe, aber der geschickteste, lauteste Redner heimste den ganzen Ruhm ein.

«Ich werde Haverstrom am Samstag schon überzeugen – ich bin wie ein Sohn für ihn», erklärt Pat, bevor er sich so nah zu mir beugt, dass ich den Knoblauch in seinem Atem riechen kann. «Lass Big Pat die Sache regeln. Was sagst du dazu?»

Ich sage, es gibt einen besonderen Ort in der Hölle für Leute, die in der dritten Person über sich reden.

Aber bevor ich antworten kann, klingt Willards feste, sichere Stimme den Flur entlang:

«Ich denke, du solltest sie in Ruhe lassen, Nolan. Sarah wird ihre Sache phantastisch machen.»

Pat winkt ab. «Still, du Zwerg, hier unterhalten sich Erwachsene.»

Und das Adrenalin kommt zurückgerauscht, aber diesmal nicht vor Nervosität, sondern vor Wut, vor Empörung.

Ich stoße mich von der Wand ab. «Nenn ihn nicht so.»

«Das macht ihm nichts aus.»

«Mir macht es was aus.»

Er starrt mich an und hat etwas im Blick, das Überraschung sehr ähnlich kommt. Dann schnaubt er und wendet sich zu Willard um. «Lässt du deine Kämpfe immer von einer Frau austragen?»

Ich mache einen weiteren Schritt vorwärts, was ihn zwingt, zurückzuweichen. «Denkst du, ich kann keine Kämpfe austragen, weil ich eine Frau bin?»

«Nein, ich denke, du kannst keine Kämpfe austragen, weil

du eine Frau bist, die kaum drei Worte aneinanderreihen kann, wenn mehr als zwei Leute im Raum sind.»

Diese Bemerkung verletzt mich nicht. Hauptsächlich weil sie wahr ist.

Aber nicht diesmal.

Ich lächle teuflisch. Plötzlich bin ich eine zum Leben erwachte Cathy Linton – eigensinnig und stolz.

«Es stehen gerade mehr als zwei Leute hier. Und ich habe doch tatsächlich mehr als drei Worte für dich: Fick dich, du arroganter, selbstgefälliger Sumpf-Ochse!»

Sein Gesichtsausdruck ist beinahe komisch. Als könne er sich nicht entscheiden, ob er schockiert darüber ist, dass ich das Wort *Ficken* kenne oder dass ich es laut zu ihm gesagt habe – und nicht auf die gute Weise.

Dann verhärtet sich seine Miene, und er zeigt auf mich. «Das bekomme ich also dafür, dass ich versuche, deinen verklemmten Arsch zu retten? Viel Spaß dabei, dich zu blamieren.»

Ich blinzle nicht, bis er die Treppe hinuntergegangen und fort ist. Willard kommt Beifall klatschend durch den Flur auf mich zu. «Sumpf-Ochse?»

Ich zucke mit den Schultern. «Ist mir gerade so eingefallen.»

«Beeindruckend.» Dann verbeugt er sich und küsst mir die Hand. «Du warst herrlich.»

«Gar nicht mal so schlecht, oder? Hat sich gut angefühlt.»

«Und du bist nicht mal rot geworden.»

Mit einem verlegenen Lachen streiche ich mir das dunkle Haar aus dem Gesicht. «Wie es scheint, vergesse ich es, nervös zu sein, wenn ich jemand anderes verteidige.»

Willard nickt. «Gut. Und obwohl ich nur ungern der Arsch

bin, der darauf hinweist: Es gibt da etwas, über das du wahrscheinlich sofort nachdenken solltest.»

«Und das wäre?»

«Die Präsentation vor Hunderten von Leuten.»

Und schon hat die übelkeiterregende Anspannung mich wieder fest im Griff.

So fühlt es sich also an, dem Untergang geweiht zu sein. Ich lehne mich an die Wand. «Ach, Sumpf-Mist!»

5

SARAH

Nach Feierabend gehe ich zurück zu meiner Wohnung, einen knappen Kilometer entfernt. Das Haus ist einfach, aber gepflegt, mit einem Garten und einer Terrasse auf dem Dach. In der Wohnung über mir wohnt ein frischverheiratetes Paar mit einem noch frischeren Baby – David, Jessica und der kleine Barnaby –, unter mir wohnt ein älteres Ehepaar, Felix und Belinda, seit vierzig Jahren zusammen.

Ich lege meinen Schlüssel in die Glasschale neben der Tür, wie immer. Dann schlüpfe ich aus meinem Mantel und den Schuhen und räume beides in den Schrank. Auch wie immer.

Ich habe keine Mitbewohner oder Haustiere, deshalb ist mein Wohnzimmer genau so, wie ich es heute Morgen verlassen habe, sauber und makellos, mit seinem beigen Sofa und terracottafarbenen Zierkissen, passenden Vorhängen, Fotos meiner Mutter und meiner Schwester auf dem Beistelltisch und meinen Lieblingsbucheinbänden gerahmt an den Wänden.

Die Krönung meines Wohnzimmers ist nicht der Flachbildfernseher oder der Holzofen in der Ecke. Sondern der Bücherschrank zwischen den beiden Fenstern. So hoch wie die Decke, mit sechs Borden darin, aus Treibholz gemacht. Ich habe ihn vor ein paar Jahren auf einem Weihnachtsmarkt entdeckt. Damals war er ein schäbiges Teil, schlicht und langweilig – ein bisschen wie ich –, aber ich konnte sehen, dass die Bretter aus robustem Holz gemacht waren und nicht nachgeben würden. Also nahm ich ihn mit nach Hause, schliff ihn ab und polierte ihn und stellte meine liebsten und wertvollsten Besitztümer hinein – meine Sammlung von Romanklassikern in Erstausgaben. Die vollständige Jane-Austen-Sammlung, die Brontë-Schwestern, Dickens, sie sind alle da. Obwohl ich gute zeitgenössische Liebesromane genauso gern lese wie jede andere Frau auch, sind das hier diejenigen, auf die ich immer wieder zurückkomme: Geschichten, die stets aufs Neue bewegend sind, egal, wie oft ich sie lese.

Die Wohnung ist klein, mit nur einem schmalen Streifen Meerblick vom Schlafzimmerfenster aus, aber ich zahle selbst für sie – nicht der Treuhandfond der Familie.

Es hat etwas Befriedigendes an sich, sein eigenes Geld zu verdienen. Es ist so ähnlich, wie zwei Stöcke aneinanderzureiben, um Feuer zu machen. Es ist eine Überlebensfähigkeit. Ich könnte es in der Wildnis schaffen, wenn ich müsste. Na ja … jedenfalls wenn die Wildnis Castlebrook wäre.

Die Sache ist die, wenn man von anderen abhängig ist, dann halten sie einen Teil deines Glücks in der Hand. Sie können es pflegen oder aber jeden Moment zerschmettern. Dein Schicksal gehört dir nicht. Ich habe mit eigenen Augen sehen müssen, wie das läuft – kein schöner Anblick. Mein Leben mag klein und einfach sein, aber es gehört mir ganz allein.

In der Küche fülle ich den Teekessel. Normalerweise würde ich jetzt mit dem Abendessen anfangen, aber es ist Mittwoch – mittwochs und sonntags ist Dinner mit Mutter und Penelope angesagt.

Ich habe noch eine Stunde, bis ich los muss, also gibt es Tee und … ein paar Seiten *Sinn und Sinnlichkeit*. Es ist die perfekte Lektüre. Gerade genug Drama und Spannung, um interessant zu sein, aber hauptsächlich leicht und unterhaltsam, mit einem äußerst glücklichen Ende. Colonel Brandon ist mein Liebling – der ultimative Roman-Ehemann. Er lässt Herzensgüte und Integrität verdammt sexy aussehen. Eines Tages werde ich einem Mann begegnen, der genauso ist wie er, romantisch, beständig und verlässlich, und es ist mir egal, wie albern das klingt. Wie unreif oder verträumt.

Denn ich habe eine Theorie.

Wenn Albträume wahr werden können, und manchmal tun sie das ... dann können auch unsere glücklichsten Träume wahr werden.

Sobald mein Pfefferminztee fertig ist, lasse ich mich auf die Chaiselongue in meinem Schlafzimmer sinken, lege eine weiche Decke über meine Beine, schlage das Buch auf – und blende die Welt aus.

Manche Leute betrachten ihre Familie und fragen sich, ob sie adoptiert wurden. Andere hoffen es.

Ich habe mich so etwas nie gefragt. Weil meine Mutter eindeutig die Kombination aus den Persönlichkeiten von mir und meiner Schwester ist. Oder vielleicht sind wir jeweils die Hälfte von ihrer Persönlichkeit. Sie lebt zurückgezogen: Sie hasst Städte, verabscheut Partys, verlässt selten das Anwesen und lädt keine Freunde ein, zumindest keine menschlichen. Am zufriedensten ist sie im Gewächshaus, wenn sie sich um ihre Pflanzen kümmert und mit ihnen redet. Aber hier, innerhalb der Grenzen ihres persönlichen Machtbereichs, schmeißt sie den Laden. Da ist sie schillernd und überschäumend – genau wie Penelope. In den letzten Jahren hat sie damit angefangen, handgemachte chinesische Seidenkimonos mit bunten Paisley-Mustern zu tragen und sich das Haar feuerrot zu färben. Inzwischen ist sie eine Mischung aus Mrs. Dashwood aus *Sinn und Sinnlichkeit* und Shirley MacLaine in ihrer Glanzzeit.

Manche in unseren Gesellschaftskreisen finden sie ein wenig exzentrisch. Andere nennen sie sogar *die Verrückte Gräfin.* Meine Mutter mag nicht sonderlich konventionell sein. Aber ich halte sie überhaupt nicht für durchgeknallt. Lange hat sie versucht, ihr Leben nach den Regeln anderer zu leben, und das hat nicht funktioniert. Also lebt sie nun, wie es ihr gefällt ... und alle anderen können ihr den Buckel runterrutschen.

«Hallo, mein Liebling», begrüßt sie mich mit leiser Stimme.

Meine Mutter war schon immer leise und sanft. So wurde sie erzogen. Aber leise sollte nicht mit schwach verwechselt werden. Manchmal wird die stählernste Entschlossenheit stumm zur Geltung gebracht.

Stanhope, unser Butler, nimmt meinen Mantel und schüttelt die Regentropfen ab. Zum Glück hat der Regen gerade erst eingesetzt. Den Arm um meinen Rücken gelegt, führt meine Mutter mich zum Esszimmer, dabei umgibt sie der vertraute Duft von Lilien.

«Sag, wie läuft es in der Bibliothek?»

«Schrecklich.»

«Schrecklich? Das hört sich aber nicht gut an. Was ist passiert?»

Wir setzen uns zu Penelope an den Tisch, die auf ihrem Handy herumtippt, und während des ersten Gangs erzähle ich meine Leidensgeschichte. Obwohl unsere wöchentlichen

Abendessen zwanglos sind, hat Penelope sich mit einem königsblauen Cocktailkleid schick gemacht, das ihrer blassen Haut und dem hellblonden, zu einem sanften Knoten geschlungenen Haar schmeichelt. Sie hat sich schon als Kind gern verkleidet, und mit dreiundzwanzig ergreift sie immer noch jede Gelegenheit, um sich herauszuputzen.

Anders als andere Mütter unseres Ranges hat meine mich nie gedrängt, eine gute Partie zu heiraten oder mich zu verabreden – Penelope verabredet sich genug für uns beide.

Als ich die Sache mit der Präsentation erklärt habe, sagt Mutter: «Mein armes Mädchen. Was wirst du tun?»

«Ich habe nicht wirklich eine Wahl. Ich werde bei dem Symposium sprechen müssen und kann nur beten, dass ich mich nicht übergebe oder umkippe.»

Penny grinst, immer noch auf ihr Handy starrend. «Vielleicht solltest du die ersten paar Reihen absperren, nur für den Fall. Du kannst es Spritzfreie Zone nennen.»

«Sehr hilfreich, Penelope, danke.»

Sie schaut hoch. «Das könnte gut für dich sein, weißt du. Dich zwingen, aus deiner Wohlfühlzone herauszukommen.»

«Dasselbe könnte man über deinen bevorstehenden Militärdienst sagen, Penelope», merkt Mutter an.

In Wessco muss jeder Bürger, ob männlich oder weiblich, zwei Jahre lang beim Militär dienen.

Penny lässt sich theatralisch auf ihrem Stuhl zurückfallen und wirft die Arme weit auseinander. «Das ist überhaupt nicht dasselbe! Ich werde eine furchtbare Soldatin sein. Für all das Marschieren und Klettern und Schwitzen bin ich nicht geschaffen.»

Sie überprüft ihre Glitzermaniküre, wohl, um sicherzugehen, dass der Nagellack nicht allein schon vom Über-das-Militär-Reden abgesplittert ist. «Ich habe versucht, sie zu überreden, mich meine Zeit in der WSO ableisten zu lassen.»

Die WSO ist die Wessco Service Organisation, sie organisiert Shows und Unterhaltung für die Truppen. Und Penelope hat schon immer davon geträumt, ein Star zu sein. Für ein Model ist sie zu klein, aber ganz gewiss melodramatisch genug für eine Schauspielerin.

«Das ist viel eher meine Kragenweite. Glitzernde Kostüme und Tanz. Aber das ist gegen die Regeln, haben sie gesagt.»

«Ja», schmunzle ich. «Das Militär mag es, wenn man seine Regeln befolgt. Die sind irgendwie komisch, was das betrifft.»

Sie streckt mir die Zunge raus.

Bevor ich mich entscheiden kann, mit welcher obszönen Geste ich antworten soll, donnert es so laut draußen, dass das Porzellan und die Kristallgläser auf dem Tisch klirren.

Regen prasselt gegen die Scheiben, und Sekunden später bricht ein weiterer so lauter Donner über das Haus herein, dass die Wände wackeln. Ein Regalbord gibt nach, worauf Zierteller und Porzellanfigürchen zu Boden fallen und splitternd zerschellen.

Ich schließe die Augen und hole tief Luft, aber es hilft nichts – alles wird grau.

Keuchend komme ich wieder zu mir. So ist es immer, wenn das passiert, als wäre ich so lange unter Wasser gehalten worden, dass ich gerade noch lebe.

«Da ist sie ja», säuselt Mutter auf dem Stuhl neben mir, während Penelope mir auf der anderen Seite in kleinen Kreisen den Rücken reibt.

«Das war ein langer diesmal», sagt Penny mit Besorgnis. «Über zehn Minuten.»

Und die vertraute Scham ballt sich in mir zusammen. «Es tut mir leid», flüstere ich.

«Davon will ich nichts hören», schilt Mutter mich, während sie mir ein kühles, feuchtes Tuch auf die Stirn drückt. «Lass uns in den Salon gehen, Mutter», schlägt Penelope vor. «Sarah wird es auf dem Sofa bequemer haben.»

Ich nicke, ohne mir darüber Gedanken zu machen, dass wir den Rest der Mahlzeit versäumen – ich schätze, uns allen ist der Appetit vergangen. Meine Schwester hilft mir aufzustehen, und obwohl meine Knie wacklig sind, schenke ich ihr ein Lächeln.

«Ist schon okay. Jetzt geht es mir wieder gut.»

Sobald ich im Salon sitze, drückt mir Jenny, das Dienstmädchen, ein Glas Brandy in die Hand. Vorsichtig nippe ich daran.

«Ich habe etwas über einen neuen Meditationsspezialisten gelesen, Sarah. Ich finde, du solltest einen Termin mit ihm vereinbaren», sagt meine Mutter zu mir. «Er ist Buddhist und sehr gut, wie es heißt.»

Temporärer dissoziativer Dämmerzustand, nennen es die Ärzte. Verursacht durch Stress, Angst und Trauma, ausgelöst durch laute Geräusche, oft zerbrechendes Glas. Aber es ist unregelmäßig. Manchmal kann ich das Geräusch hören und keinerlei Reaktion darauf haben; ein anderes Mal reicht das Echo eines einzelnen heruntergefallenen Glases in einem Restaurant aus, um dafür zu sorgen, dass ich mich «ausklinke».

Es ist nicht so schlimm, wie es sein könnte – bei manchen

kann es Tage oder sogar Wochen andauern, und die armen Leute, die darunter leiden, haben keine Erinnerung an das, was sie in diesem Zustand erlebt oder getan haben, wenn sie wieder zu sich kommen. Meine Anfälle dauern zwischen ein paar Sekunden bis zu ein paar Minuten. Ich spreche oder bewege mich nicht mehr, es ist, als wäre ich tot, aber noch atmend. Ich habe es mit Medikamenten versucht, doch die helfen nicht wirklich, und die Nebenwirkungen sind unangenehm. Ich habe es mit Hypnose versucht, Psychotherapie, Akupunktur … aber das war größtenteils wirkungslos.

«In Ordnung, Mutter.»

Schweigend genießen wir ein paar Minuten lang unsere Drinks, und dann betritt Stanhope das Zimmer. «Da ist Besuch für Sie, Gräfin.»

«Besuch?» Mutter schaut zum regennassen Fenster. «Wer würde denn bei diesem Wetter draußen sein? Eine Autopanne?»

«Nein, Mylady. Die junge Frau sagt, ihr Name ist Nancy Herald. Sie entschuldigt sich dafür, sich nicht angemeldet zu haben, und hat mir ihre Karte gegeben. Wie es scheint, geht es um ein geschäftliches Angebot.»

Meine Mutter macht eine wegwerfende Handbewegung. «Ich habe weder das Interesse noch die Zeit für Geschäftsangebote. Schicken Sie sie bitte fort.»

Stanhope legt eine Visitenkarte auf den Tisch, verbeugt sich und verlässt das Zimmer. Penny nimmt die Karte, während sie an ihrem Drink nippt, liest, was daraufsteht … und spuckt dann ihren Brandy über den Teppich.

«Penelope!», ruft Mutter aus.

Meine Schwester springt auf und wedelt mit der Karte über

ihrem Kopf wie Veruca Salt, nachdem sie das Goldene Ticket für die Schokoladenfabrik in die Finger bekommen hat.

«Stanhope!», schreit sie. «Lassen Sie sie nicht weggehen! Sie ist Fernsehproduzentin!» Dann dreht sie sich zu mir um und wiederholt mit leiserer, aber drängender Stimme: «Sie ist Fernsehproduzentin.»

Als ob ich sie nicht schon beim ersten Mal verstanden hätte.

Sie rennt aus dem Zimmer. Oder … versucht es. Auf halbem Weg zur Tür bleibt sie mit dem Absatz am Teppich hängen und fällt mit einem «Uff» auf die Nase.

«Alles in Ordnung, Pen?»

Sie richtet sich wieder auf und fuchtelt mit den Händen. «Mir geht's gut! Zumindest solange sie nicht weggeht!»

Beim zweiten Versuch klappt es, und Penelope hastet aus dem Zimmer, so schnell sie ihre zehn Zentimeter hohen Absätze tragen.

Kopfschüttelnd schaut meine Mutter ihr hinterher. «Die hat zu viel Zucker erwischt.» Dann leert sie ihr Glas.

«Die Produzentin ist höchstwahrscheinlich daran interessiert, auf dem Gelände zu filmen», fügt sie hinzu. «Eine solche Anfrage bekomme ich alle paar Monate.»

Wenige Augenblicke später klingt das Echo von Penelopes schnellem, schrillem Geplapper aus dem Foyer, und kurz danach kommt sie zurück in den Salon. Sie hat sich bei einer zierlichen, dunkelhaarigen Frau in einem durchnässten Trenchcoat untergehakt. Stanhope folgt ihnen als finster blickender Schatten.

Penelope stellt die Frau vor, als wären sie alte Schulfreundinnen, was Stanhope die Show stiehlt. «Mutter, Sarah, das ist Nancy Herald. Sie ist Fernsehproduzentin.»

Ich stehe auf und reiche ihr die Hand. «Hallo, Miss Herald. Sagen Sie, sind Sie Fernsehproduzentin? Ich war mir nicht sicher.»

Ich zwinkere meiner Schwester zu. Sie schneidet eine Grimasse zurück.

«Regieassistentin, um genau zu sein», antwortet Miss Herald, während sie meine Hand schüttelt. «Schön, Sie kennenzulernen.»

Stanhope schnaubt. «Darf ich Ihnen den Mantel abnehmen, Miss Herald? Und Ihnen ein heißes Getränk anbieten?»

«Danke.» Sie reicht ihm das tropfende Kleidungsstück. «Kaffee wäre phantastisch, wenn Sie welchen haben.»

Ohne aufzustehen, bedeutet meine Mutter ihr, sich zu setzen. «Was führt Sie bei so fürchterlichem Wetter vor die Tür, Miss Herald?»

Sie setzt sich lächelnd und holt eine Mappe aus der Aktentasche in ihrer Hand. «Bevor ich das erkläre, werde ich jede von Ihnen bitten müssen, eine Verschwiegenheitserklärung zu unterzeichnen. Und mir ist bewusst, dass das sehr merkwürdig ist, aber ich habe eine besondere Gelegenheit für ...», sie überprüft ihre Papiere, «Sarah und Penelope Van Titebottum.» Sie wirft einen Blick auf meine Schwester und mich. «Für Sie beide, aber es ist eine Angelegenheit der nationalen Sicherheit, deshalb brauche ich eine schriftliche Einwilligung von Ihnen allen, die Sache vertraulich zu behandeln. Sie gehen keine Verpflichtung ein, außer, mein Angebot für sich zu behalten.

Penelope bettelt mit den Augen ... und ihrem Mund.

«Bitte, Mummy! Sarah, bitte, bitte, bitte?»

Schnaubend verdreht meine Mutter die Augen. «Also gut, geben Sie her.»

Wir alle unterschreiben das kurze, aus einem Absatz bestehende Dokument. Und Stanhope stellt eine Tasse mit Untertasse für Miss Herald auf den Tisch. Sie heftet das Formular ab, nimmt einen Schluck von dem dampfenden Kaffee, und nachdem unser Butler den Raum verlassen und die Tür hinter sich geschlossen hat, beugt sie sich vor.

«Haben Sie schon von der Fernsehserie *Matched* gehört?»

«Kommt nicht in Frage», erklärt meine Mutter im selben Moment, in dem Miss Herald ihren Bericht von der royalen Version der Reality-TV-Datingshow beendet hat.

«Doch!», kreischt Penny. «Das kommt sehr wohl in Frage.»

«Nicht für mich.» Ich schüttle den Kopf. «Danke für das Angebot, Miss Herald, aber ich mag es nicht mal, fotografiert zu werden. Ich habe kein Interesse daran, bei einer Fernsehsendung mitzumachen.»

«Und was ist damit, Königin zu werden?», bohrt sie nach.

«Daran habe ich auch kein Interesse.»

Penny hebt ihre Hand. «Ich aber! Ich kann doch immer noch mitmachen, oder? Selbst wenn Sarah es nicht tut?»

«Absolut.»

«Absolut nicht», sagt Mutter entschieden.

Penelope ist beleidigt. «Mutter, du tust ja so, als würdest du mir überhaupt nicht vertrauen.»

«Das tue ich auch nicht.» Sie zuckt mit den Schultern. «Und das aus gutem Grund. Es gibt reichlich Beispiele für dein mangelndes Urteilsvermögen, Liebling. Mal sehen ... Da war dieser Tattoo-Künstler.»

«Das war nur eine Phase.»

«Der Zirkusartist.»

«Er war interessant!»

«Der Sträfling.»

Penny windet sich. «Auf der Flucht zu sein war nicht so romantisch, wie ich gedacht hatte.»

Sie fällt neben dem Stuhl meiner Mutter auf die Knie. «Aber das hier ist etwas anderes. Hier geht es nicht um einen Mann.»

«Nicht?»

Penny verdreht die Augen. «Henry ist witzig und herrlich anzusehen, aber er ist ein Playboy, das weiß jeder. Wenn er heiratet, dann wird er nicht nur eine Geliebte haben, er wird sich einen ganzen Harem halten. Das mit uns würde nie funktionieren.» Dann verlegt sie sich wieder aufs Betteln. «Aber du weißt doch, wie gern ich Schauspielerin werden will. Das könnte mir Türen öffnen, Mutter. Für eine echte Karriere im Showbusiness.»

Meine Mutter schließt die Augen. «Das werde ich zwar bereuen ... aber in Ordnung.» Penny fängt an zu quietschen, worauf meine Mutter einen Finger hebt. «Aber nur, wenn Sarah mitgeht, um dich im Auge zu behalten, als deine Stimme der Vernunft, weil offensichtlich ist, dass du ohne eine solche geboren wurdest.»

Penelope wirft die Arme um sie. «Danke, Mummy!»

Dann wirbelt sie zu mir herum und sieht so hoffnungsvoll aus, dass es mir fast das Herz bricht.

«Sarah?»

«Penny ... Ich kann nicht. Ich habe meine Wohnung, meine Arbeit. Die kann ich nicht einfach im Stich lassen für ...»

«Sechs Wochen insgesamt», ergänzt die Produzentin.

«Für sechs Wochen. Es tut mir leid, Pen.»

Sie rutscht auf Knien zu mir herüber und holt sich dabei wahrscheinlich Teppichbrand. «*Bitte*, Sarah. Das könnte alles ändern.»

Das ist es ja, wovor ich Angst habe.

«Das würde so viel Spaß machen. Die beste Art von Abenteuer.»

Und meine Brust schmerzt. Weil ich das hier für sie will, ich will das für sie tun können, aber die Aussicht auf so viel Veränderung, so viel Unbekanntes, macht mir Angst. «Ich glaube nicht, dass ich das hinkriege, Pen», flüstere ich.

Sie verschränkt unsere Hände miteinander. «Wir machen das gemeinsam. Ich unterstütze dich, und du unterstützt mich.»

Ich öffne den Mund ... aber die Worte bleiben in meiner Kehle stecken. «Penelope soll nächsten Monat zum Militärdienst antreten», sagt Mutter der Produzentin.

«Da werden wir sie rausbekommen», erwidert Miss Herald. «Wir haben einen unterzeichneten Erlass von Prinz Henry, der alle Teilnehmerinnen von Arbeit, Schule oder jeglichen anderen Verpflichtungen wegen *vertraulicher Angelegenheiten des Königshauses* freistellt. Das ist ein offizieller Akt königlicher Gewalt.»

Ihre Worte lassen mich stutzen. «Was haben Sie gerade gesagt?»

«Ein offizieller Akt königlicher Gewalt. Das ist wie eine Erklärung, ein Befehl der Krone ...»

«Oder höhere Gewalt», flüstere ich.

«Ja, genau.»

Und die Rädchen in meinem Kopf fangen an, sich zu drehen. «Könnte ich so einen bekommen? Einen Brief für meinen Arbeitgeber, falls ich mit Penny mitgehe, als ihre ... Assistentin?»

«Natürlich. Viele der Damen bringen ihr eigenes Personal mit – Köche, Frisöre, Yogalehrer, Hundesitter –, das wird interessant.»

«Aber ich könnte den Brief bekommen?», bohre ich nach. «Um für sechs ganze Wochen von der Arbeit freigestellt zu werden?»

«Sicher.»

Mein Blick begegnet dem von Penelope, und ihre Augenbrauen heben sich. Weil sie ganz genau weiß, was ich denke.

«Das verändert wirklich alles, nicht wahr?»

Das tut es in der Tat. Jetzt geht es um das Geringere von zwei Übeln.

Und die Entscheidung ist klar.

Ich war nie Cheerleaderin, aber wenn ich Pompons hätte, dann würde ich sie schütteln, bis mir die Hände abfallen. *Yay, Reality-Fernsehen!*

«Wo sollen wir unterschreiben? Wir sind dabei.»

6

HENRY

Ich bin beeindruckt. Zwei Wochen, nachdem ich Vanessa Steele angerufen habe, erkenne ich den Laden kaum wieder. Das Schloss brummt vor Geschäftigkeit. Crewmitglieder schwingen sich im wahrsten Sinne des Wortes von der Decke, um Beleuchtung und Kameras zu installieren – natürlich ohne die historische Integrität zu beschädigen. Fergus hatte diesbezüglich einen ausgewachsenen Anfall, aber ich habe ihn beruhigt.

Es gibt immer jemanden zum Plaudern, jemanden, der Hallo sagt oder mir eine Frage stellt oder erwähnt, wie aufgeregt er oder sie ist, mit mir zusammenzuarbeiten.

Es fühlt sich verdammt noch mal großartig an.

Bühnenbildner arrangieren Requisiten und Blumenkörbe hier und dort und staunen mit viel Oooh und Aaah über die antiken Gemälde, Rüstungen und über das, was Nicholas und ich immer «die Phantastische Wand des Todes» genannt haben. Es ist eine lange Wand im großen Saal, vom Boden bis zur Decke behängt mit Waffen, die von unseren Vorfahren auf dem Schlachtfeld getragen wurden. Autoren und Regisseure laufen auf dem Gelände herum und erstellen Storyboards und Listen mit Aufnahmelocations.

Aufnahmeassistenten und persönliche Assistenten und noch mehr Assistenten flitzen herum, und ich hoffe wirklich, mir assistiert bald jemand dabei, flachgelegt zu werden.

Aber dann, in der Bibliothek, zerschlägt Vanessa diese heiße Hoffnung ebenso schnell, wie Cinderellas Kutsche sich mit einem *Puff* wieder in einen traurigen kleinen Kürbis zurückverwandelte.

«Kein Sex.»

Wir gehen gerade meinen Vertrag durch. Ich brauche zwar die Fünfzig-Millionen-Dollar-Verschwiegenheitsvereinbarung nicht zu unterschreiben wie alle anderen Personen, die auch nur annähernd an der Sache beteiligt sind, aber auch für mich gelten Regeln.

Und zwar Scheißregeln. Wo ich auch hinsehe, Dos und Don'ts, mach dies und lass jenes und das-um-Himmels-willen-bloß-nicht.

Weiß denn keiner mehr, wie man Spaß hat?

«Wie meinen Sie das, kein Sex? Ich habe Ihre Show gesehen: Sex ist doch der ganze Sinn davon. All die guten Sachen werden ausgeblendet, aber es gibt Picknick-Sex, Kerzenlicht-Sex, Nach-dem-Wandern-Sex. Auf den Teil hatte ich mich wirklich gefreut.»

Sie schüttelt den Kopf, sodass ihr glänzendes, kurzes Haar wippt. «Machen Sie sich auf eine Enttäuschung gefasst. Das hier ist die Royal-Edition. Die ist etwas Besonderes. Besondere Regeln.»

«Ich will nichts Besonderes sein. Ich will wie all die anderen Durchschnittstypen in Ihrer Show sein. Nur besser aussehend. Morgens mit einer Kandidatin knutschen, dann abends Sex mit einer anderen. Und niemand wird sauer. Das ist eine faszinierende Studie menschlichen Verhaltens.» Ich klatsche begeistert in die Hände.

Aber sie schüttelt immer noch den Kopf. *Verdammt.*

«In diesem Fall verkaufen wir die Phantasie. Das Märchen. Dass die Frau, die Sie wählen, Ihre Königin werden wird. Und um diese Phantasie am Laufen zu halten, können Sie zwar Party machen, aber Sie dürfen keinen Sex haben.»

«Wollen Sie damit etwa sagen, dass Sie tatsächlich zwanzig adelige Jungfrauen gefunden haben?»

Denn wenn das der Fall ist, wird das hier nicht annähernd so viel Spaß machen, wie ich dachte.

«Ich sage damit, dass es egal ist, ob sie Jungfrauen sind, solange das Publikum glaubt, sie sind welche.» Sie sieht aus dem Fenster und trommelt mit dem Finger auf den Schreibtisch. «Ich meine, Sie wollen doch nur Spaß, oder? Sie haben nicht wirklich vor, eines dieser Mädchen zu heiraten, nicht wahr?»

«Ich habe noch ganz lange nicht vor zu heiraten, Schätzchen. Mein Bruder kümmert sich um die positive Publicity, und obwohl es zu meinen Pflichten zählt, einen Erben zu zeugen, habe ich reichlich Zeit. Schließlich können Männer bis weit in ihre Fünfziger Kinder haben.» Ich hebe mein Glas mit Scotch. «Gelobt sei der Herr.»

Vanessa nickt. «Perfekt. Dann, denke ich, bekommen wir beide genau das, was wir suchen, Henry.»

Ich überfliege den Rest des Vertrags.

«Sie sollten Ihren Anwalt auch noch einen Blick darüberwerfen lassen», sagt sie.

«Nicht nötig.» Ich schaue hoch, den Kugelschreiber in der Hand. «Blowjobs sind nicht verboten, oder?»

Vanessa lacht. «Nein. Seien Sie einfach nur diskret.»

Ich zwinkere ihr zu. «Diskretion sollte einer meiner vielen mittleren Namen sein.»

Gleich nach Ironie.

Ich unterschreibe die letzte Seite mit einem schwungvollen Schnörkel, auf den selbst John Hancock neidisch wäre. Vanessa nimmt den Vertrag und schiebt ihn in eine lederne Mappe. «Gratuliere, Sie haben sich gerade einen ganzen Monat Spaß erkauft.»

Ich lehne mich auf meinem Stuhl zurück und verschränke, mit mir und der Welt zufrieden, die Arme hinter dem Kopf.

«Oh, eine Sache noch», fügt Vanessa hinzu. «Es geht um Ihr Personal.»

Zehn Minuten später sind alle in der Bibliothek versammelt. Unsere Köchin, die von allen nur Cook genannt wird, Fergus, James und sein Security-Team stehen im Kreis um mich herum, als würde ich sie gleich auf ein Footballfeld und zum Sieg führen.

«Ich habe Miss Steele erklärt, dass es nicht nötig ist, mein Privatpersonal eine Verschwiegenheitserklärung unterschreiben zu lassen. Weil das Haus Pembrook, zu dem Sie alle gehören, zu gut und ehrenhaft dafür ist.» Ich sehe jedem Einzelnen in die Augen, besonders fest in die von Fergus. «Nicht wahr?»

Granny ist nicht die Einzige, die weiß, wie man Leute manipuliert.

«Das bedeutet, wir haben nur eine einzige Regel: Niemand sagt es der Queen. Das kann ich nicht oft genug betonen.»

Fergus starrt finster drein, Cook lächelt, James und seine Jungs sehen aus, als müssten sie gleich kotzen.

Ich strecke meine Hand mit der Handfläche nach unten

aus und bedeute ihnen, ihre Hände auf meine zu legen. «Was sagen Sie?»

«Ihre Eltern drehen sich gerade im Grab um, möge Gott ihren Seelen gnädig sein», presst Fergus hervor und bekreuzigt sich.

Innerlich zucke ich zusammen, und zwar heftig. Äußerlich zucke ich mit den Schultern. «Wäre nicht das erste Mal, alter Mann.»

Nun ist es an Fergus, zusammenzuzucken. Verlegen senkt er den Blick.

«Kommen Sie schon», muntere ich ihn auf, «seien Sie nicht deprimiert. So läuft das heutzutage. Der Papst twittert, Politiker trollen, und der Thronerbe findet seine Braut im Reality-TV.»

«Es ist billig und geschmacklos», argumentiert er.

«Wo leben Sie denn? Die ganze verdammte Welt ist billig und geschmacklos.»

Dann verändert sich meine Stimme und wird weicher, und beinahe kann ich meinen eigenen Worten glauben. «Aber sie könnte da draußen sein, Fergus, und nur darauf warten, dass ich sie finde. Die Frau, die ich lieben soll, die zukünftige Mutter meiner Kinder, die Lady, die dazu bestimmt ist, Wesscos Königin zu werden. Sie könnte eine von ihnen sein. Und wäre das nicht eine Wahnsinnsgeschichte?»

Einen Augenblick lang betrachtet er mein Gesicht, und seine Miene wird keine Spur weicher. Aber dann nickt er. Und tritt vor, um seine Hand auf meine zu legen. «Ihr Vater hätte herzlich über das hier gelacht. Der hatte immer eine Schwäche für das Unkonventionelle.»

Lächelnd klopfe ich ihm auf den Rücken. Dann sehe ich

Cook an. Sie grinst breit, mit runden, vollen Wangen, und ihr Akzent ist zäh wie Melasse.

«Ich tweeter zwar nich wie der Papst, aber ...» Und dann legt sie ihre Hand auf meine und die von Fergus.

James flüstert mit den anderen Jungs, dann dreht er sich zu mir um und spricht für die Gruppe:

«Das könnte als Hochverrat angesehen werden, Sir.»

Ich schnaube. «Nein. Niemand redet davon, Regierungsgeheimnisse auszuplaudern oder die Monarchie zu stürzen. Das ist nur ein Fall von ... was sie nicht weiß, macht sie nicht heiß.»

Der arme James reibt sich den Nacken und sieht aus, als würde er sich gleich in die Hose machen.

«Ich kann die Queen nicht anlügen, Prinz Henry.»

Ich schüttle den Kopf. «Und darum würde ich Sie auch nie bitten. Aber ... wenn sie Sie nicht direkt fragt, dann ist es nicht wirklich lügen.»

«Ich maile tägliche Berichte an Winston. Er wird mir den Arsch aufreißen, wenn er herausfindet, dass ich ihm davon nichts gesagt habe.»

Ja, das ist ein bisschen verzwickt. Winston ist der Chef der Anzugträger im Palast.

«Dann sorgen wir am besten dafür, dass er es nicht herausfindet. Fahren Sie mit Ihren Berichten fort ... nur bleiben Sie dabei ... vage. Unbestimmt. ‹Uns geht's allen gut hier in Anthorp Castle, wie geht's euch?›»

Er ist das schwächste Glied. Also lege ich alle meine Karten auf den Tisch.

«Hören Sie, James, ich bin jetzt Prinz von Pembrook. Und mir ist bewusst, dass ich nicht Nicholas bin, das werde ich auch nie sein. Aber wenn das hier schiefgeht, dann werde ich nicht zulassen, dass Ihre Jungs dafür den Kopf hinhalten müssen, das schwöre ich. Also, es läuft auf Vertrauen hinaus. Entweder Sie glauben an mich oder nicht.»

Und ich brauche wirklich jemanden, der verdammt noch mal an mich glaubt. Wenn auch nur für eine kleine Weile.

James starrt mir in die Augen, als wolle er sich in meinem Gehirn umsehen. Nach einem langen Moment reibt er sich mit den Händen übers Gesicht. «Scheiß drauf! Wir sind dabei, Prinz Henry.»

Die Jungs hinter ihm nicken, und ich kann nicht anders, als zu lächeln.

«Sie sind gute Männer. Ich mochte Sie schon immer. Sie werden es noch weit bringen, so viel kann ich sagen.»

James und der Rest der Security-Jungs legen ihre Hände auf den Stapel. Und weil ich nicht kindisch rüberkommen will, juble oder schreie ich nicht. Ich nicke nur jedem von ihnen zu, klopfe auf unsere Hände und sage: «Ich bin stolz auf Sie alle. Und jedem einzelnen von Ihnen dankbar. Ich werde Sie nicht enttäuschen. Go, team!»

7

SARAH

Mr. Haverstrom ist nicht begeistert, als ich ihm meinen Brief mit dem offiziellen Akt königlicher Gewalt zeige, der mich für die nächsten sechs Wochen von der Arbeit freistellt. Aber, wie er zugegeben hat, kann er mich nicht feuern. Und obwohl ich die Bibliothek und die Stammgäste und das Lunch mit Annie und Willard vermissen werde, bin ich maßlos erleichtert. Das Unbekannte von *Matched* verblasst gegen das nackte Entsetzen, vor Hunderten von Leuten stehen zu müssen. Kein Vergleich.

Zehn Tage, nachdem Miss Herald an unserer Tür aufgetaucht ist, kommt ein Wagen an, um Penelope und mich nach Anthorp Castle zu bringen. Das Anwesen liegt nur ungefähr eine Stunde Fahrt von Castlebrook entfernt. Es ist ein abgeriegeltes Gelände, der Privatbesitz der königlichen Familie, deshalb habe ich es noch nie besucht, obwohl ich ein paar Bücher über die Geschichte des Schlosses gelesen und Fotos davon gesehen habe.

Als der Wagen die lange, gewundene Auffahrt hochfährt und vor riesigen eisenbeschlagenen Holztüren hält, komme ich zum ersten Mal im Leben zu dem Schluss, dass ein Buch mit der Realität einfach nicht mithalten kann. Der Geruch von Salz und Meer liegt in der Luft, und der Wind vom Wasser her zerrt an meinem Haar. Es ist sonnig und kühl, und das riesige Schloss aus grauem Stein, mit seinen Spitzen und Türmen,

Flaggen und Blumen, der Zugbrücke und dem Burggraben, wirkt wie aus einem Märchen. *Cinderella* oder *Die kleine Meerjungfrau.*

Ja, wegen der Wellen, die sich an den Felsen unterhalb der Klippe brechen, ist *Die kleine Meerjungfrau* der perfekte Vergleich. Und das ist mein Lieblings-Disneyfilm.

Ein paar Crewmitglieder der Show holen unser Gepäck und tragen es hinein. Ich bemerke ein paar andere Ladys in Designerkleidern und großen Sonnenbrillen, die in der Nähe aus Autos steigen. Ein paar davon sind mir bekannt – Laura Benningson, die Herzogin von Perth, und Lady Cordelia Ominsmitch –, aber den Übrigen bin ich noch nie begegnet, obwohl ich mir sicher bin, dass Penny sie kennt. Miss Herald begrüßt uns in der Eingangshalle und führt uns kurz herum. Penelope sucht sich beinahe sofort ihr Zimmer aus, einen großen, rosafarbenen Raum im ersten Stock, in der Nähe der Haupttreppe und nah an der Action.

«Ich würde das Gelände gern auf eigene Faust erkunden, wenn das in Ordnung ist», sage ich zu Miss Herald. «Danach suche ich mir ein Zimmer aus.»

«Das ist okay», antwortet sie. «Die Crew, Garderobe und Make-up benutzen den gesamten Westflügel, aber jedes andere leere Zimmer steht zur Verfügung.»

Sie reicht Penelope ihren Terminplan für den Tag. Die erste Film-Session ist am späten Nachmittag, vor dem Schloss, mit dem ganzen Cast, einschließlich Prinz Henry, um die Eröffnungsszenen der ersten Folge zu drehen. Davor hat Penny ein Interview, eine Kostümbesprechung und einen Cocktailempfang, um die anderen Ladys im Schloss kennenzulernen.

Ich umarme meine Schwester kurz, bevor Miss Herald sie fortführt.

«Viel Spaß, Pen.»

Ihre sanften braunen Augen funkeln zu mir hoch. «Dir auch. Falls du irgendwelche Gespenster in dieser alten Burg entdeckst, versuch, ein Foto von ihnen zu machen!»

Nachdem sie gegangen sind, wandere ich durch das Schloss, um alles auf mich wirken zu lassen. Ich bestaune die Decken und die Wände und alles dazwischen. Ich denke an die Menschen, die einst hier gestanden haben, wo ich jetzt bin, wessen Schritten ich womöglich gerade folge – großen Lords und Ladys, tapferen Kriegern und Soldaten, mächtigen Königen und stolzen Königinnen.

Es ist ehrfurchtgebietend und aufregend zugleich. Als wären ihre Energie und ihr Geist selbst in diesen Steinen, um mit mir zu sprechen, mich zu leiten – mir den Weg zu weisen. Ehe ich mich's versehe, bin ich in der Ecke des Ostflügels im zweiten Stock. Hier ist es still, vom Trubel der Hauptdrehorte ist nichts zu spüren. Die Tür quietscht, als ich sie öffne und das Zimmer betrete.

Mir stockt der Atem.

Oh. Ja. Verdammt. Ich habe mein Zimmer gefunden. Denn für mich ist das hier perfekt – absolut perfekt.

Später, als die Sonne schon tief am Himmel steht, aber noch ein paar Stunden bis Sonnenuntergang verbleiben, befindet sich der ganze Cast an Ladys und Crew unten vor dem Schloss. Vanessa Steele, die ausführende Produzentin, verkündet, dass alle Assistenten und Nicht-Cast-Mitglieder drinnen oder außerhalb des Sets bleiben müssen. Da es ein Außendreh ist, will sie nicht riskieren, dass irgendeiner von uns ins Bild läuft.

Ich habe den perfekten Ort gefunden, um die Dreharbeiten zu beobachten: an der bewaldeten Seite des Schlosses, auf einem Hügel, neben mir ein Baum als Deckung, nur zur Sicherheit. Ich habe einen großartigen Blick hinunter auf den Schlosseingang, und zur Gesellschaft habe ich ein Buch. Ich setze mich unter den Baum, lehne mich mit dem Rücken an den Stamm und seufze vor Zufriedenheit. Das hier wird wunderbar werden. Dann schlage ich mein Buch auf … und erschrecke praktisch zu Tode, als hinter mir ein Husten erklingt.

Beim Heraufwandern habe ich niemanden gesehen.

Ich klappe mein Buch zu und luge vorsichtig um den Stamm herum. Gerade weit genug … um den unverwechselbaren Anblick Seiner Königlichen Hoheit, Prinz Henry, zu entdecken, der ein paar Schritte entfernt steht.

Nach Luft schnappend, ducke ich mich wieder hinter den Baum.

Ich bin mit einer Flut von Nachrichten über die königliche Familie aufgewachsen und hatte Poster unserer attraktiven Prinzen an den Wänden meines Zimmers hängen wie jedes Mädchen in Wessco. Nicholas war der Ernste, seriös und höflich, ehrenhaft, genau wie Mr. Darcy. Henry kam mir immer mehr wie Fiyero Tigelaar aus *Wicked – Die Hexen von Oz* vor: lebenslustig, leidenschaftlich und gedankenlos, nur auf die nächste Party und sein Vergnügen aus.

Ich stehe auf und spähe erneut hinter meinem Baum hervor.

Und mein Herz fängt an zu galoppieren, mein Kopf beginnt, sich zu drehen, die Kehle schnürt sich mir zu. Denn – gütiger

Herr im Himmel – er kommt in meine Richtung! Seine langen, entschlossenen Schritte halten direkt auf mich zu. Was bedeutet, wenn er hier ankommt, werde ich tatsächlich mit ihm reden müssen.

Obwohl wir uns dieses eine kurze Mal schon begegnet sind, letztes Jahr in einem Pub, als er mit seinem Bruder und Olivia Hammond dort war, die jetzt Prinzessin Olivia, Herzogin von Fairstone, ist, und obwohl ich mit den Einzelheiten des Lebens von Prinz Henry John Edgar Thomas vertraut bin, ist er trotzdem nur ein attraktiver Fremder. Und ich kann nicht gut mit Fremden.

Fieberhaft sehe ich mich nach einer Fluchtmöglichkeit um. Mich hinter dem Baum zu verstecken kommt nicht in Frage – er hat mich offensichtlich bereits entdeckt. *Verdammt.* Ich werfe einen Blick hoch zu den Ästen. Ich kann ausgezeichnet klettern, aber selbst der niedrigste ist außer Reichweite. *Doppelt verdammt.*

Er ist fast da. *Scheiße, Scheiße, Scheiße.*

Ich glaube, ich hyperventiliere. Ich falle vielleicht in Ohnmacht. Was das Problem lösen würde, mit ihm reden zu müssen, aber das wäre nur noch peinlicher – da spreche ich aus Erfahrung. Im Geiste schüttle ich mich. Ich muss mir einfach etwas einfallen lassen, das ich sagen kann. Und jetzt ist das Einzige, das mir durch den Kopf geht: *lassdirwaseinfallen, lassdirwaseinfallen, lassdirwaseinfallen.*

Meine Hände werden schweißnass und taub. Ich könnte mich nach seiner Mutter erkundigen – immer eine sichere Wahl. Nur ... seine Mutter ist tot.

Verdammt und zugenäht.

Und ... er ist da.

Ich senke den Blick und erstarre wie ein Reh im hellsten, grellsten Scheinwerferlicht. Angestrengt fixiere ich seine Stiefel, dunkel und glänzend wie schwarze Spiegel. Dann zwinge ich meinen Blick aufwärts, über seine langen Beine in der schwarzen ... Polyesterhose? Seine Hüften und Taille stecken in einem weißen Jackett mit grellglänzenden Knöpfen, violetten Akzenten und goldenen Kordelquasten an jeder seiner breiten Schultern.

Es ist ein lächerliches Outfit – wie ein billiges Märchenprinzkostüm –, und trotzdem schafft er es, phantastisch darin auszusehen.

Der oberste Knopf an seinem Hals ist geschlossen, was seinen männlichen, sexy Adamsapfel betont. Er hat ein kantiges Kinn, eine starke Kieferpartie mit leichtem Bartschatten, verboten volle Lippen, eine gerade, königliche Nase, dichtes, wildes dunkelblondes Haar und Augen, die so schön sind, dass sie dir Atem, Worte und Gedanken rauben. Ihre Farbe ist ein stürmisches Grün, aber warm wie ungeschliffene, von der Sonne beschienene Smaragde. Ich erinnere mich, mir bei unserer ersten Begegnung gedacht zu haben, dass keines der Bilder, die ich je von ihm gesehen habe, seinen Augen gerecht wurde. Und in diesem Moment werde ich wieder in meiner Meinung bestärkt.

Wenn ich nicht schon von Natur aus sprachlos wäre, dann wäre ich es jetzt.

Prinz Henrys Augenbrauen senken sich, als er verärgert auf mich herabblickt.

«Ist jemand gestorben?»

Und das ist so eine lächerliche Frage, dass ich vergesse, in Panik zu geraten.

«Was?»

«Oder bist du eine Hexe?» Kopfschüttelnd schnalzt er mit der Zunge. «Tut mir leid, Wicca? Heidin? Anbeterin der dunklen Künste? Wie lautet heutzutage die politisch korrekte Bezeichnung?»

Geschieht das hier gerade wirklich?

«Äh ... Wicca, glaube ich, ist akzeptabel.»

Er nickt. «Richtig. Dann bist du also eine Wicca?»

«Nein. Katholisch. Nicht besonders religiös, aber ...»

«Hmm.» Er deutet auf meine Hände. «Was liest du da?»

«Oh ... *Sturmhöhe*.»

Wieder nickt er. «Heathcliff, stimmt's?»

«Ja.»

«Also geht es um einen fetten orangenen Kater?»

Meine Gedanken überschlagen sich, als ich herauszufinden versuche, wovon er da redet. Der Comic! Er denkt, es geht um Heathcliff, den Zeichentrickkater.

«Eigentlich nicht, es geht um einen jungen Mann und eine Frau, die ...»

Lachfältchen entstehen um seine Augen, und seine Lippen schmunzeln, was meine Wangen heiß werden lässt.

«Veralbern Sie mich, Hoheit?»

«Ja.» Er lacht. «Schlecht, offensichtlich. Und bitte nicht so förmlich, nenn mich Henry.»

Meine Stimme ist dünn, zögerlich, als ich es versuche.

«Henry.»

Sein Lächeln bleibt, wird aber weicher, als würde es ihm gefallen, das Wort zu hören. Und dann besinne ich mich wieder und knickse, wie ich es gleich zu Anfang hätte tun sollen. «Oh! Und ich bin ...»

«Du bist Lady Sarah Van Titebottum. Wir kennen uns bereits.»

Wärme breitet sich in meinem Bauch aus. «Das weißt du noch?»

«Ich vergesse nie ein hübsches Gesicht.»

Meine Wangen färben sich jetzt vermutlich von rosig zu knallrot. Ich wechsle öfter die Farbe als ein Chamäleon. Das ist ein Fluch.

«Ich bin normalerweise nicht gut mit Namen.» Seine Augen wandern an meinen Hüften hinunter und versuchen, hinter mich zu sehen. «Aber Titebottum prägt sich ein.»

Wenn ich nervös bin, werde ich normalerweise stumm. Dieser Moment ist die Ausnahme von der Regel. Typisch für mich.

«Sollte man meinen, oder? Aber mehrere meiner Uni-Professoren hatten Schwierigkeiten mit der Aussprache. Mal sehen, da war *Teet-bottom*, *Tight-butt-um* und einer, der darauf bestand, es sollte *Titte-bottom* heißen. Das hört man nicht alle Tage, dass ein gebildeter Professor das Wort *Titte* ausspricht. Das hat meine Kommilitonen wochenlang unterhalten.»

Lachend legt er den Kopf in den Nacken. «Großartig.»

Mein Gesicht ist inzwischen bestimmt lila. Ich nehme einen tiefen, langsamen Atemzug. «Ähm ... warum hast du vorhin gefragt, ob jemand gestorben ist?»

Er deutet auf meine Kleider. «Beide Male, als ich dich gesehen habe, hast du Schwarz getragen. Wieso ist das so?»

«Oh.» Ich schaue hinunter auf mein langärmeliges knielanges schwarzes Kleid mit weißem Kragen und die schwarzen Ankleboots. «Nun, Schwarz ist unproblematisch; es passt zu allem. Und ich bin nicht der Typ für grelle Farben. Ich mag es nicht, aufzufallen. Man könnte sagen, ich bin ein bisschen … schüchtern.»

Und der Preis für die Untertreibung des Jahres geht an …

«Das ist schade. Du würdest toll in Juwelenfarben aussehen. Smaragd, dunkler Amethyst.» Seine Augen wandern über meinen Körper, verharren auf meinen Beinen, dann auf meinen Brüsten. «In einem enganliegenden rubinroten Teil würdest du die Männer reihenweise in die Knie gehen lassen.»

Ich sehe zu Boden. «Jetzt ziehst du mich wieder auf.»

«Nein.» Seine Stimme ist rau, beinahe schroff. «Nein, tue ich nicht.»

Meine Augen fliegen hoch zu seinen und halten seinen Blick fest. Es gibt Begegnungen in Büchern, die sich von der Handlung abheben, die den Lauf der Geschichte verändern. Ein tiefgreifendes Treffen zwischen Charakteren, wenn eine Seele zu der anderen zu sagen scheint: «Da bist du ja. Ich habe schon nach dir gesucht.»

Natürlich ist das Leben kein Roman, also bilde ich mir dieses Gefühl, dass etwas in mir ins Rutschen geraten ist, wahrscheinlich nur ein; als würden Dinge in Bewegung kommen, bevor sie schließlich mit einem Klicken ihren rechtmäßigen Platz einnehmen. Und ich denke, dass mir mein Verstand einen Streich spielt – wenn ich mir einbilde, dass es Interesse ist, was in Prinz Henrys Augen aufleuchtet. Hitziges Interesse. Mir stockt der Atem, und ich huste, was den Moment zerstört.

Dann deute ich auf sein Jackett. «Denkst du wirklich, du bist qualifiziert, modische Ratschläge zu geben?»

Lachend reibt er sich den Nacken. «Ich dachte mir schon, dass ich wie ein absoluter Trottel aussehe, jetzt bin ich mir sicher.»

«Haben das die Produzenten für dich ausgesucht?»

«Ja. Ich soll zu Pferd zum Schloss geritten kommen. Ganz großes Kino.» Rasch knöpfen seine feingliedrigen Finger das Jackett auf. Er schlüpft hinaus, lässt es zu Boden fallen und enthüllt ein enganliegendes weißes T-Shirt und herrlich modellierte Arme darunter.

«Besser?»

«Ja», quieke ich.

Das neckende Schmunzeln kehrt wieder zurück, dann greift er hinter sich in den Stoff des T-Shirts und zieht auch das aus. Und mir bleibt der Mund offen stehen beim Anblick von warmschimmernder Haut und festen Muskeln an seinem Oberkörper.

«Was denkst du darüber?», fragt er.

Ich denke, es ist schlimmer, als ich dachte.

Henry Pembrook ist kein Fiyero – er ist ein Willoughby. Ein John Willoughby aus *Sinn und Sinnlichkeit*, aufregend, charmant, unberechenbar und verführerisch. Marianne Dashwood hat es auf die harte Tour gelernt: Spielt man mit einem Herzensbrecher, darf man nicht überrascht sein, wenn einem das Herz in tausend Stücke zerschmettert wird.

Ich zucke mit den Schultern und versuche, cool und unbeteiligt zu wirken. «Könnte ein bisschen zu sehr nach ‹Putin zu Pferd› aussehen.» Er nickt, dann zieht er sein Shirt wieder an, worauf eine merkwürdige Mischung aus Erleichterung und Enttäuschung durch meinen Bauch wirbelt.

«Warum bist du nicht unten bei den anderen Damen?»

«Ich? Oh, ich mache nicht mit bei der Show. Ich könnte mir nicht vorstellen ...»

«Warum bist du dann hier?»

«Penelope. Mutter wollte sie nicht teilnehmen lassen, außer ich komme mit, um sie im Auge zu behalten.»

«In jeder Familie gibt es einen Wildfang. Penny ist eurer?»

Da nennt wohl ein Esel den anderen Langohr.

«Ja, definitiv.»

Er neigt den Kopf, wodurch das Sonnenlicht das Grün seiner Augen noch intensiver, beinahe glühend macht. «Und was ist mit dir? Hast du auch etwas Wildes in dir, Teet-bottom?»

Meine Wangen gehen in Flammen auf. «Nicht mal ein bisschen. Ich bin die Langweilige. Die Gute.»

Seine Zähne nagen an seiner Unterlippe, und es sieht ... unanständig aus.

«Die Guten zu verderben ist meine Lieblingsbeschäftigung.»

Oh ja, definitiv ein Willoughby.

Ich drücke mein Buch an die Brust. «Ich bin nicht zu verderben.»

Sein Lächeln wird breiter. «Gut. Ich mag Herausforderungen.»

Plötzlich taucht ein Crew-Mitglied auf, ein großes weißes Pferd hinter sich herführend. «Man ist bereit für Sie, Prinz Henry.»

Ohne mich aus den Augen zu lassen, setzt Henry einen Fuß in den Steigbügel und schwingt sich geschmeidig in den Sattel. Die Hände an den Zügeln, zwinkert er mir zu.

«Wir sehen uns, Titty-bottom.»

Stöhnend schlage ich die Hände vors Gesicht. «Das hätte ich dir nie erzählen sollen.»

«Ich kann nicht anders, du nimmst so viele reizende Farbtöne an. Wirst du eigentlich nur auf den Wangen rot?» Sein

Blick gleitet über meinen Körper, als könne er unter meine Kleider sehen. «Oder überall?»

Ich verschränke die Arme. «Ich glaube, du bist womöglich ein Rüpel, Prinz Henry.»

«Nun, in der Grundschule hat es mir tatsächlich gefallen, die Mädchen an ihren Zöpfen zu ziehen. Aber heutzutage ziehe ich Frauen nur noch in einer sehr speziellen Situation an den Haaren.» Seine Stimme wird tiefer. «Sag Bescheid, falls du es gern demonstriert haben möchtest.»

Seine Worte lassen Bilder von verschwitzten, verschlungenen Gliedmaßen in meinem Kopf aufblitzen. Und wie aufs Stichwort erblüht heiße Röte auf meiner Haut.

Henry lacht, ein tiefes und männliches Lachen. Dann gibt er seinem Pferd die Sporen und reitet fort, während ich leuchtend wie ein verdammter Weihnachtsbaum zurückbleibe. Erschaudernd schlage ich *Sturmhöhe* auf und drücke die Seiten auf mein Gesicht.

Das wird ein langer Monat werden.

8

HENRY

Hier ist etwas, das ich noch nicht wusste: Reality-Fernsehen ist nicht wirklich echt. Ich meine, es ist echt in der Hinsicht, dass da echte Menschen sprechen und agieren, im Gegensatz zu künstlicher Intelligenz in menschenähnlichen Robotern, die irgendwann ein Bewusstsein entwickeln und uns alle umbringen.

Statt mitten in der Nacht durchs Schloss zu wandern, habe ich mir die *Terminator*-Filme angesehen. Der erste ist immer noch der beste.

Aber worauf ich hinaus will, *Matched* und seinesgleichen sind nicht echt. Die Szenen sind gestellt, die Aufnahmen geplant, und «Takes» werden mehrere Male gemacht. Ein paar Minuten Film zu drehen kann ein paar Stunden dauern.

Das ist jetzt schon das vierte Mal, dass ich zu Pferd zum Schloss reite, und wir haben noch nicht mal die Vorderseite des Schlosses erreicht. Hat irgendwas mit Licht und Schatten oder womit zum Teufel auch immer zu tun. Das Pferd ist inzwischen unleidig, und ich bin gelangweilt.

Während der Regisseur und Vanessa und der Kameramann die nächste Einstellung durchgehen, schaue ich hinauf zum Hügel und denke über die niedliche kleine Errötungskünstlerin dort oben nach. Wie sie hinter dem Baum hervorgespäht und dann versucht hat, sich zu verstecken, als hätte ich sie bei etwas Unanständigem ertappt.

Ich könnte ihr zeigen, wie unanständig wirklich aussieht.

Der Gedanke bringt mich zum Lachen, weil ich mir das hübsche Pink vorstelle, das ihre Wangen annehmen würden, wenn sie wüsste, was mir durch den Kopf geht. Ich frage mich, ob ihr kleiner Knackarsch nach ein paar guten, warmen Klapsen dieselbe süße Farbe annehmen würde.

Das möchte ich wetten.

Ich verlagere mein Gewicht im Sattel, weil ich bei der Vorstellung hart werde. Lady Sarah Van Titebottum. Ein süßer, komischer Vogel mit – soweit ich das angesichts ihres gutsitzenden, aber langweiligen schwarzen Kleids beurteilen konnte – sehr treffendem Namen. Hübsches Gesicht noch dazu: hinter dieser strengen Brille große, dunkle Augen mit langen Wimpern und ein üppiger Mund, wie zum Stöhnen geschaffen.

Ich kenne Mädchen wie sie. Der Adel ist eigentlich eine sehr kleine Gruppe, und manche Familien achten sehr darauf, ihre Sprösslinge, besonders die weiblichen, behütet vom Rest der Welt aufwachsen zu lassen. Versteckt in Mädcheninternaten, wo sie nur mit ihresgleichen interagieren. Das bringt zurückhaltende, intelligente, aber für gewöhnlich unscheinbare und anstrengend anständige junge Damen hervor.

Obwohl Sarah offensichtlich der stille Typ ist, hat sie sich mir gegenüber behauptet. Sie war klug, auf verschämte Weise charmant – anders. Die Menschen sind so enttäuschend vorhersehbar, dass, von diesem schüchternen, schmächtigen Mädchen überrascht zu werden sich beinahe ... aufregend anfühlt.

«Genau so, Prinz Henry», ruft der Regisseur. «Genau dieses Lächeln, danach haben wir gesucht. Was auch immer diesen

Ausdruck auf Ihr Gesicht gerufen hat, denken Sie weiter daran.»

Nun, das wird nicht schwer sein.

Anders als die Show selbst ist die Moderatorin von *Matched* ein echtes Original. Sie ist wirklich übergeschnappt. Irre wie ein Haufen Knallfrösche.

Sie ist Emily Rasputin, eine amerikanische Bühnenschauspielerin, die zu ihrer Glanzzeit als die Königin des Broadway bekannt war. Notorische Kokainsucht, ein Skandal durch Unfall mit Fahrerflucht und eine hässliche Scheidung in den Neunzigern haben sie vom Thron gestoßen. Aber vor ein paar Jahren tauchte sie wieder aus der Versenkung auf, als Moderatorin der heißesten, neuesten Reality-TV-Show. Ihr Moderationstalent und ihre gewagten, neugierigen Fragen an die Teilnehmer wurden ein ebenso großer Publikumsmagnet wie die Show selbst.

Und alle lieben eine gute Comeback-Story. Ich muss es ja wissen.

Aber sie ist eine ausgewachsene Irre – eine Method-Moderatorin. Sie besteht darauf, nur einen einzigen Take pro Szene zu machen, und weigert sich, mit irgendjemandem zu interagieren, außer vor laufender Kamera. Echte Emotionen und Reaktionen sind laut Vanessa am schwierigsten einzufangen, und Miss Rasputin blüht dabei auf.

Als ich es verdammt noch mal endlich in den Schlosshof schaffe, wo zwanzig Ladys auf mich warten, hören die Kameras nicht auf zu laufen. Da sind vier … nein, fünf Kameramänner, damit sie jeden Blickwinkel und jede Interaktion einfangen können. Sie bewegen sich zwischen uns umher wie Geister, bleiben stehen und zoomen ran, wann immer sie etwas Interessantes entdecken.

Aber ich ignoriere die Kameras und konzentriere mich stattdessen auf die lächelnden und bewundernden Mienen der reizenden Damen um mich herum. Selbstbewusstsein, das mir einst so vertraut war und das ich in den letzten paar Monaten schmerzlich vermisst habe, wallt in mir auf. Das hier ist das Leben, das ich gewohnt bin. Und ich glaube, diese Show zu machen könnte sich als die beste Entscheidung meines Lebens herausstellen.

«Hört, hört», ruft Emily in ihr Mikrophon. Sie trägt einen langen goldglänzenden Mantel, hat üppiges, blondes Haar und in den Ohren große Kreolen, die locker um ein Handgelenk passen würden. «Ladys von Wessco, ich präsentiere Ihnen Seine Königliche Hoheit, Prinz Henry! Er kommt auf der Suche nach wahrer Liebe und um diese wahre Liebe zur Königin seines Herzens und seines Landes zu machen.»

Emily hebt die Hand, in der sie eine Reihe von Halskettchen mit baumelnden Anhängern hält. «Am Ende dieses Abends wird Prinz Henry einen Anhänger in Form eines Gläsernen Pantoffels auf das Kopfkissen jeder Lady legen, von der er wünscht, dass sie hier auf Anthorp Castle bleibt. Nur zehn von Ihnen werden erwählt werden. Danach wird Abend für Abend eine Lady das Schloss verlassen, bis Seine Hoheit derjenigen das Diamantdiadem überreicht, die seine königliche Braut werden wird.» Sie schaut direkt in die Kamera. «Willkommen, Ladys ... und unser Publikum zu Hause vor den Bildschirmen, zu *Matched – Royal Edition*!»

Ding! Das erste Event der Show ist Speed Dating. Bevor die Kameras wieder laufen, sagt uns Vanessa, wir sollen «wir selbst» sein, was immer das auch heißen mag. Dass wir nichts zurückhalten sollen; dass jede Unterhaltung, die für die Show nicht funktioniert oder nicht fürs Fernsehen geeignet ist, später im Schneideraum korrigiert werden kann. Ich sitze an einem Tisch mit einem schwarzen Vorhang als Trennwand in der Mitte. Der Vorhang hebt sich, und ich bekomme zwei Minuten mit jeder Lady, um zu sehen, ob wir, wie Emily es ausdrückt, einen «Draht» zueinander haben. Manche der Mädchen kenne ich bereits – ein oder zwei habe ich sogar schon mal flachgelegt und hätte nichts gegen eine Wiederholung einzuwenden. Aber im Moment nippe ich an meinem Scotch und genieße das Knistern in meinen Adern, von der Aufregung und dem Spaß, die praktisch das ganze verdammte Schloss erfüllen.

Ding! Und die erste Lady ist ... Laura Benningson, die Herzogin von Perth. Ich kenne Laura seit Jahren; sie ist schön, mit dichtem, hellbraunem Haar und funkelnden hellblauen Augen.

Sie war mit Mario Vitrolli verlobt, einem professionellen Rennfahrer und guten Mann, bis er letztes Jahr bei einem tragischen Unfall auf der Rennstrecke ums Leben kam. Laura war zu dem Zeitpunkt schwanger und verlor das Baby wenige Wochen nach Marios Tod, obwohl dieser Teil zum Glück aus der Presse herausgehalten wurde.

Ich beuge mich über den Tisch und küsse sie auf die Wange. «Wie geht's dir, Täubchen?»

Sie schenkt mir ein Lächeln, das immer noch von Traurigkeit durchzogen ist. «Ganz gut. Aber das hier ist ein bisschen verrückt, nicht wahr? Ich weiß nicht, wie sie damit umgehen wollen, dass ich ganz offensichtlich keine Jungfrau mehr bin. Jeder, den wir kennen, weiß von der Fehlgeburt.»

«Laut der Produzentin ist das die Magie des Reality-TV. Ein bisschen kreatives Schneiden, und schon können sie jede Realität erschaffen, die sie haben wollen. Wenn du dich dadurch besser fühlst, ich bin auch keine Jungfrau mehr. Sie waren schockiert, als ich es ihnen gesagt habe. Einfach schockiert.»

Laura kichert, und es fühlt sich gut an, sie zum Lachen gebracht zu haben.

«Jedenfalls, du kannst dich entspannen, Henry. Ich hab es nicht auf den Thron abgesehen. Ich glaube, ich würde eine furchtbare Königin abgeben. Dazu bin ich zu faul und ichbezogen.»

«Und zu ehrlich.»

«Genau.» Sie seufzt. «Aber als sie an mich herangetreten sind, hatte ich einfach das Gefühl, dass es an der Zeit ist, weißt du. Zu versuchen, mein Leben weiterzuleben. Vielleicht ein bisschen Spaß zu haben. Ist zwar eine komische Sache, aber ich habe beschlossen, es auf einen Versuch ankommen zu lassen.»

Ich lege meine Hand auf ihre. «Ich bin froh darüber.»

Sie erwidert den Druck meiner Hand. «Das bin ich jetzt auch.»

Laura ist ein Ja.

Ding! Lady Cordelia Ominsmitch. Sie ist die Tochter eines Grafen, und obwohl sie in meinen Kreisen als eingefleischte Partylöwin bekannt ist, hat sie in der Welt da draußen einen ausgezeichneten Ruf. Und sie sieht umwerfend gut aus. Große blaue Augen, munter wippende Locken und sogar noch munterer wippende Titten. Genau mein Typ Frau.

Sobald sich der Vorhang hebt, kommt sie zur Sache.

«Wir sind uns noch nie begegnet, Hoheit, aber wir könnten gut zusammen sein. Heiß. Ich bin alles, was Sie in einer Frau und einer Königin brauchen. Ich habe das Aussehen, die Erziehung, den Stammbaum und das Temperament. Außerdem bin ich noch Jungfrau.» Sie zwinkert mir zu. «Intakt und straff wie ein Trommelfell. Ich habe mir und Gott versprochen, dass ich es bis zu meiner Hochzeit nur anal mache.»

Ich verschlucke mich an meinem Drink.

Definitiv ein Ja.

Ding! Jane Plutorch. Cousine eines Herzogs und Erbin eines Vermögens, das auf Warzencreme aufgebaut wurde – *Warzen-weg* ist der offizielle Name, glaube ich. Sie ist außerdem ein totaler Goth. Schwarzer Lippenstift, schwarze Haare, elfenbeinfarbene Haut, Piercings und über und über tätowierte Arme.

«Ich hasse meine Familie», sagt sie ohne jegliche Betonung. «Und sie hassen mich. Sie haben mich gezwungen, herzukommen, hauptsächlich weil sie mich loswerden wollen. Ich hab nur Ja gesagt, weil ich glaube, es könnte toll sein, in einem Schloss zu wohnen. Wie ein Vampir.»

«Das kann ich nachvollziehen», antworte ich. «Und du hast einen guten Geschmack, was Tattoos angeht.»

Sie schaut auf ihre Arme, und es ist, als würde es sie all ihre Energie kosten, auch nur weiterzuatmen.

«Danke.»

Sie ist ein Ja.

Ding! Lady Elizabeth Figgles. Ihr Vater ist ein Viscount und Mitglied des Parlaments. Sie ist die Freundin von Sam Berkinshire, einem meiner engsten Freunde.

«Elizabeth? Was machst du denn hier? Wo ist Sam?»

«Sam kann verdammt noch mal verrecken.» Sie schaut direkt in die Kamera. «Hast du gehört? Verrecke, Sam! Ich hoffe, dein Schwanz gerät in einen Holzhäcksler, du elender Fremdgänger!»

«Er hat dich betrogen? Sam?»

Sam ist ein großartiger Kerl. Gegen ihn wirkt Abraham Lincoln wie ein verlogener Drecksack.

«Dein Gesichtsausdruck gerade, genau so habe ich auch ausgesehen, als ich es herausgefunden habe. Nur wütender. Ich habe Quittungen gefunden, Dessous, die nicht meine waren, Kondome. Treuloser, wertloser Hurensohn.» Sie schlägt mit der Hand auf den Tisch. «Jetzt will ich, dass Sam sieht, wie sich das anfühlt. Also werde ich dich vögeln. Im Fernsehen. Und zwar oft. Hoffentlich live. Du ruhst dich besser schon mal aus, damit du fit bist, Henry. Ich hab Gleitgel mitgebracht. Einen ganzen Eimer voll.»

Wow.

Ding! Penelope Van Titebottum. Ihre Mutter ist eine zurückgezogen lebende Gräfin, aber Penny ist umgänglich, lustig, attraktiv. Und ihre Schwester ist … interessant.

«Hallo, Henry, wie geht's dir?»

«Wunderbar, Penelope. Du siehst gut aus.»

Sie wippt auf ihrem Stuhl und streicht sich übers Haar. «Danke! Ich bin einfach so aufgeregt, hier zu sein. Wir werden so viel Spaß haben.»

«So lautet der Plan.»

«Und ich kann nicht glauben, dass wir im Fernsehen sein werden! Überall auf der Welt. Das ist phantastisch.»

«Vorhin hab ich Sarah gesehen, und wir haben uns kurz unterhalten.»

«Oh, gut. Sie wollte erst nicht mitkommen, aber ich bin froh, dass sie es doch getan hat. Wir müssen sie aus ihrem Schneckenhaus rausbekommen. Nicht zu weit, nur weit genug, damit sie ein bisschen Spaß hat, nicht wahr?»

Ich nicke. «Ich bin dabei.»

Penelope bleibt. Und das bedeutet, Sarah bleibt auch.

Ding! Prinzessin Alpacca, genauso ausgesprochen wie das Tier, Erste in der Thronfolge des Königshauses von Alieya, einem kleinen Inselstaat südlich von Frankreich. Die Queen hat sie nach Wessco eingeladen, nachdem ihre Familie durch einen Putschversuch gezwungen war, ins Exil zu gehen. Sie spricht kein Englisch, und ich kann kein einziges Wort Alieysch. Das wird eine Herausforderung werden.

Guermo, ihr Dolmetscher, starrt mich an, als wäre ich die menschgewordene Beulenpest, mit einer Mischung aus Hass, Abscheu und einer Spur Angst.

Sie sagt etwas auf Alieysch, dabei sieht sie mich an.

Und Guermo übersetzt. «Sie sagt, sie findet, Sie sind sehr hässlich.»

Prinzessin Alpacca nickt heftig.

Sie ist hübsch, auf eine niedliche Weise. Wilde Locken, runde haselnussbraune Augen, eine kleine Stupsnase und Apfelbäckchen.

«Sie sagt, sie kann weder Sie noch Ihr dummes Land leiden», informiert mich Guermo.

Ein weiteres Nicken und ein leeres, aber eifriges Lächeln.

«Sie sagt, sie würde sich lieber von den Klippen in einen nassen Tod stürzen und von Fischen gefressen werden, als Ihre Königin zu werden.»

Ich sehe ihm fest ins Gesicht. «Sie hat kaum etwas gesagt.»

Er zuckt mit den Schultern. «Sie sagt es mit ihren Augen. Ich weiß so etwas. Wenn Sie nicht so dumm wären, würden Sie es auch wissen.»

Noch mehr Nicken.

«Phantastisch.»

Sie sagt etwas zu Guermo auf Alieysch, dann erwidert er etwas, schroff und missbilligend. Und jetzt streiten sie.

Aber sie können bleiben.

Guermo ist offensichtlich in Alpacca verliebt, und sie hat eindeutig keine Ahnung davon. Meine Gegenwart wird ihn dazu zwingen, ihr seine Verliebtheit zu gestehen ... aber wird sie seine Gefühle erwidern? Das wird wie in einer lateinamerikanischen Seifenoper werden – dramatisch, leidenschaftlich und übertrieben. Ich muss unbedingt sehen, wie es ausgeht.

Ding! Lady Libadocious Loutenhiemer. Leichtathletin bei den letzten beiden Olympischen Spielen. Die jüngste Wessconierin, die je eine Goldmedaille gewann, Cousine eines Marquis.

«Sie können mich Libby nennen. Oder Libs. Lulu. Oder LL. Ich höre auf so ziemlich alles.» Sie ist phantastisch in Form, alles straff und modelliert, aber trotzdem definitiv weiblich. Gewelltes blondes Haar umrahmt ein attraktives Gesicht mit hohen Wangenknochen und tollen Augen. «In meiner Freizeit mag ich Radfahren, Schwimmen, Laufen, Vögeln ...»

Ich schmunzle. «Was für ein Zufall! Das sind auch meine Lieblingshobbys.»

Oh ja.

Ding!

Und so geht es weiter. Manche sind quirlig und fröhlich, manche eher ehrgeizig und theatralisch, aber ich genieße es, sie alle kennenzulernen und mit ihnen zu plaudern. Es fällt schwer, manche von ihnen rauszuwerfen, aber die Show muss weitergehen. Nach dem Speed-Dating gibt Vanessa mir eine Karte vom Schloss, auf der die Zimmer verzeichnet sind, in denen die Ladys wohnen.

Ich erledige meinen Teil, indem ich die Anhänger mit den Gläsernen Pantoffeln auf die Kopfkissen der Mädchen lege, die ich ausgewählt habe. Dann verlasse ich die Dreharbeiten, während die Kameras weiterlaufen, um die Reaktionen einzufangen. Schreie der Freude und der Enttäuschung hallen durch die steinernen Flure des Schlosses. Dann waren's nur noch zehn.

9

HENRY

Drrrrrrrrrrrrr.

«Aufhören.»

Drrrrrrrrrrrrr.

«Haut ab.»

Drrrr. Drrrr. Drrrr. Drrrr.

«Verdammte Scheiße.»

DRRRRRRRRR.

«Hört endlich auf, verdammt!»

Ich rede mit den Kameras, die in meinem Zimmer installiert sind. Ich bin vertraglich verpflichtet, sie zu dulden. Sie wurden vor über einer Woche installiert, aber heute ist die erste Nacht, in der sie an sind. Oh Mann, und wie sie an sind!

Drr. Drr. Drr. Drr. Drr. Drr.

Es ist die Audio-Version der Chinesischen Wasserfolter. Langsam, aber sicher treibt es mich in den Wahnsinn. Jedes Mal, wenn ich blinzle, atme, mich umdrehe, an der Nase oder an den Eiern kratze, bewegen sich die verdammten Dinger. Und das tun sie nicht leise.

DRRRRRRRRR. DRRRRRRRRR. DRRRRRRRRR.

Ich werfe mein Kissen nach der in der linken Ecke, die die aktivste zu sein scheint. Aber der Wurf geht daneben. Und jetzt habe ich kein Kissen mehr. Ich liege einfach nur flach da und starre an die Decke. Lausche auf den letzten Laut, den ich hören werde, bevor ich sterbe.

Drrdrrdrrdrrdrrdrrdrrdrrdrrdrrdrrdrrdrrdrrdrrdrrdrrdrrdrrdrrdrrdrrdr rdrrdrrdrr.

Ich versuche seit drei Stunden einzuschlafen, und jetzt ist es Viertel nach zwei Uhr morgens, und ich muss um halb sieben angezogen und unten beim Dreh sein. Selbst für einen geübten Wenigschläfer wie mich wird das hart werden. Ich brauche zumindest ein paar Stunden. Inzwischen wäre ich mit ein paar Minuten zufrieden.

DRRRRRRRRRRRRRRRRRRR.

Und ich kann nicht mal auf meiner Gitarre spielen. Wegen dieses verdammten Geräuschs.

Klopf, klopf.

Das ist neu. Ich setze mich auf und schaue zu den Kameras, um herauszufinden, welche davon dieses merkwürdige Geräusch macht.

Klopf, klopf.

Aber es kommt von der Tür. Ich schwinge mich aus dem Bett und ziehe mir eine Pyjamahose über den nackten Hintern, wobei ich sorgfältig darauf achte, den Kameras keine Show zu bieten. Dann reiße ich die Tür auf.

Und auf der anderen Seite steht Lady Elizabeth, die sinnlich roten Lippen zu einem anzüglichen Lächeln verzogen. «Hallo, Liebling. Zeit, zu vögeln.»

Sie trägt ein schwarzes Leder-Bustier und winzig knappe Shorts, die ... nun, die phantastisch an ihr aussehen. Elizabeth hat den Körper einer Stripperin – hohe, feste Brüste, schmale Taille, ellenlange Beine. Mit schwingenden Hüften schlendert sie ins Zimmer, in der einen Hand einen Dildo, in der anderen ein Paar Handschellen.

Als sie die Kameras entdeckt, quietscht sie vergnügt auf.

«Absolut perfekt! Die können uns aus allen Blickwinkeln kriegen!»

«Elizabeth ...» Ich seufze.

Aber jedes weitere Wort bleibt mir vorübergehend im Hals stecken, als sie sich über den Rand des Bettes beugt und sich für die Kamera einen Klaps auf den Hintern gibt. «Fahr zur Hölle, Sammy.»

Also, mein Kopf und mein Herz sind ganz und gar nicht interessiert ... aber mein Schwanz schon. Der hat Bock auf Party. Er ist ein ziemliches Arschloch.

Trotzdem verschränke ich die Arme vor der Brust. «Das wird nicht passieren, Elizabeth. Sam ist ein guter Freund, einer der wenigen, die ich habe.»

Sie klimpert mit ihren langen, falschen Wimpern und wirft ihr Haar zurück. «Und ob das hier passiert.»

Als sie versucht, die Arme um mich zu legen, halte ich ihre Unterarme fest und trete einen Schritt zurück.

Sie schmollt. «Warum hast du mir dann einen Gläsernen Pantoffel gegeben? Warum bin ich immer noch hier, Henry?»

«Damit du nicht losziehst und aus Rache irgendeinen anderen vögelst. Nicht, bevor du und Sam dieses Missverständnis geklärt habt.»

Sie stampft mit dem Fuß auf, entschlüpft meinem Griff und legt sich in die Mitte des Bettes.

«Fick mich, Henry. Ich bettle auch, wenn du willst.»

Mein Schwanz zuckt. Der kranke Bastard.

Ich reibe mir die Augen. «Du musst jetzt gehen.»

Sie lächelt neckisch. «Zwing mich dazu, mein Prinz.»

O-kay.

Ich öffne die Tür, gehe den Gang entlang zu den zwei Männern von der Security, die an der Treppe stationiert sind, und zeige mit dem Daumen zu meinem Zimmer. «Zwingt sie zu gehen.»

Manchmal ist es gar nicht so schlecht, ich zu sein.

Augenblicke später zum Beispiel, als sie Elizabeth mit sanfter Gewalt zur Tür hinausbegleiten, damit ich es nicht tun muss.

«Also gut», ruft sie mir über die Schulter hinweg zu. «Dann eben morgen!»

Und ich schlage die Tür hinter ihnen zu.

So hatte ich mir das nicht vorgestellt. Die Kameras verspotten mich in Stereo.

Drrrr. Drrrr. Drrrr. Drrrr.

Gott, bin ich müde. Ich brauche Schlaf. Ich brauche Frieden. Ich brauche keine so dicken Eier, dass sie schon beinahe lila sind. So lila wie Sarah Van Titebottums ...

Bei dem unerwarteten Gedanken kommt mein Verstand kreischend zum Stillstand. Und bei dem Bild, das ihn begleitet, dem merkwürdigen, errötenden Mädchen mit seiner Brille und seinen Büchern und dem sehr knackigen Hintern.

Sarah ist keine Teilnehmerin der Show, also bin ich bereit, meine knallblauen Eier darauf zu verwetten, dass in ihrem Zimmer keine Kameras sind. Und ich kann nicht glauben, dass ich das verdammt noch mal denke, aber keines der anderen Mädchen wird mich dort finden, Elizabeth eingeschlossen.

Ich lasse mich von den Kameras geräuschvoll zum Badezimmer verfolgen, von da aus drücke ich mich wie ein Eliteagent vom Geheimdienst unterhalb ihrer Reichweite flach an die Wand und schleiche mich zur Tür hinaus.

Keine fünf Minuten später klopfe ich in Pyjamahose und

weißem T-Shirt, barfuß und mit meiner Gitarre in der Hand an Sarahs Schlafzimmertür. Ich habe auf der Karte nachgesehen, die Vanessa mir heute gegeben hat. Ihr Zimmer liegt im zweiten Stock, in der Ecke des Ostflügels, fern vom Hauptbereich des Schlosses. Die Tür öffnet sich nur einen Spaltbreit, und dunkle braune Augen spähen heraus.

«Asyl», flehe ich.

Ihre Stirn runzelt sich, und die Tür öffnet sich ein klein bisschen weiter. «Wie bitte?»

«Ich habe seit fast achtundvierzig Stunden nicht geschlafen. Die Freundin meines besten Freundes versucht, mich wie eine Gottesanbeterin zu vernaschen, und das Geräusch der Kameras, die mich in meinem Zimmer verfolgen, treibt mich buchstäblich in den Wahnsinn. Ich bitte dich, mich aufzunehmen.»

Und sie errötet. *Großartig.*

«Du willst hier schlafen? Mit mir?»

Ich schnaube. «Nein, nicht mit dir. Nur bei dir im Zimmer, Liebes.»

Ich denke nicht darüber nach, wie gefühllos diese Worte klingen, wie beleidigend, bis sie mir über die Lippen gekommen sind. Könnte ich ein noch größeres Arschloch sein?

Zum Glück sieht Sarah nicht beleidigt aus.

«Warum hier?», fragt sie.

«Früher gewährten die Ordensgemeinschaften jedem Asyl, der darum bat. Und da du dich wie eine Nonne kleidest, schien mir das die logische Wahl zu sein.»

Ich weiß nicht, warum ich das gesagt habe. Ich weiß nicht, was mit mir nicht stimmt. Jemand sollte mich verdammt noch mal einfach erschießen und fertig.

Sarah kneift die Lippen zusammen, neigt den Kopf zur Seite, und ihre Augen nehmen ein gefährliches Glitzern an.

Ich glaube, Scooby-Doo hat es am besten ausgedrückt, als er sagte: *Auweia.*

«Nur, um sicherzugehen, dass ich das richtig verstanden habe: Du brauchst meine Hilfe?»

«Richtig.»

«Du brauchst Obdach, Schutz, Asyl, das nur ich dir geben kann?»

«Ja.»

«Und du denkst, mich mit meiner Kleidung aufzuziehen ist in dieser Situation eine kluge Strategie?»

Beschwichtigend hebe ich die Hände. «Ich habe nie gesagt, dass ich klug bin. Erschöpft, hilflos und verzweifelt trifft es eher.» Ich mache einen Schmollmund ... aber auf sehr männliche Weise. «Hab Mitleid mit mir.»

Ein Lächeln spielt um ihre Lippen. Und da weiß ich, dass sie erledigt ist. Mit einem Seufzen macht sie die Tür weit auf. «Na ja, schließlich ist es dein Schloss. Komm rein.»

Hm. Sie hat recht. Das ist mein Schloss. Ich muss wirklich anfangen, mir das zu merken. Ich drücke die Schultern durch, spaziere hinein und sehe mich um. Es ist eines der kleineren Zimmer, nicht so überladen wie die im ersten Stock, da es hin und wieder von Bediensteten benutzt wird. Aber das Bett ist riesig, king-size, und nimmt einen Großteil des Raumes ein, neben einem kleinen Sofa und einem Beistelltisch am Kamin.

«Wie bist du denn hier gelandet?», frage ich. «Waren keine anderen Zimmer verfügbar?»

«Doch, aber ich hab mir dieses hier ausgesucht.»

«Warum?»

Ihre Augen werden groß und strahlend. «Weil es das allerbeste Feature überhaupt hat.» Sie streckt den rechten Arm aus und präsentiert die gepolsterte Fensterbank wie eine Game-Show-Glücksfee ein brandneues Auto.

«Eine Fensterbank ist das allerbeste Feature überhaupt?»

Mitleidig schüttelt sie den Kopf über mich, und ich erinnere mich: Letztes Jahr, als wir uns in diesem kleinen Pub zum ersten Mal begegnet sind, hat sie genau dasselbe getan.

«Das ist nicht einfach nur eine Fensterbank. Das ist eine Nische!»

Ich ziehe die Augenbrauen hoch. «Eine Nische?»

«Eine Lesenische!»

Erst jetzt bemerke ich den geschwungenen Bogen über dem Fenster, wodurch eine kleine Nische entsteht, die abgenutzte Ledertasche in der Ecke und einen sorgfältig aufgetürmten Stapel alter Bücher an einem Ende der gepolsterten Bank, die Sarah gehören müssen.

«Eine Lesenische ist etwas Magisches», erklärt Sarah, dabei steigt ihr vor Aufregung Röte in die blassen Wangen. Das steht ihr gut. «Jeder echte Leser weiß einen gemütlichen, ruhigen Ort zu schätzen, der nur fürs Lesen gebaut wurde.»

Ich nicke. «Eine Nische. Kapiert.» Ich lehne meine Gitarre ans Nachttischchen, dann drehe ich mich zum Bett um und lasse mich mit dem Gesicht voran darauffallen. Die Matratze ist weich, aber fest wie eine in Wolken gehüllte Stahlplatte. Mit einem langen, lauten Stöhnen rolle ich mich herum.

«Oh, das ist gut. Wirklich, wirklich gut. Was für ein tolles Bett!»

Sarah räuspert sich. «Nun. Dann sollten wir wahrscheinlich schlafen gehen. Großer Tag morgen.»

Das Kissen riecht süß, wie Süßigkeiten. Ich kann mir nur vorstellen, dass das von ihr kommt. Ich frage mich, ob ihre Haut auch so köstlich riechen würde, wenn ich meine Nase in ihre Halsbeuge schmiegen würde.

Energisch wische ich den Gedanken fort, während ich ihr dabei zusehe, wie sie steif ein Kissen und eine Decke von der anderen Seite des Bettes nimmt und ... zu der Nische schleppt. «Was machst du da?»

Mit großen Rehaugen schaut sie hoch. «Mich fürs Bett fertig machen.»

«Du willst da drüben schlafen?»

«Natürlich. Das Sofa ist sehr unbequem.»

«Warum können wir uns das Bett denn nicht teilen?»

Sie stockt ... stottert. «Ich ... Ich kann nicht mit dir schlafen. Ich kenne dich doch nicht mal.»

Ich breite die Arme aus. «Was willst du wissen? Du kannst mich alles fragen. Ich bin ein offenes Buch.»

«Das war nicht, was ich gemeint habe.»

«Sei nicht albern! Das ist ein riesiges Bett. Du könntest einen fahren lassen, und ich würde es auf meiner Seite nicht mal hören.»

Das Erröten ist wieder zurück. Und wie. «Ich würde nicht ... So was ...»

«Du furzt nicht?», frage ich spöttisch. «Im Ernst? Bist du kein Mensch?»

Sie flucht lautlos, aber ich würde es zu gerne laut hören. Ich wette, eine ungehemmte Sarah Van Titebottum wäre ein umwerfender Anblick. Und sehr unterhaltsam.

Sie schüttelt den Kopf, dabei hält ihr Blick mich fest. «Mit dir stimmt doch was nicht.»

«Nein», erkläre ich ruhig. «Ich bin nur frei. Ehrlich zu mir selbst und anderen. Das solltest du auch mal versuchen.»

Sie verschränkt die Arme, pure bebende Empörung. Es ist bezaubernd.

«Ich schlafe in der Nische, Hoheit. Und dabei bleibt's.»

Ich setze mich auf und halte ihren Blick ebenfalls fest.

«Henry.»

«Was?»

«Mein Name ist nicht Hoheit, sondern *fucking* Henry, und ich würde es vorziehen, wenn du ihn benutzt.»

Und ihr reißt der Geduldsfaden. «Na schön! *Fucking* Henry. Zufrieden?»

Ich lächle. «Ja. Ja, bin ich.» Ich lasse mich zurück auf das herrliche Bett fallen. «Schlaf gut, Titebottum.»

Ich glaube, sie knurrt mich an, aber es wird gedämpft durch das Geräusch von raschelnder Bettwäsche und Kissen. Und dann ... herrscht Stille. Wunderbare, selige Stille. Ich wälze mich ein wenig herum, um es mir bequem zu machen. Ich drehe mich auf die Seite und schüttle das Kissen auf. Ich kneife die Augen fest zu ... aber es ist hoffnungslos. «Verdammte Scheiße!» Ich setze mich auf.

Und Sarah springt auf die Füße. «Was? Was ist los?»

Es sind die Schuldgefühle. Ich bin in das Zimmer dieses armen Mädchens hineingeplatzt, habe ihr Bett in Beschlag genommen und sie gezwungen, in einer Nische in der Wand zu schlafen. Ich mag vielleicht nicht der Mann sein, der mein Vater war, oder ein Gentleman wie mein Bruder, aber ich bin kein so großes Arschloch. Also stehe ich auf, reiße mir mein

Shirt vom Kopf und marschiere auf die Fensterbank zu. Ich spüre Sarahs Blick über meine nackte Brust, Arme und Bauch streichen, aber sie bleibt auf Abstand.

«Nimm du das verdammte Bett», sage ich zu ihr. «Ich schlafe in der Nische.»

«Das musst du nicht tun.»

Ich fahre mir mit der Hand durchs Haar. «Doch, muss ich.» Dann richte ich mich kerzengerade und schicklich auf, eine Imitation von Hugh Grant in einer seiner klassischen königlichen Rollen. «Bitte, Lady Sarah.»

Sie blinzelt, den kleinen Mund gespitzt. «Okay.» Dann klettert sie aufs Bett, unter die Bettdecke. Und ich zwänge mich in die Fensternische, die Knie angezogen, den Ellbogen gegen die eiskalte Fensterscheibe gepresst, und den Hals in einem komischen Winkel verbogen, den ich morgen sicher spüren werde.

Das Licht wird zu einem sehr schwachen Schimmer gedämpft, und einige Augenblicke lang höre ich nichts als Sarahs sanfte Atemzüge.

Aber dann, in der fast vollständigen Dunkelheit, schwebt ihre zarte Stimme auf einem Seufzen herüber.

«Also gut, wir können zusammen im Bett schlafen.»

Musik in meinen Ohren. Das lasse ich mir von ihr nicht zweimal sagen. Für heute Abend habe ich mein Pensum an Ritterlichkeit erfüllt. Also stolpere ich aus der Nische und lasse mich aufs Bett fallen.

Schon besser.

Das Licht auf dem Nachttisch neben Sarah wird heller. «Jetzt bin ich wach. Ich werde noch ein bisschen lesen, wenn es dich nicht stört.»

«*Sturmhöhe?*» Ich gähne.

«Ja. Schlaf gut, Henry.»

Und etwas an der Art, wie sie diesmal meinen Namen sagt – die Süße ihrer Stimme –, bringt mich zum Lächeln. Bis …

«Hmm, hmmm, hmmm, hmmm, hmmmmm, hmm, hmm …»

Und schon wieder starre ich an die Decke. «Was zum Teufel ist das für ein Geräusch?»

«Was? Oh, das bin ich. Tut mir leid. Wenn ich lese, summe ich. Macht der Gewohnheit.»

«Nun, lass das bleiben, um Himmels willen.» Ich bin ein Arschloch. Als sie ein paar Sekunden lang nicht antwortet, mache ich mir allmählich Sorgen, sie verärgert zu haben. Es ist nicht Sarahs Schuld, dass ich müde bin … und geil. So geil. Sie hat es nicht verdient, dass ich ihr den Kopf abreiße.

Aber bevor ich mich entschuldigen kann, sagt sie: «Und da dachte ich, du stehst drauf, wenn eine Frau im Bett laut ist.»

Einen Moment lang bin ich wie vor den Kopf gestoßen. Und dann lache ich und drehe mich zu ihr um. «War das etwa ein Witz, Sarah Titty-teet-butt-um?»

«Das sollte einer sein, ja.»

«Und ein schmutziger noch dazu. Ich bin beeindruckt. Ich werde meine Meinung über dich revidieren müssen.»

Sie hält sich die Hände vor den reizenden Mund. «Die schlüpfen mir von Zeit zu Zeit raus, aber normalerweise nur bei Penny oder Willard und Annie.»

Und plötzlich fühle ich mich nicht mehr müde.

«Willard und Annie?»

«Meine besten Freunde. Sie arbeiten zusammen mit mir in der Bibliothek.»

«Du bist Bibliothekarin?»

Sie nickt. «Mmm-hmm. In der Concordia-Bibliothek.»

Ich verschränke die Hände hinter dem Kopf. Lasse meiner Phantasie freien Lauf.

«Ich wollte schon immer mal eine Nummer im Stehen zwischen den Regalen schieben. Hast du das je probiert?»

Und ohne hinzusehen, kann ich spüren, dass sie rot wird und leuchtet wie die rote Sonne von Krypton.

«Nein.»

Ich schaue zu ihr rüber, und mein Blick wandert an ihrem Körper auf und ab.

«Ich kann es mir vorstellen. Das lange dunkle Haar, die Brille, ein enger, grauer Bleistiftrock und eine figurbetonte weiße Bluse mit den obersten zwei ...», ich schaue hinunter auf ihre beeindruckenden Brüste, «... drei Knöpfen geöffnet. Du bist das Sinnbild der sexy Bibliothekarin.»

Sie kichert, als hätte ich etwas Albernes gesagt.

«Was?»

«Mich hat noch nie irgendjemand sexy genannt.»

«Dann wurde es aber höchste Zeit.»

Sarah klappt ihr Buch zu und legt es auf den Nachttisch, und ein siegreiches Gefühl schwelt in meiner Brust. Als hätte ich etwas erreicht.

«Ich habe dir doch schon gesagt, dass du hier im Bett schlafen kannst. Du brauchst mir keinen Honig mehr um den Mund zu schmieren.»

Schmunzelnd sehe ich ihr in die Augen. «Wenn ich versuchen würde, dir Honig irgendwo hinzuschmieren, dann würdest du es merken.» Bevor sie Zeit hat zu erröten, frage ich: «Wenn du im echten Leben eine heiße Bibliothekarin bist, was machst du dann hier diesen ganzen nächsten Monat lang?

Und sag jetzt nicht, es ist wegen Penelope. Ich kenne Penelope, sie ist ein durchtriebenes Ding. Mit dir oder ohne dich hätte sie eine Möglichkeit gefunden, hier mitzumachen. Es muss einen anderen Grund geben.»

Sarah verschränkt die Arme und nickt. «Du bist ziemlich scharfsinnig.»

«Danke. Aber du lenkst ab.»

Mit einem lauten Stöhnen, das mir direkt in den Schwanz fährt, wirft Sarah sich zurück auf ihr Kissen, sodass ihr Kopf darin versinkt und ihr Gesicht zum Teil verdeckt wird.

«Ich sollte einen Vortrag auf einem Symposium halten. Vor Hunderten – *Hunderten* – von Leuten.»

«Ah ... Ich rate mal wild drauflos und sage: Sprechen in der Öffentlichkeit ist nicht so dein Fall?»

Sie dreht sich auf die Seite und schiebt unschuldig die Hände unter die Wange. «Dann bin ich wie gelähmt. Ich bin kein großer Fan von Edgar Allan Poe, aber öffentliches Sprechen ist mein persönliches *Lebendig begraben*.»

Ich hatte auch noch nie viel für Poe übrig – viel zu deprimierend –, aber ich verstehe, was sie meint.

Und ich habe die perfekte Lösung. «Du solltest dir mich nackt vorstellen.» Ich lasse den Bund meiner Pyjamahose schnalzen. «Die könnte ich ausziehen, wenn du willst. Das lebhafte Bild wird alles heilen, was dich quält, Süße.»

Sie schüttelt den Kopf. «Die traditionelle Strategie ist, sich das Publikum in Unterwäsche vorzustellen.»

«Aber dir mich nackt vorzustellen macht viel mehr Spaß.»

Und wir lachen beide, obwohl es wahr ist.

Sarah setzt sich auf und streckt die Hand aus, um an einer Saite meiner Gitarre zu zupfen, die an ihrer Seite des Bettes am

Nachttisch lehnt. «Also … kannst du tatsächlich auf dem Ding hier spielen?»

«Ja.»

Sie legt sich auf die Seite, den Kopf in die Hand gestützt, und mustert mich neugierig. «Du meinst, so was wie *Funkel, funkel, kleiner Stern* oder das *ABC-Lied*?»

Ich verdrehe die Augen. «Dir ist schon klar, dass das beides dasselbe Lied ist, oder?»

Nachdenklich zieht sie die Nase kraus, und ihre Lippen bewegen sich, während sie stumm die Melodie in ihrem Kopf singt. Es ist absolut bezaubernd. Dann schlägt sie die Hände vors Gesicht und lacht laut los.

«Oh mein Gott, ich bin so doof!»

«Du solltest nicht so hart zu dir sein, aber wenn du es sagst …»

Mit schmalen Augen sieht sie mich an. «Rüpel.» Dann streckt sie mir die Zunge raus.

Großer Fehler.

Denn diese Zunge ist weich und rosig und sehr feucht … und sie bringt mich dazu, an ihr saugen zu wollen. Und dann lässt mich das an andere rosige, weiche und feuchte Stellen an ihrem süßduftenden Körper denken … und dann bin ich hart.

Schmerzend, quälend hart.

Dem Himmel sei dank für dicke Federbetten. Wenn dieses unschuldige, errötende Vögelchen merken würde, dass wenige Zentimeter neben ihr ein heißer, harter, pulsierender Ständer im Bett ist, dann würde sie entweder von all dem Blut, das ihr in die Wangen schießt, in Ohnmacht fallen oder vor Schreck an die Decke springen und sich dort wie eine verängstigte Katze festkrallen.

«Nun, man lernt nie aus.» Sie lacht. «Aber kannst du wirklich Gitarre spielen?»

«Du klingst skeptisch.»

Sie zuckt mit den Schultern. «Es wurde viel über dich geschrieben, aber ich habe kein einziges Mal gehört, dass du ein Instrument spielst.»

Ich beuge mich dicht zu ihr und flüstere: «Das ist ein Geheimnis. Ich bin gut in vielen Dingen, von denen keiner weiß.»

Wieder verdreht sie die Augen. «Lass mich raten: Du bist phantastisch im Bett. Aber das weiß nun wirklich jeder.» Dann macht sie mit ihren reizenden Lippen einen kleinen Tusch. «Ba-dum, Tschhh.»

Und ich lache heftig, beinahe so heftig, wie mein Schwanz pocht. «Schüchtern, klug, ein unanständiger Sinn für Humor und total durchgeknallt. Das ist eine verdammt merkwürdige Kombination, Titebottum.»

«Warte, bis du mich erst richtig kennenlernst. Ich bin definitiv einzigartig.»

Das Komische ist, ich fange langsam an zu glauben, dass das absolut stimmt.

Ich reibe mir die Hände, dann deute ich auf die Gitarre. «Wie dem auch sei, gib sie rüber. Und nenn mir einen Musiker. Irgendeinen.»

«Ähm ... Ed Sheeran.»

Ich schüttle angewidert den Kopf. «Alle Mädchen lieben Ed Sheeran.»

«Er ist ein großartiger Sänger. Und ein Rotschopf, das zieht auch», neckt sie. «Wenn du ein Prinz mit roten Haaren wärst, dann würden dich die Frauen anbeten.»

«Die Frauen beten mich doch schon an.»

«Wenn du ein rothaariger Prinz wärst, dann noch mehr.»

«Okay, jetzt sei still, Klugscheißer-Bottum. Und hör zu.»

Dann spiele ich *Thinking Out Loud*. Und etwa nach der Hälfte werfe ich einen Blick hinüber zu Sarah. Sie hat ein wunderschönes Lächeln auf dem Gesicht, und ich denke etwas bei mir, das ich in all meinen fünfundzwanzig Jahren noch nie gedacht habe: So fühlt es sich also an, Ed Sheeran zu sein.

Sarah beißt sich auf die Unterlippe, als ich fertig bin. Und sie klatscht. Ihre Stimme ist leise, kratzig vor Müdigkeit. «Du spielst wunderschön, Henry.»

Ich wackle mit dem Finger. «Hab ich doch gesagt. Du solltest nie an mir zweifeln.»

Sie gähnt herzhaft. «Noch eins.»

Und obwohl ich spüre, dass Erschöpfung an mir zieht, will ich nicht Nein sagen. Ich denke einen Moment lang nach. «Hier ist eins meiner Lieblingslieder.» Ich spiele *Hallelujah*.

«Das Lied liebe ich auch.» Sarah lächelt entspannt und summt leise mit, während ich spiele. Danach muss ich selbst gähnen. Während ich meine Gitarre auf den Boden lege, sage ich zu ihr: «Du triffst die Töne ausgezeichnet. Singst du?»

Sie streckt sich, was ihre umwerfend vollen Brüste gegen ihr dunkelblaues Schlafshirt presst, und mir bleibt die Spucke weg.

«Nur unter der Dusche.» Großer Fehler Nummer zwei. Ich stöhne.

Stirnrunzelnd legt Sarah ihre Brille auf den Nachttisch. «Geht es dir gut?»

«Das wird wieder. Eines Tages. Ich bin nur wirklich müde.»

«Tut mir leid. Du bist hergekommen, um dich auszuruhen, und ich habe dich wach gehalten.»

Grinsend lege ich mich wieder zurück in die Kissen. «Hat mich nicht gestört.»

Obwohl sie am anderen Ende des riesigen Bettes ist, fühlt es sich … schön an, tröstlich, hier so zu liegen.

«Gute Nacht, Henry.»

«Träum süß, Sarah.»

10

HENRY

Als ich am Morgen aufwache, ist Sarah nirgends zu sehen. Und das gespenstische Gefühl, nach einem One-Night-Stand abserviert worden zu sein, verursacht mir Gänsehaut, aber ich wische es beiseite.

Denn heute ist der Tag, an dem der Spaß wirklich beginnt. Ich habe eine Verabredung zum Sport mit Libby Loutenhiemer unten am Strand, was bedeutet: Schweiß und heftiges Atmen und sie in einem engen, knappen Elasthan-Outfit. Vielleicht trinken wir nach dem Workout noch einen Cocktail ... der dann hoffentlich zu einer ähnlich schweißtreibenden, aber anderen körperlichen Anstrengung führen wird, nur ohne Kameras.

Meine Morgenlatte ist besonders hartnäckig, wahrscheinlich durch den köstlichen Geruch, den ich in der Nase hatte, während ich schlief, und der immer noch an meiner Haut haftet. Ich gehe zu meinem Zimmer, ziehe schnell ein Sweatshirt, Laufshorts und Crossfit-Schuhe an und trabe zum Strand.

Eine Stunde später finde ich wieder einmal heraus, dass hier nichts so ist, wie ich es mir vorgestellt habe.

Und dass ich nicht annähernd so gut in Form bin, wie ich verdammt noch mal dachte. Denn Libby ist ein Tier, und damit meine ich nicht im Bett. Die Frau ist Olympionikin, ich hätte es wissen können, aber trotzdem ...

Einen Fünfkilometerlauf am Strand, Seilspringen, Sit-ups,

Push-ups und hundert Mountain-Climber später glaube ich, dass ich tatsächlich einen Herzinfarkt haben könnte.

Was bedeutet, wenn Granny den Löffel abgibt, geht der Thron an Cousin Marcus, die einzige Person, die noch ungeeigneter für das Amt ist als ich. Aus diesem Grund halte ich durch, aber das ist nicht leicht. Das Diamant-Diadem werde ich Libby nicht überreichen, aber ich denke ernsthaft darüber nach, ihr den Posten meiner Personal-Trainerin zu geben.

Endlich ist es vorbei. Wir sind am Strand, beide vornübergebeugt, die Hände auf die Knie gestützt, während der kalte Seewind unsere erhitzte, schweißnasse Haut kühlt.

«Das hat so viel Spaß gemacht!», zwitschert Libby. «Du bist der erste Mann, der es je geschafft hat, mit mir Schritt zu halten.»

Ich zeige ihr den Daumen. Das ist alles, was ich zustande bringe, weil meine Muskeln und lebenswichtigen Organe sich gerade sehr gern hinlegen und sterben würden.

Sie kommt näher und flüstert mir ins Ohr: «Ich möchte deinen großen, verschwitzten Schwanz lutschen, Henry.»

Streicht das – nicht *jedes* Organ ist schon bereit zu sterben.

«Das ist das Beste, was ich seit Ewigkeiten gehört habe.»

Kichernd nimmt sie meine Hand, dreht sich um ... und läuft direkt in Vanessa Steele hinein.

Oh nein.

«Das war toll, Sie beide. Hoffe, Sie hatten Spaß. Libby, wir brauchen Sie in der Maske für Ihren After-Date-Dreh auf dem heißen Stuhl.»

Scheiße, nein.

«Und Henry, Sie müssen für Ihr Nachmittags-Date geduscht und umgezogen sein.» Sie tippt auf ihr Handgelenk. «Wir müssen den Zeitplan einhalten.»

So was nennt man wohl *königlich die Tour vermasselt.*

Libby sieht ebenso enttäuscht aus, wie ich mich fühle. Sie spielt mit dem Kragen meines Shirts.

«Später, ja?»

Ich nicke, und sie gibt mir einen schnellen Kuss auf die Wange.

Hinter ihr am Strand, in der Ferne, zieht jemand meine Aufmerksamkeit auf sich. Ich kneife die Augen zusammen, um genauer hinzusehen. Sie ist allein, in einem übergroßen T-Shirt und schwarzen Leggins, und macht etwas, das eine Kampfsportübung zu sein scheint, und sieht dabei sehr gut aus. Kaum glaube ich, dieses Mädchen zu kennen, zeigt sie eine neue Facette von sich ...

Libby bemerkt es und dreht sich ebenfalls zum.

«Sarah kann Aikido», sagt sie. «Sie ist ziemlich gut.»

Als Vanessa Libby fortführt, bleibe ich noch eine Weile da.

Um zuzusehen.

♛

Später am Nachmittag habe ich mit Cordelia Ominsmitch eine Verabredung zum Picknick und Gassigehen mit ihrem Hund.

Wir treffen uns im Schlosshof, und da die anderen Ladys und das Filmteam mehrere Meter weit weg sind, hinter den Kameras, fühlt es sich fast normal an, wenn ich ihnen den Rücken zudrehe. Lächelnd kommt Cordelia auf mich zu, einen gutgenährten weißen Mini-Pudel mit wütenden schwarzen Knopfaugen auf dem Arm.

Die Kameras laufen, als Cordelia mich erreicht. Sie trägt enge Jeans, hohe braune Lederstiefel und eine fließende Bluse mit Blumenmuster und gewagtem Ausschnitt. Sie ist bezaubernd. Ich stehe aufrecht da, einen Arm hinter meinem Rücken, und nicke.

«Hallo, Henry.»

«Wie geht's dir, Cordelia?»

«Jetzt geht es mir sehr gut.» Neckisch klimpert sie mit den Wimpern. «Aber ich habe nachgedacht. Ich würde gern vorschlagen, dass wir unseren ersten Kuss hinter uns bringen. Dann wäre ich bei dem Gedanken daran nicht mehr so nervös, und ich weiß schon jetzt, wie magisch wir zusammen sein werden.»

Sie spielt für die Kameras. Ich habe das selbst oft genug getan, um es zu wissen. Aber das ist mir egal.

«Ich bin bereit, wenn du bereit bist.»

Und ich beuge mich vor, sie streckt sich mir entgegen – dann knurrt der unfreundliche Köter auf ihrem Arm und versucht, mir das Gesicht wegzubeißen. Zum Glück ziehe ich mich gerade noch rechtzeitig zurück.

«Oh! Walter, aus!»

Sie lächelt entschuldigend. «Das ist Walter.»

Ich winke. «Schön, dich kennenzulernen, Walter.»

Er knurrt zurück.

Cordelia beißt sich auf die Lippe. «Tut mir leid. Er ist sehr beschützend, was mich betrifft.» Sie schaut hinunter auf den Hund, und der fängt an, ihr das Kinn zu lecken. «Nicht wahr, Schätzchen?», gurrt sie ihn an. «Du liebst deine Mummy. Du willst Mummy einen Kuss geben? Okay, gib Mummy ganz viele Küsse.»

Und dann drückt Walter Cordelia einen auf – mit Zunge. Und sie lässt ihn. Er leckt ihr das Kinn, die Lippen, und als sie lacht … sieht es so aus, als würden ihre Zähne und ihre Zunge gründlich von ihm saubergeleckt werden. Dann setzt sie ihn auf den Boden und dreht sich lächelnd und mit schwärmerischem Blick zu mir um.

«Also … wie wär's jetzt mit diesem Kuss?»

Ich schaue auf Cordelias üppigen, perfekten Mund und dann hinunter auf den fetten Pudel … der sich gerade gierig das eigene Arschloch leckt. Und verziehe das Gesicht.

«Vielleicht später.»

Oder … gar nicht.

«Schnitt!», schreit der Regisseur.

Und Vanessa tritt vor, ein Klemmbrett in der Hand. «Das war toll. Jede Menge brodelnder sexueller Spannung mit einem Vorgeschmack auf mehr. Ich liebe es. Machen wir uns frisch, und dann brauchen wir ein paar Aufnahmen von Henry und Cordelia im Cabrio für die Montage und den Voice-Over-Teil. Hinterher gehen wir weiter zum Picknick-Bereich. Er ist fast fertig.»

Aber dann stößt hinter der Kamera jemand an einen Scheinwerfer. Er kippt um und kracht zu Boden, dabei platzt die Lampe mit einem lauten Knall und splitterndem Klirren. Einen Moment später entsteht Unruhe, und die Ladys drängen sich zusammen. Es gibt Flüstern und besorgte Blicke, und Laura Benningson fragt, ob nicht besser ein Arzt geholt werden sollte.

«Nein», höre ich Penelope antworten. «Nein, in ein paar Minuten geht es ihr wieder gut.»

Ich dränge mich durch die Menge, dahin, wo Sarah unnatürlich reglos dasteht. Ihre Haut ist aschfahl, ihr Gesicht vor Entsetzen erstarrt, und ihre Augen sind leer und ausdruckslos. Und ich fühle mich, als hätte ich einen Faustschlag in den Magen bekommen, weil ich mich an das hier erinnere. Von letztem Jahr im Pub, dem ersten Mal, als ich mit ihr gesprochen habe. Als jemand ein Tablett mit Gläsern fallen gelassen hatte und sie vor Angst erstarrt war.

Penny hat den Arm um Sarahs Rücken gelegt und flüstert ihr leise Worte zu, die ich nicht hören kann. Und es ist, als würde mir das Herz in der Brust stehenbleiben und mein Magen sich verkrampfen; sie so starr und verängstigt zu sehen ist schlimm. Ich will zu ihr gehen, doch bevor ich sie erreiche, kommt sie wieder zu sich. Keuchend und blinzelnd wacht sie auf und greift nach ihrer Schwester.

«Was zum Teufel war das?»

Penny fängt meinen Blick auf und schüttelt den Kopf, um mir stumm zu sagen, ich soll nicht näher kommen. Soll so tun, als wäre alles in Ordnung.

Schließlich gehen alle wieder zurück an ihre Aufgaben. Das Team bereitet die nächste Aufnahme vor, die Ladys plaudern und trinken Champagner.

Aber Sarah bleibt abseits. Und sie sieht irgendwie kleiner aus, zusammengesunken, wie durchscheinend. Als wolle sie am liebsten nicht da sein. Das gefällt mir nicht. Sarah ist zu hübsch, um nicht gerade und aufrecht zu stehen, damit jeder sie sehen kann. Und sie ist ... nett. Ob ihr es glaubt oder nicht, das ist selten in meinen Kreisen. Sie hat mir gestern Nacht geholfen. Obwohl sie sich dabei unwohl fühlte, hat sie es trotzdem getan.

Und jetzt will ich etwas für sie tun.

Ich will Sarah Titebottum lächeln sehen. Ein mutiges, kühnes, selbstbewusstes Lächeln. Aber außerdem ist da auch ein kleiner, egoistischer Teil von mir, der sie zum Lächeln bringen will. Der derjenige sein will, für den sie lächelt.

Ich schaue mich am Set um. Alle sind emsig wie Bienen damit beschäftigt, sich auf die nächste Aufnahme vorzubereiten. Cordelia wird von einer Visagistin gezupft und gepudert, Vanessa redet mit ein paar Kameraleuten, und das Cabrio, mit dem ich fahren soll, steht einfach nur da … einsam und allein.

Und schau an – jemand hat die Schlüssel stecken lassen.

Verstohlen trete ich neben Sarah. «Bist du schon mal in einem Cabrio gefahren?»

Erschrocken schaut sie hoch, als habe sie mich nicht kommen sehen. «Natürlich.»

Ich schiebe die Hände in die Taschen und lehne mich auf die Fersen zurück.

«Bist du schon mal in einem Cabrio mit einem Prinzen mitgefahren?»

Ihre Augen sind heller in der Sonne, mit einer Spur von Gold darin. Sie kräuseln sich, als sie lächelt. «Nein.»

Ich nicke. «Perfekt. Wir machen das auf drei.»

Jetzt sieht sie nervös aus. «Machen was?»

Ich entdecke James auf der anderen Seite, wo er den Blick über die Menge schweifen lässt – weit genug weg, um es nie rechtzeitig hierherzuschaffen. «Drei …»

«Ich weiß nicht, was du meinst.»

«Zwei …»

«Henry ...»

«Eins.»

«Lauf, lauf, lauf!»

«Wohin?», fragt sie laut genug, um Aufmerksamkeit zu erregen.

Also lege ich den Arm um ihre Taille und hebe sie hoch, trage sie zum Auto und schwinge sie auf den Beifahrersitz. Dann springe ich hinters Lenkrad.

«Scheiße!», flucht James. Aber dann springt dröhnend der Motor an. Ich lege den Rückwärtsgang ein, fahre dabei fast einen Tisch vom Catering über den Haufen, und dann drehe ich mit quietschenden Reifen um und fahre quer durchs Gelände ... auf den Wald zu.

«Die Straße ist da lang!», schreit Sarah. Der Wind lässt ihr langes dunkles Haar tanzen und wirbeln.

«Ich kenne eine Abkürzung. Schnall dich an.»

Wir jagen in den Wald hinein, einen Wirbel aus Blättern hinter uns lassend. Der Wagen hüpft und holpert, und ich spüre Sarahs Hand, die sich um meinen Arm legt und sich festhält. Es fühlt sich gut an.

«Ducken!»

«Was?»

Ich drücke ihren Kopf runter und ducke mich gleichzeitig, um nicht den tiefhängenden Ast einer Kiefer ins Gesicht gepeitscht zu bekommen.

Nachdem wir drunter durch sind, setzt Sarah sich mit weit aufgerissenen Augen wieder auf und schaut erst zurück zu dem Ast und dann zu mir.

Ich grinse. «Wenn du wolltest, dass ich dir den Kopf runterdrücke, Liebes, hättest du es nur zu sagen brauchen.»

«Du bist verrückt!»

Ich trete hart aufs Gas, um einem Baumstumpf auszuweichen.

«Was denn? Bist du die Einzige, die schmutzige Witze machen darf?»

Vor uns liegt eine scharfe Kurve. Ich lege den Arm quer über Sarahs Mitte. «Festhalten.»

Und ebenso schnell schießen wir wieder zwischen den Bäumen hervor, einen steilen Hang hinauf und auf den glatten Asphalt der Straße. Ich sehe in den Rückspiegel, die Luft ist rein.

Blinzelnd starrt Sarah mich an. Ihre Brille sitzt schief, also rücke ich sie ihr wieder gerade.

«Ich habe das Gefühl, das hast du schon mal gemacht.»

Ich lege den Kopf in den Nacken und genieße Sonne und Wind – wie ein Hund bei einer Spazierfahrt. «Der Security zu entwischen ist einer der Nervenkitzel meines Lebens.»

Sie schüttelt verblüfft den Kopf. «Warum?»

«Weil ich es nicht soll.»

Und dann lächelt sie. Genau, wie ich es wollte. Breit und schamlos. Und mir wird warm in der Brust, und mein Herz schlägt heftig.

Ich drehe das Radio auf, und *Setting the World on Fire* von Pink und diesem Country-Typen kommt aus den Lautsprechern.

«Das ist ein guter Song», sagt Sarah.

«Dann mach lauter», sage ich zu ihr.

Sie tut es, dann hält sie die Hände aus dem Wagen, um den Wind einzufangen.

Wir beschließen beide, dass wir Hunger haben. Und obwohl Sarahs Heimatstadt Castlebrook die Ortschaft ist, die dem Schloss am nächsten liegt, gibt es keinen Mega-Burger in Castlebrook. Also fahren wir in die entgegengesetzte Richtung, weil Mega-Burger die zusätzlichen fünfundvierzig Minuten Fahrtzeit wert sind.

Als ich vor dem Bestellfenster halte, zuckt der Typ mit dem spitzen Papierhut zusammen.

«Heilige Scheiße!»

Ich schaue zu Sarah hinüber. «Das bekomme ich oft zu hören.»

«Verdammt, Mann ... Sie sind Prinz Henry.»

Ich nicke. «Schön, Sie kennenzulernen.»

«Hey, kann ich ein Foto haben?»

«Sicher.»

Er lehnt sich aus dem Fenster, und ich lehne mich aus dem Wagen, und er knipst ein Selfie.

«Tun Sie mir einen Gefallen», bitte ich ihn. «Posten Sie das nicht in den sozialen Medien. Ich soll eigentlich arbeiten, und wenn die Queen herausfindet, dass ich schwänze, dann wird sie sauer. Sie würde Ihnen nicht gefallen, wenn sie sauer ist.»

Er nickt lachend.

Nachdem der Junge unsere Bestellung rausgebracht hat und ich bezahlt habe, stecke ich ihm ein zusätzliches Bündel Scheine zu. «Geben Sie damit so vielen Autos wie möglich was aus, die nach mir kommen. Falls noch etwas übrig bleibt, gehört es Ihnen.»

Sein Kopf nickt eifrig. «Wahnsinn. Ich dachte mir schon immer, dass Sie cool sind.»

«Ich geb mir Mühe.» Wir geben uns die Ghettofaust, dann fahre ich weiter.

Ich spüre, dass Sarah mich mit einem warmen Ausdruck in den Augen ansieht.

«Das war sehr nett.»

«Das war leicht.» Ich zucke mit den Schultern. «Meine Mutter hat immer gesagt, dass Freundlichkeit ansteckend ist. Es braucht nur einen einzigen Menschen, um die beste Art von Epidemie auszulösen.»

Ich fahre zu einem verlassenen Parkplatz in der Nähe vom Strand, stelle den Motor ab, und Sarah und ich setzen uns auf die Motorhaube, um unseren sauheißen vorprogrammierten Herzinfarkt mit Fritten zu verdrücken.

Vorsichtig frage ich sie nach ihrem Anfall von vorhin aus. «Fühlst du dich jetzt wieder gut?»

Ihr Lächeln ist klein und verlegen. «Ja.»

«Passiert das, was da passiert ist, oft?»

Sie neigt den Kopf. «Nein, nicht allzu oft.»

Ich bewege mich hier auf unbekanntem Terrain. Ich will nicht, dass sie sich unbehaglich fühlt, aber gleichzeitig will ich mehr über diese Anfälle wissen. Mehr über sie wissen, Punkt.

«Hör mal, Sarah, du darfst mir gern sagen, ich soll die Fresse halten, aber ist das … eine Krankheit?»

«Temporärer Dämmerzustand, hervorgerufen durch laute Geräusche. Ich habe ein paar Behandlungen versucht, aber das ist einfach etwas, womit ich leben muss. Bei Krach kommt es manchmal vor, dass ich mich einfach … ausklinke.»

«Du hast so verängstigt ausgesehen. Wo gehst du hin, wenn du dich ausklinkst?», frage ich sehr sanft.

Sarah schluckt und schaut zu Boden. «Nirgendwohin. Es

wird einfach … grau. Da sind kein Boden, keine Decke oder Wände, kein Geräusch. Es ist einfach nur, als würde ich … in Grau ersticken.»

Ich bedecke ihre kleine, warme Hand mit meiner. «Das tut mir leid. Weißt du, woher das kommt? Was diese Anfälle verursacht?»

Sarahs Lächeln ist angespannt. «Jeder hat so seine Marotten.» Dann holt sie tief Luft und wechselt das Thema. «Gefällt es dir, die Show zu drehen?», fragt sie. «Deine Auswahl an Kandidatinnen für deine Königin einzugrenzen?»

Ich nicke. «Bis jetzt ist Guermo mein Favorit.»

Sie lacht.

«Was hältst du von der Show?», will ich wissen.

«Ich finde, es ist ein glorifizierter Schönheitswettbewerb.»

«Du findest es blöd?»

Sie zuckt mit den Schultern. «Ich nehme an, es könnte schlimmer sein. Wenigstens haben sie eine Auswahl unterschiedlicher Frauen genommen, nicht nur solche, bei denen man alle diese widerlichen Vorschriften darüber, wer einen Kronprinzen heiraten darf, abhaken kann.»

«Bist du noch Jungfrau?», frage ich.

«Nun … ja.»

«Warum beschwerst du dich dann? Du würdest dich eignen.»

Sarahs Augen blitzen vor Ärger auf, und sie knurrt mich beinahe an. «Weil ich mehr bin als mein Jungfernhäutchen, Henry! Den Wert einer gebildeten, intelligenten, leidenschaftlichen Frau auf ein lächerliches Stück Haut zu reduzieren ist erniedrigend. Wie würdest du dich fühlen, wenn dein Wert von deiner Vorhaut abhängen würde?»

Ich denke darüber nach. Und dann grinse ich. «Genau

genommen wäre das für mich okay. Ich habe gehört, es war eine beeindruckende Vorhaut, alle Krankenschwestern haben davon geschwärmt. Wahrscheinlich ist sie derzeit in irgendeinem Museum ausgestellt.»

Sie starrt mich eine Sekunde lang an, dann lacht sie laut los, ein volles, kehliges, sinnliches Lachen.

«Du bist ein schrecklicher Mensch.»

«Ich weiß.»

«Und du bist ein noch schrecklicherer Feminist.»

«Stimmt. Das ist etwas, woran ich arbeiten muss. Du wirst mir doch dabei helfen, oder? Wir sollten so viel Zeit miteinander verbringen wie möglich, jede Minute, Tag und Nacht. Ich will mir was bei dir abgucken.»

Sarah stupst mich gegen die Schulter. «Ha! Hauptsächlich willst du dir meine Brüste angucken.»

Jetzt bin ich es, der lacht. Weil sie nicht mal ein bisschen danebenliegt.

«Aber hat es da nie einen gegeben? Wirklich nicht?»

Sarah zuckt mit den Schultern. «Penny und ich wurden zu Hause unterrichtet, als wir noch klein waren. Aber im zehnten Schuljahr gab es da diesen einen Jungen.»

Ich reibe mir die Hände. «Jetzt kommt's. Erzähl mir alles. Ich will all die kranken, schrecklichen Einzelheiten. War er Footballspieler? Groß und stark, Kapitän der Mannschaft, der beliebteste Junge der Schule?»

Ich kann es mir vorstellen. Sarah ist zierlich, langgliedrig und geschmeidig, elegant und schön. Jeder junge Mann hätte sich danach gesehnt, sie an seinem Arm zu haben. Auf seinem Schoß. In seinem Bett, auf der Motorhaube seines Autos, auf seinem Gesicht … alles davon.

«Er war Kapitän der Schach-Mannschaft.»

Ich lege eine Hand über meine Augen.

«Sein Name war Davey. Er trug diese reizenden Tweed-Jacketts und Fliegen, er hatte blondes Haar und war ein bisschen blass wegen seines Asthmas. Er hatte die gleiche Brille wie ich, und er hatte ein unterschiedliches Paar Karosocken für jeden Tag des Jahres.

«Du verarschst mich, oder?»

Sie schüttelt den Kopf.

«Karosocken, Sarah. Ich bin enttäuscht von dir.»

«Er war nett», tadelt sie mich. «Lass meinen Davey in Ruhe!»

Dann lacht sie wieder, fröhlich und frei. Mein Schwanz reagiert hart und schnell, Betonung auf hart. Er ist wie verdammtes Granit.

«Also, was wurde aus dem alten Davey-Boy?»

«Eines Tages war ich allein in der Bibliothek, und er kam zu mir und fing an, mich zum Frühlingsball einzuladen. Und ich war so aufgeregt und nervös, dass ich kaum noch Luft bekam.»

Ich stelle mir vor, wie sie damals ausgesehen haben muss. Aber vor meinem inneren Auge ist sie nicht wirklich anders, als sie jetzt ist. Unschuldig, süß und so echt, dass sie niemanden täuschen könnte, selbst wenn ihr Leben davon abhinge.

«Und dann, bevor er die Frage zu Ende stellen konnte, habe ich ...»

Ich merke erst, dass ich mich zu ihr vorbeuge, als sie aufhört zu reden und ich beinahe vornüberfalle.

«Du hast ... was?»

Sarah versteckt das Gesicht hinter ihren Händen. «Ich habe ihn vollgekotzt.»

Ich bemühe mich, nicht laut loszulachen. Ich schwöre, dass

ich mich bemühe … aber ich bin auch nur ein Mensch. Also lache ich am Ende so heftig, dass das Auto wackelt, und ich bringe ein paar Minuten lang kein Wort heraus.

«Allmächtiger!»

«Und ich hatte Fish & Chips zum Mittagessen.» Sarah lacht auch. «Es war furchtbar.»

«Oh, du armes Ding.» Immer noch lachend, schüttle ich den Kopf. «Und der arme Davey.»

«Ja.» Sie wischt sich Lachtränen fort. «Der arme Davey. Danach ist er nicht mehr in meine Nähe gekommen.»

«Feigling. Er hatte dich gar nicht verdient. Ich wäre durch einen ganzen See aus Kotze geschwommen, um mit einem Mädchen wie dir zum Ball zu gehen.»

Sie lächelt mich strahlend an, die Wangen so rot und rund wie zwei glänzende Äpfel.

«Ich glaube, das ist das Netteste, das man je zu mir gesagt hat.»

Ich wackle mit den Augenbrauen. «Komplimente sind meine Stärke.»

Sarah schüttelt den Kopf. «Jedenfalls sobald das in der Schule bekannt wurde, wollte auch sonst niemand mehr in meine Nähe kommen. Und hier bin ich nun: fünfundzwanzig und wahrscheinlich noch mehr Jungfrau, als Jungfrau Maria es je war.»

Sarah bekreuzigt sich, nur für den Fall, dass das Gotteslästerung war, schätze ich.

«Aber du hast doch ein bisschen Erfahrung, oder?» Vielsagend reibe ich meine Finger aneinander. «Nur … mit dir selbst? Sich einen runterzuholen ist gut für die Seele.»

Ihre Reaktion ist ein Erröten der Stärke fünf … Purpurrot.

«Das ist privat», murmelt sie.

«Also ja.»

Und heilige Scheiße, die Bilder, die mir in den Sinn kommen. Mein Schwanz stöhnt, bereit, eins seiner Eier zu opfern, nur für einen kurzen Blick auf Sarah Van Titebottum, die es sich selbst besorgt.

«Da ich in deinem Zimmer übernachte, sollten wir irgendein System ausarbeiten. Eine Socke an der Tür oder so. Ich will dir deinen Spaß nicht vorenthalten. Oder ... du könntest mich zusehen lassen. Ich bin ein phantastisches Publikum.»

Immer noch rot, starrt sie mich finster an. «Ich kann dich nicht mehr leiden.»

Ich stupse sie mit dem Finger auf die Nase. «Lügnerin.»

♛

Als wir zurück in den Schlosshof fahren, wartet James dort bereits. Und er sieht nicht erfreut aus. Genau genommen sieht er aus wie ein blonder Hulk ... unmittelbar, bevor er durchdreht. Sarah sieht es auch.

«Er ist stinksauer.»

«Jep.»

Wir steigen aus dem Wagen, und sie dreht sich so schnell um, dass ich den Luftzug spüre. «Ich sollte Penny suchen gehen. Bye.»

«Feigling!», rufe ich ihr hinterher.

Sie winkt nur mit der Hand über ihrer Schulter.

Langsam gehe ich auf James zu. Wie ein Forscher tief im Dschungel des Amazonas, der zum ersten Mal Kontakt mit einem Stamm aufnimmt, der noch nie die Außenwelt gesehen hat. Und ich biete mein Friedensangebot dar. Es ist ein Mega-Whopper mit Käse. «Ich hab Ihnen einen Burger mitgebracht.»

Wütend reißt James ihn mir aus der Hand. Aber ... er wirft ihn nicht weg. Er dreht sich zu einem der Männer hinter ihm um. «Mick, bring es her.»

Mick, groß wie ein Bär, bringt ihm eine braune Papiertüte. Und James' kalte blaue Augen richten sich wieder auf mich.

«Als Sie letztes Jahr zum Thronfolger ernannt wurden, habe ich mit Ihrem ehemaligen Security-Team gesprochen und mich dann schleunigst um eine Audienz bei Ihrer Majestät, der Queen, bemüht. Da Sie Ihren Bodyguards in der Vergangenheit häufig entwischt sind, habe ich die Queen um Erlaubnis gebeten, Ihre Sicherheit mit allen nötigen Mitteln gewährleisten zu dürfen, einschließlich dem hier.»

Er greift in die Tüte und holt eine Kinderleine heraus, von der Sorte, wie man sie manchmal in Vergnügungsparks an den kleinen Scheißern sieht, komplett mit einem Affen, der mit irrem Blick aus einem Rucksack guckt, den Mund weit aufgerissen, als wolle er jeden auffressen, der das Ding gerade trägt.

Und James lächelt. «Queen Lenora hat Ja gesagt.»

Ich habe schon vermutet, dass Granny mich nicht mehr leiden kann, jetzt bin ich mir sicher.

«Falls es sein muss», warnt James, «schnalle ich Ihnen das Ding an und hänge das andere Ende an den alten Mick hier.»

Mick sieht ebenso wenig erfreut aus wie ich.

«Ich will das nicht tun müssen, aber ...» Er zuckt mit den Schultern. Keine weitere Erklärung nötig. «Also, wenn Ihnen das nächste Mal danach ist, abzuhauen, denken Sie an den Affen, Euer Gnaden.»

Er steckt das abstoßende Ding wieder in die Tüte. Und ich frage mich, ob Feuer es töten würde.

«Alles klar zwischen uns, Prinz Henry?», fragt James.

Ich respektiere Männer, die für ihren Job alles geben. Ich mag den Affen nicht … aber ich respektiere ihn.

Also hebe ich den Daumen.

«Bestens.»

11

SARAH

Das Team von *Matched* weckt uns vor Sonnenaufgang, indem sie wie bei der Armee an die Türen hämmern, zur lautstarken Verärgerung der Teilnehmerinnen. Wenn es etwas gibt, worauf der weibliche Adel mehr als alles andere Wert legt, dann ist das Schönheitsschlaf. Es wurden schon Bedienstete für weniger gefeuert – und zu früheren Zeiten auch getötet.

Ich glaube, die Produzentin will sie absichtlich gereizt, launisch und angepisst haben, bereit, einander an die Gurgel zu gehen.

Drama verkauft sich gut, beinahe so gut wie Sex.

Uns wird gesagt, dass wir schnell eine Übernachtungstasche packen sollen. Nur eine Tasche pro Person, was für diese Gruppe hier eine Herausforderung ist. Sie verraten uns nicht, wo es hingeht, nur, dass wir Kleidung mitnehmen sollen, die für eine Poolparty geeignet ist. Auf dem Tisch im Esszimmer stehen Plundergebäck und Tee bereit, aber wir müssen es für unseren Weg zum Flughafen mitnehmen.

Sobald wir dort sind, werden wir in einen sehr großen Warteraum geführt, von der Öffentlichkeit abgeschirmt. Die rückwärtige Wand besteht aus Fenstern, die auf die Rollbahn hinausgehen, wo Privatflugzeuge stehen. Henry schaut aus dem Fenster. Er trägt ein weißes Hemd und eine beigefarbene Hose und hat dem Raum voll Frauen den breiten Rücken zugewandt, eine Hand an die Scheibe gestützt. Er scheint wie gebannt auf etwas zu starren.

Ich trete neben ihn und spähe unter seinem Arm hindurch, um zu sehen, was er sieht.

Und mein Herz wird schwer.

Denn es ist ein Militärflugzeug. Vier uniformierte Soldaten haben das Flugzeug verlassen, und mit geübter Präzision, der eine gewisse Schönheit innewohnt, tragen sie einen in die Flagge von Wessco gehüllten Sarg und stellen ihn auf ein Gestell mit silbernen Rädern.

Ich bin wie gebannt, als sie sich im Gleichschritt in Bewegung setzen, ein Mann an jeder Ecke, und die sterblichen Überreste ehrfürchtig zum wartenden Leichenwagen eskortieren. Drei der Soldaten bleiben zurück, während einer von ihnen durch die Tür am gegenüberliegenden Ende des Warteraums tritt, in dem wir uns befinden.

Erst jetzt, als ich den Kopf drehe, sehe ich eine dunkelhaarige Frau mittleren Alters in einem zerknitterten beigen Mantel, die die Hand des kleinen Jungen neben ihr hält. Er ist ungefähr zehn Jahre alt. Der Soldat neigt den Kopf, spricht leise mit der Frau und reicht ihr einen braunen Briefumschlag.

Henry schaut einen Moment lang zu, dann geht er zu ihnen. Ich folge ihm.

Die Augen des Soldaten weiten sich, als er ihn sieht, und sofort salutiert er steif. Henry bleibt ein paar Schritte entfernt stehen und salutiert ebenfalls. Und dann verbeugt sich der Soldat tief, und Henry nickt. Der Soldat strafft sich, richtet noch ein paar letzte Worte an die Frau und sagt ihr, dass sie beim Wagen auf sie warten werden, bis sie so weit ist. Die Frau sieht ihm nach, als er fortgeht, dabei tupft sie sich mit einem Taschentuch an die Nase. Erst da bemerkt sie Henry, erkennt, wer er ist.

«Oh, Eure Hoheit.» Sie verbeugt sich, und der Junge neben ihr macht die Bewegung nach. «Hallo. Ich wusste nicht, dass Sie hier sind.»

«Es ist eine unangekündigte Reise. Mrs. ...?»

«Campbell. Mrs. Margery Campbell.» Sie streichelt dem Jungen übers Haar. «Und das hier ist Louis.»

«Mrs. Campbell. Hallo, Louis.»

«Hallo, Prinz Henry», sagt der Junge, ohne zu lächeln.

«Ich möchte Ihnen für Ihren Verlust mein aufrichtiges Beileid aussprechen.»

Mrs. Campbell tupft sich mit dem Taschentuch die Augen. «Danke.» Liebevoll schaut sie durchs Fenster auf den Sarg. «Das ist mein Ältester: Charlie.»

«Charlie Campbell», sagt Henry, als präge er sich den Namen ins Gedächtnis ein.

«Richtig. Charlies Captain hat mir gesagt, dass es ein Hinterhalt war, in dem er fiel. Er sagte, er war sehr tapfer. Er hat das Feuer auf sich gelenkt, damit die anderen Jungs in Deckung gehen konnten.»

«Eine heldenhafte Tat, die diese Jungs niemals vergessen werden, davon bin ich überzeugt», erwidert Henry.

Mrs. Campbell nickt. «Er war immer ein guter Junge. Und jetzt ist er im Himmel bei seinem Dad und passt auf uns alle auf.»

Ich beuge mich zu Louis hinunter. «Ich wette, Charlie hatte dich sehr gern als kleinen Bruder.»

Der Junge nickt schniefend. «Er hat mir gezeigt, wie Fliegenfischen geht. Ich habe geübt, und jetzt bin ich richtig gut darin.»

Ich nicke, dabei kann ich nur mit Mühe meine Tränen zurückhalten. «Und wann immer du angeln gehst, wirst du an ihn denken, und dadurch wird er immer bei dir sein.»

Wieder nickt Louis.

Henry nimmt seine Brieftasche aus der Tasche und gibt Mrs. Campbell seine Visitenkarte. «Falls es irgendetwas gibt, das ich für Sie tun kann, egal, was, möchte ich, dass Sie mein Büro anrufen. Bitte.»

Mit feuchten Augen lächelnd, nimmt sie die Karte. «Das werde ich, danke.» Dann schaut sie nachdenklich zu Henry hoch. «Sie sind zu einem feinen jungen Mann herangewachsen, Prinz Henry. Prinzessin Calista wäre stolz auf Sie.»

Henry senkt den Blick. «Das hoffe ich», sagt er mit leiser, rauer Stimme.

«Oh, davon bin ich überzeugt. Wir Mums wissen so etwas. Sie wäre genauso stolz auf Sie wie ich auf ...» Ihre Stimme versiegt, als sie sich umdreht, um den in die Flagge gehüllten Sarg anzusehen. Und ihre Tapferkeit fällt in sich zusammen. «Oh, mein Junge ... mein armer, lieber Charlie ...»

Schluchzend schlägt sie die Hände vors Gesicht, und Tränen sickern durch ihre Finger.

Ohne zu zögern, zieht Henry sie in seine Arme. Das ist ein Bruch des Protokolls. Gemeine Bürger sollen die Königsfamilie nicht umarmen, aber Henry scheint das nicht zu kümmern.

«Es tut mir leid», flüstert er, während er ihr tröstend übers Haar streicht. «Es tut mir so leid.»

Als das Gesicht des kleinen Louis zuckt, drücke ich ihn an mich und beruhige ihn mit sanften, unablässig fließenden

Worten, von denen ich nur hoffen kann, dass sie ihm Trost schenken werden.

Und so bleiben wir eine Weile, bis die Tränen versiegt sind und sie wieder tief durchatmen. Henry verlässt Mrs. Campbell mit einem mitfühlenden Händedruck und einer Erinnerung, sein Büro anzurufen, falls sie irgendetwas brauche, dann kehren wir gemeinsam zu unserer wartenden Gruppe zurück.

«Das war absolutes Fernseh-Gold!» Vanessa Steele hüpft regelrecht vor Freude in ihren Stilettos. «Wenn das Material gesendet wird – der schneidige Prinz, der die trauernde Mutter tröstet –, dann werden dabei so viele Frauen schwach werden, wie es die Welt noch nicht gesehen hat.»

Zuerst sieht Henry angewidert aus und dann ... wütend.

«Sie haben das gefilmt?»

«Natürlich haben wir das gefilmt. Ich hab Ihnen doch gesagt, alles wird aufgezeichnet. Und das hier war verdammt noch mal phänomenal. Echte Emotion, so was kann man nicht inszenieren.»

Henrys Finger schnellt vor und zeigt auf den davonfahrenden Leichenwagen. «Dieser Junge ist für sein Land gestorben. Für *mein* Land. Er hat sein Leben dafür gegeben, den Boden unter Ihren Füßen zu beschützen.»

Vanessa richtet sich kerzengerade auf und stellt sich offen seiner Verärgerung entgegen.

«Und wenn ich mit ihm fertig bin, wird jeder seinen Namen kennen, seine Geschichte und seine Heldentat.»

Bullshit. Ich bin naiv, aber nicht mal ich bin *so* naiv. Der Produzentin geht es nicht darum, den Toten zu ehren.

Henry nickt und presst angespannt die Lippen zusammen.

Er winkt den Kameramann herbei. «Kann ich es mir mal ansehen?»

Der Kameramann reicht ihm das silberfarbene Gerät; klein, wie Penny mir erklärt hat, um unaufdringlich in der Öffentlichkeit filmen zu können, aber leistungsstark genug, um auf große Entfernung in höchster Auflösung zu drehen. Henry wendet es in den Händen.

Dann lässt er es zu Boden fallen und tritt es unter seinem Stiefel in Stücke, wobei er besonders darauf achtet, die Speicherkarte zu pulverisieren.

«Henry!», kreischt Vanessa. «Gottverdammt!»

«Das ist einer der schlimmsten Tage im Leben dieser Frau», schleudert er zurück. «Sie werden das nicht in Entertainment verwandeln.»

Die Produzentin schäumt vor Wut. «Wissen Sie, wie teuer diese Ausrüstung ist?»

Spöttisch verzieht Henry das Gesicht. «Stellen Sie es mir in Rechnung.»

Und dann marschiert er davon.

Draußen auf dem Rollfeld, als wir nacheinander die Treppe hoch ins Flugzeug steigen, ist Henry der Letzte in der Reihe. Ich kehre um und reihe mich hinter ihm wieder ein. Er ist immer noch wütend, Gesicht und Schultern angespannt, die Fäuste geballt.

«Das war phantastisch», sage ich leise zu ihm. «Ich finde, was du getan hast, war phantastisch.»

Er schüttelt bitter den Kopf.

«Nein. Es war nur anständig.» In seinen Augen brennt ein grünes, loderndes Feuer. «Du solltest keine so niedrigen Erwartungen haben.»

«Meine Erwartungen an dich?»

«An alle.» Seine Worte sind knapp und schroff. «Leg die Latte höher, Sarah.»

Dann dreht er sich um, lässt mich stehen und besteigt das Flugzeug.

Wir landen in Hampton Hills, einem schicken Ort der Reichen und Berühmten in der nördlichsten Region von Wessco. Eine Karawane mit schwarz getönten Fenstern bringt uns rasch zum Reginald Hotel, wo *Matched* den Innenpool für eine private Party reserviert hat. Gleich als wir reinkommen, zieht Henry sich bis auf die Badehose aus und geht schnurstracks zur Bar. Die Kamera folgt ihm, als er zu einem Liegestuhl weitergeht, einen Whiskey in jeder Hand.

Meine Brust krampft sich zusammen, als ich ihn beobachte, wie er den Ladys beim Plantschen im Pool zusieht, in ihrer bunten Auswahl an winzigen String-Bikinis. Ich schiebe die Ärmel meines schwarzen Shirts zurück, weil ich mich in dem dampfenden, feuchten Raum klebrig und unwohl fühle. Bis Vanessa Steele wieder ihr nerviges Megaphon zückt und alle Assistenten und Nicht-Cast-Mitglieder auffordert, den Bereich zu verlassen.

«Komm spielen, Henry!», ruft Lady Cordelia. Sie hält einen Wasserball über den Kopf und bewegt sich dabei näher zu dem Kameramann, der am Rand des Pools steht.

Henry nimmt einen großen Schluck von seinem Drink und grinst. «Ich komme zu dir, sobald ich mit dem hier fertig bin, Süße.»

Ich schaue weg und mache mich auf den Weg zu Penelope, die in der Nähe des Sprungbretts ihre Nägel mit denen von Laura Benningson vergleicht.

«Ich gehe rauf in mein Zimmer, Pen», sage ich zu ihr. «Benimm dich, ja?»

Meine Schwester nickt und winkt.

Und mein Kopf will sich wieder in Henrys Richtung drehen, um noch einen letzten Blick zu riskieren, um zu sehen, ob er zum «Spielen» zu Cordelia gegangen ist. Aber ich zwinge mich, die Augen auf die Tür gerichtet zu halten.

Und dann gehe ich hinaus.

Später, nach einem Abendessen aus Fish & Chips auf meinem Zimmer, liege ich im Bett und versuche, *Jane Eyre* zu lesen, aber ich bin nicht mit dem Herzen dabei. Die Worte verschwimmen, und das Einzige, was ich im Geist vor mir sehe, ist Henry Pembrook, der halbnackt auf einem Liegestuhl liegt, scherzend und lachend und trinkend. Ich frage mich, ist er am Pool geblieben? Oder ist er für eine privatere Party ins Zimmer von einem der Mädchen gegangen, in das von Cordelia oder Elizabeth oder, verdammt, in das von Penelope?

Laut klappe ich mein Buch zu.

Ich schlüpfe in meine Schuhe und nehme den Fahrstuhl hinunter zum Pool. Es ist schon spät, und die Hotelflure sind still und leer. James, Henrys persönlicher Bodyguard, steht vor der Tür zum Poolbereich. «Ist er noch da drin?», frage ich.

«Ja, Lady Sarah.»

Ich versuche, gleichgültig zu klingen, aber ich glaube nicht, dass es mir gelingt. «Ist er allein?»

James' blaue Augen sind weich vor Mitgefühl; ich kann nur nicht sagen, ob für Henry oder für mich. «*Aye.* Der Dreh ging vor Stunden zu Ende, aber er ist noch nicht gegangen. Hat auch noch nichts gegessen.» Ich nicke. Und entgegen besseren Wissens erlaube ich meinen Füßen, mich hineinzutragen.

Er ist im tiefen Teil des Beckens, mit dem Oberkörper auf einem Schwimmreifen treibend, ein halbvolles Glas Whiskey in der Hand. Und er singt: «*Quietscheentchen, nur mit dir plantsche ich so gerne hier.*»

«Dir ist schon bewusst, dass das hier ein Swimmingpool und keine Badewanne ist, oder?»

Seine Augen sind trüb. Betrunken.

«Da ist sie ja. Wo bist du denn hingeschwommen, kleines Entchen? Du hast die Party verpasst. Sie hat Spaß gemacht.»

«Ich war in meinem Zimmer.»

Er hebt sein Glas, dabei schwappt der Inhalt in den Pool. «Sag's mir nicht. Du hast *gelesen.* Was stand denn heute Abend auf dem Programm?»

«*Jane Eyre.*»

Ein angewiderter Laut kommt aus seiner Kehle. «Das ist deprimierend. Nicht mal ein guter Hausfrauen-Porno oder ein schöner, altmodischer Nackenbeißer?»

Ich schnaube.

«Nun, sag Bescheid, wenn du so einen hast. Ich möchte, dass du mir daraus vorliest. Laut.»

Wie erwartet, erröte ich, und Henry lacht.

Dann taucht er den Kopf ins Wasser, nimmt einen Mundvoll und spuckt ihn in hohem, gebogenem Strahl in die Luft. «Schau, ich bin ein Springbrunnen.»

Ich schüttle den Kopf. «Du bist ein Arsch.»

Er schmollt. «Ist das eine Art, mit dem Thronfolger zu reden?»

«Im Moment? Ja.» Ich verschränke die Arme. «Du solltest rauskommen. Du bist schon ganz verschrumpelt.»

«Oder du könntest zu mir reinkommen. Komm schon, spring rein. Zeig mir deine beste Arschbombe.»

«Ich habe keinen Badeanzug an.»

«Dann schwimm eben nackt. Ich lasse auch die Augen zu, das schwöre ich.»

Er hebt die Hand mit gekreuzten Fingern, um mir zu zeigen, dass er schwindelt.

Und ich lache. «Lieber nicht.»

«Wovor hast du Angst?»

«Vorm Sterben. Ich kann nicht schwimmen.»

Falls ihn dieses Geständnis überrascht, lässt er es sich nicht anmerken.

«Du solltest keine Angst vorm Sterben haben, Sarah. Sterben muss jeder mal. Das Einzige, wovor man Angst haben sollte, ist, vorher nicht gelebt zu haben.»

Ich trete näher, bis meine Pantoffeln den Beckenrand berühren. «Das ist sehr poetisch, Henry. Und jetzt komm raus. Es ist gefährlich, im tiefen Wasser allein zu trinken.»

«Dann lass mich nicht allein im tiefen Wasser! Es ist herrlich. Komm rein, lass mich dich zum anderen Ende des Beckens tragen. Stell dich deiner Angst, und dann komme ich raus wie ein braver Junge, versprochen.»

Diesmal sind seine Finger weit gespreizt, nicht gekreuzt. Seinen Drink über Wasser haltend, gleitet er aus dem Schwimmreifen und schwimmt her zu mir.

Und da ist eine fremdartige, aufblühende Knospe in mir, eine leise, aber hartnäckige Stimme, ein sanfter Schubs. Ich fange an, es als den *Henry-Effekt* zu bezeichnen, weil er mich so ...

vieles fühlen lässt. Sicher und wild und vielleicht auch ein bisschen verrückt zugleich.

Henry bringt mich dazu, ein Risiko eingehen zu wollen. Mit neuen Erfahrungen.

Und mit ihm.

Also hole ich tief Luft und schlüpfe aus meinen Pantoffeln. Ich versuche, meine zitternden Gliedmaßen unter Kontrolle zu halten, als ich mich umdrehe und langsam über den Rand ins Wasser rutsche. Mein Baumwoll-Schlafanzug klebt mir am Körper, aber er ist leicht. Ich klammere mich so fest an den Beckenrand, dass meine Knöchel weiß hervortreten.

Und Henry ist direkt bei mir, seine Haut ist schlüpfrig und warm, sein Arm liegt wie ein eisernes Band um meine Taille, stark und sicher.

«Braves Mädchen», flüstert er an meinem Ohr.

Ich drehe mich in seinen Armen und lege meine Arme um seinen Hals. Als ich die Beine bewege, lässt mich das Gefühl von Leere darunter in Richtung Panik schwenken.

«Ganz ruhig, ich hab dich.»

Henry dreht sich auf den Rücken, sodass ich auf seinem Oberkörper liege, als wäre er meine persönliche königliche Luftmatratze. Dann greift er nach seinem Drink am Beckenrand. «Hältst du den für mich?»

Geschmeidig stößt er uns vom Rand ab, und das Wasser bildet kleine Strudel um seine Schultern und Arme, als wir in die Mitte gleiten. Mein Zittern legt sich etwas.

«Siehst du?», neckt Henry mich. «Wasser ist dein Freund. Willst du schwimmen lernen? Ich könnte es dir beibringen.»

«Ich weiß nicht.» Argwöhnisch betrachte ich das Wasser.

«Warum hast du ständig Angst?», fragt er, nicht auf boshafte Weise, sondern aus schlichter Neugier.

«Hab ich nicht. Ich mag einfach nur … Beständigkeit.»

«Beständigkeit ist langweilig.»

«Sie ist sicher. Wenn du weißt, was kommt, dann trifft dich nie etwas unvorbereitet.»

Henry verdreht die Augen.

«Warum bist du immer so traurig?», frage ich.

«Ich bin nicht traurig. Ich bin erbärmlich. Das ist ein Unterschied.»

Er schweigt einen Moment lang, und das einzige Geräusch zwischen uns ist das sanfte Schwappen von Wasser. «Denkst du, Charlie Campbell hat gelebt?», fragt sich Henry. «Bevor er starb?» Tropfen glitzern an seinen Wimpern wie Diamanten.

Ich versuche, mich auf die Frage zu konzentrieren und nicht auf den Kummer, der darin mitschwingt.

«Das hoffe ich. Manchmal kann man nichts tun, als zu hoffen.»

Henry nickt. «Ich nehme an, du hast recht.»

Ich halte seinen Drink hoch und mache einen Trinkspruch. «Auf Charlie.»

Henry lächelt leicht, als ich einen Schluck nehme, bevor ich ihm das Glas an die Lippen halte. «Auf Charlie», sagt er, dann trinkt er.

Er nimmt mir das leere Glas aus der Hand und lässt es auf den Grund sinken. Dann zieht er die Arme durchs Wasser, um uns sanft vorwärtszubewegen.

Und dann … sieht er mich einfach nur an. Voller Wärme und Freude. Meine Brille beschlägt, und ich nehme sie ab.

«Verdammt, bist du hübsch», murmelt Henry.

Instinktiv senke ich das Kinn und schaue hinunter auf seine Brust.

«Hat dir das noch nie jemand gesagt?»

Ich zucke mit den Schultern. «Nicht wirklich.»

«Hätte man aber machen sollen», beharrt er sanft. «Man hätte dir jeden Tag sagen sollen, wie hübsch du bist, innerlich und äußerlich.»

Und eine gewaltige Zärtlichkeit wallt in mir auf und legt sich um mein Herz. Nicht wegen des Kompliments, sondern wegen ihm. Dieses schönen, gebrochenen, erbärmlichen Prinzen. Hat man Henry je gesagt, wie brillant er ist? Liebenswürdig und stark, großzügig und gut? Ich glaube nicht, und das hätte man ihm sagen sollen. Jeden einzelnen Tag.

Ehe ich mich's versehe, sind wir auf der anderen Seite des Pools, am flachen Ende. Henrys Schulter streift den rutschigen, gefliesten Rand.

«Na bitte.» Er richtet sich auf, und meine Füße berühren den gefliesten Boden. «Das war doch gar nicht so schlimm, oder?»

Wir sind uns nah genug, dass ich seinen Atem riechen kann – rauchiges Holz, Whiskey und Mann.

«Nein. Gar nicht so schlimm.»

Und ich fühle mich wie in einem Nebel, als würde ich träumen. Unsere Blicke treffen sich, und Henrys Finger fährt von meiner Stirn über meine Wange hinunter zu meinem Kinn, um eine feuchte Haarsträhne zurückzustreichen.

«Sarah …», sagt er beinahe stöhnend. Er lehnt sich näher, langsam …

Und ich blinzle und drehe mich weg. Denn vielleicht hat er doch recht. Vielleicht habe ich wirklich immer Angst. Ich bewege mich zum Beckenrand, fort aus seiner Umarmung.

Ein Wasserfall ergießt sich aus meinen durchnässten Kleidern, als ich mich hochstemme, und meine Stimme zwitschert vor Heiterkeit.

«Na komm, jetzt raus mit uns.» Ich nehme ein Handtuch vom Liegestuhl, um es mir um die Brust zu wickeln, dann falte ich ein zweites auseinander und halte es ihm offen hin. Henry zögert und sieht aus, als wolle er widersprechen.

«Du hast es versprochen», erinnere ich ihn.

Er seufzt theatralisch und taucht mit den Lippen unter Wasser, um ein nasses, enttäuschtes Blubbergeräusch von sich zu geben. Aber dann klettert er, sich am Geländer festhaltend, die Leiter hoch und nimmt das Handtuch von mir entgegen, um sich damit Schultern und Arme abzutrocknen.

Ich versuche, nicht hinzusehen, aber als er sich den Bauch abreibt, fällt mein Blick tiefer – und die klare, harte Kontur der mächtigen Erektion unter seiner Badehose ist unübersehbar. Und herrlich.

Ich weiß, dass er mich beim Hinsehen ertappt hat, als er mich neckend fragt: «Bringst du mich ins Bett und deckst mich zu, Titebottum? Und gibst mir einen Gutenachtkuss ... irgendwohin?»

Ich ziehe das Handtuch enger um meine Brust und hasse es, wie prüde das wirken muss, aber trotzdem antworte ich: «Nein. Diese Ehre gebührt James.»

Er schnaubt. «Spielverderberin.»

12

HENRY

Nach unserer Nacht am Pool ist es zwischen Sarah und mir anders. Das ist mehr. Wir sind uns näher. Ich bringe sie immer noch dazu, hübsch zu erröten, aber es ist jetzt ein leichtes Rosa, das auf ihren Wangen erblüht, nicht mehr das intensive Scharlachrot, das meine ersten Neckereien hervorgerufen haben. Sie bleibt immer noch hauptsächlich für sich, um in einer Ecke oder unter einem Baum zu lesen, aber sie kommt raus, um zuzusehen, wenn wir filmen, und mehr als einmal habe ich sie beim Plaudern und Lachen mit Laura Benningson und Prinzessin Alpacca gesehen, unterstützt von Guermos Dolmetschen.

Ich habe seit dieser ersten Nacht nicht mehr in meinem Zimmer geschlafen oder es auch nur versucht. Ich dachte, die Produzenten würden mir deswegen die Hölle heiß machen, aber Vanessa erklärte mir, dass sie gar nicht davon ausgehen, dass die Kameras etwas Interessantes einfangen, die sind nur da für den Fall, dass zufällig doch etwas Gutes passiert.

Und während ich meine Tage mit Ziplining und Bungee-Jumping, Schafscheren auf einer Schaffarm und Schwimmen in heißen Quellen verbringe, jedes Mal mit einer anderen Lady – und daraufhin eine geringer werdende Anzahl von Glaspantoffeln verteile wie eine geile männliche Zahnfee –, verbringe ich meine Nächte in der seligen Hölle unerfüllter Lust.

Weil ich nicht vergessen kann, wie sich Sarah angefühlt hat, als sie sich im Wasser an mich presste, weich und nass. Sie ist beinahe ständig in meinen Gedanken.

Sie verfolgt mich in meine Träume. Und ich bin mehr als einmal schmerzhaft hart und an den süßesten und knackigsten aller Titebottums geschmiegt, aufgewacht, sodass ich jedes Quäntchen meiner Selbstbeherrschung aufbringen musste, um sie nicht im Schlaf zu bespringen.

Nachts, wenn Sarah im Bett summend ihre langweiligen klassischen Romane liest, sehne ich mich danach, diese reizenden Lippen summend um meinen Schwanz zu spüren. Wenn sie im Schlaf seufzt, denke ich daran, wie sie klingen würde, wenn sie stöhnend nach mehr verlangt. Wenn sie abwesend ihr Haar um den Finger wickelt, stelle ich mir vor, mit der Faust in diese dunklen, seidigen Strähnen zu greifen und ihr jedes schmutzige Vergnügen zu offenbaren, das ich kenne – und ich kenne viele.

Letztens war Sarah im Bad, als ich abends ins Zimmer kam. Ich stand vor der verschlossenen Badezimmertür, lauschte dem Tropfen und Rauschen von Wasser, während sie sich bewegte, sich wusch – sich berührte –, und wäre beinahe wie ein verdammter Zwölfjähriger in meiner Hose gekommen.

Das wird langsam zu einem Problem.

Aber ich ziehe es nicht in Betracht, nicht mal für einen Moment, wieder in meinem eigenen Zimmer zu schlafen. Denn der beste Teil und der härteste Teil (Achtung, Wortspiel) ist der: Nachdem wir ins Bett gegangen sind, Sarah in ihrer schlichten Baumwollnachtwäsche, wir beide unter die Bettdecke gekuschelt, um die kalte, zugige Luft auszusperren, und das Licht gedämpft ist … dann reden wir. Über Gott und die Welt und alles dazwischen.

Sie erzählt von ihrer Mutter mit ihren Blumen und Treibhäusern, von Penny mit ihren Hollywood-Träumen, ihrem griesgrämigen Boss, der sich anhört, als könnte er mit dem alten Fergus verwandt sein, ihrer Bibliothek und der ordentlichen kleinen Wohnung und ihrem einfachen, strukturierten Leben. Ich erzähle ihr von Nicholas und all dem unangebrachten Vertrauen, das er in mich hat, obwohl Sarah darauf besteht, dass es ganz und gar nicht unangebracht ist. Ich erzähle ihr von der mutigen, temperamentvollen Olive und wie sehr ich mir wünsche, sie würden nicht so weit weg wohnen. Und leise und voller Scham erzähle ich ihr von Granny und wie gründlich ich sie in letzter Zeit enttäuscht habe.

Und Sarah Titebottum, so ängstlich und schüchtern sie auch wirken mag, ist eine waschechte Optimistin. Sie hat keine Geduld für Selbstmitleid oder Bedauern, stattdessen glaubt sie wie eine kleine Dampflokomotive mit ihrem «ich schaff das schon» ans Vorankommen.

Obwohl ich mit der Geschichte in Grundzügen vertraut bin, erzählt Sarah mir aufgeregt von Lady Jane Grey, der Neuntagekönigin von England, von der sie einmal in einem Buch gelesen hat. Es war ein romantisierter Bericht darüber, wie sie sich am Ende in Guildford Dudley verliebte, den Mann, den sie auf Drängen ihrer Familie heiraten musste. Und als übelwollende Mächte Lady Jane unrechtmäßig zur Königin erhoben, war es die Liebe, die sie inspirierte, Großes für ihr Volk und ihr Land tun zu wollen. Sarahs Lächeln ist so freudig, ihr Gesicht so lebhaft, dass ich es nicht übers Herz bringe, sie darauf aufmerksam zu machen, dass die junge Lady Jane nie Gelegenheit hatte, irgendeinen ihrer Pläne in die Tat umzusetzen. Weil man ihr den verdammten Kopf abgeschlagen hat.

Sarah fragt mich nicht nach meinen eigenen Zukunftsplänen, meinen Gedanken darüber, König zu werden, und dafür bin ich dankbar, will ich doch immer noch nicht darüber nachdenken. Aber das Leuchten in ihren Augen und die Bewunderung in ihrer Stimme geben mir das Gefühl, Sarah glaubt, ich könnte gut in dem sein, für das ich bestimmt bin.

Und das ist anders als bei Nicholas. Oder Granny.

Aus Gründen, die ich nicht beschreiben kann, bringt mich die Tatsache, dass dieses reine, unverdorbene Mädchen an mich glaubt, zu der Ansicht, dass ich eines Tages selbst an mich glauben könnte.

In der zweiten Woche der Dreharbeiten beenden wir eines Abends gegen acht Uhr einen Außendreh auf dem Balkon. Sobald der Regisseur «Schnitt» ruft, wickelt sich Elizabeth um mich wie giftiger Efeu und flüstert mir die abartigen Dinge ins Ohr, die sie vor laufender Kamera mit mir tun will – bei manchen davon bin ich mir nicht mal sicher, ob die Gesetze der Physik sie zulassen.

Ich mache mich von ihr los und stürme zu meinem Zimmer. Na ja ... dem Zimmer von Sarah und mir. Aber als ich eintrete, finde ich sie dabei vor, wie sie ihre abgetragene Tasche mit ihren Büchern füllt. Es sieht aus, als wäre sie auf dem Weg zur Tür hinaus. Lässig schlendere ich zu ihrer Lesenische, stütze die Hand an der Wand hinter ihr ab und lehne mich vor.

«Und wo willst du dich denn so spät in der Nacht noch hinschleichen?»

Sie schaut zu mir hoch, den Mund zu einem amüsierten

Bogen gekrümmt. «Ich schleiche nicht, und es ist wohl kaum mitten in der Nacht, Henry.»

Sie riecht nach Süßigkeiten, und ich würde sie am liebsten ablecken. Rauf, runter und rundherum. Also tue ich so, als hätte sie gar nichts gesagt, und verfolge meinen Gedankengang weiter. So ist es ohnehin viel interessanter.

«Bist du vielleicht unterwegs zu einem heißen Date mit einem heimlichen Liebhaber? Oder vielleicht bist du Mitglied in einem Sex-Club? Gibt es da einen zwielichtigen Ort in einem finsteren Seitengässchen, den du bei jeder sich bietenden Gelegenheit besuchst, aber nicht annähernd so oft, wie du es gern würdest, wo jeder Fetisch, ganz gleich, wie abartig, gierig ausgelebt wird?»

Ich lasse meinen Blick an ihrem Körper hinunterwandern und liebkose die üppigen Kurven unter ihrem schwarzen Rollkragenpullover und den Leggins mit den Augen. «Vielleicht die Phantasie der unartigen Bibliothekarin? Oder ist es ein Rollenspiel, bei dem du eine Einbrecherin bist? Du wirst dabei erwischt, wie du das Schlafzimmer eines reichen, gutbestückten Aristokraten durchwühlst, und musst betteln: *Oh, bitte, liefern Sie mich nicht der Polizei aus, Mylord. Wie kann ich Sie nur dazu überreden? Ich würde alles tun ...*»

Zierliche Augenbrauen heben sich über die Metallfassung ihrer Brille. «Das ist ziemlich ... konkret. Scheint so, als hättest du dir schon einige Gedanken darüber gemacht.»

«Du hast ja keine Ahnung.» Ich lehne mich näher zu ihr. «Wo gehen wir denn hin, Liebes?»

«Wir?» Ihre Augen sind dunkler, die Pupillen geweitet, und ihre Brust hebt und senkt sich mit schnellen, aufgeregten Atemzügen. Ich frage mich, ob ihr das überhaupt bewusst ist.

«Ich habe ein Treffen. Mutter hat mir ihren Wagen geschickt, um mich hinzubringen. Du kannst nicht mit mir kommen, Henry.»

«Das klingt wie eine Herausforderung. Ich wette, ich könnte es schaffen.» Ich grinse genüsslich. «Soll ich es dir beweisen?»

Ihre Stimme ist leise, heiser. «Du kannst nicht mitkommen.»

Ihr Handy piepst mit der Nachricht, dass ihr Wagen draußen steht. Sie blinzelt, taucht unter meinem Arm hindurch und huscht zur Tür – und wie der Hund, der ich bin, möchte ich ihr nachsetzen.

«Was für ein Treffen?»

Sarah schlüpft in ihren Mantel. «Ein Club-Treffen.»

Und ich will gerade wieder mit dem Sex-Club anfangen und eine Schippe Schlüpfrigkeit nachlegen, doch dann ist mir plötzlich alles klar.

«Es ist ein Buchclub, nicht wahr?»

Natürlich.

Sarah nickt. «Das Treffen der Austenites alle zwei Monate.»

Ich muss mich schwer zusammenreißen, um nicht loszuprusten.

Sie wirft nur einen einzigen Blick auf mein Gesicht und bohrt mir den Zeigefinger in die Brust. Und der kleine, scharfe Körperkontakt lässt meinen Schwanz hart werden.

Das Zölibat macht mich verrückt.

«Wag es ja nicht, zu lachen.»

Ich beiße mir auf die Lippe und ertappe sie dabei, dass sie auf meinen Mund starrt.

«Die Austenites», wiederhole ich und räuspere mich. «Was machen die Austenites denn genau?»

«Charakterdiskussionen, Vorleserunden, Gemeindeveranstaltungen ... Manchmal führen wir Theaterstücke auf.»

«Klingt fesselnd. Ich war noch nie bei einem Treffen eines Buchclubs. Scheint etwas zu sein, das jeder wenigstens einmal im Leben gemacht haben sollte.»

Sie verschränkt die Arme, was ihre Brüste zusammendrückt und anhebt.

«Du würdest es hassen.»

Ich verschränke ebenfalls die Arme, und ihr Blick fällt auf meine Oberarmmuskeln. Das passiert ihr in letzter Zeit oft, der kleinen jungfräulichen Voyeurin.

«Allmählich bekomme ich das Gefühl, du willst gar nicht, dass ich mitkomme. Schämst du dich für mich? Das tut weh, Titty-bottum. Ich bin gekränkt.»

Sie lacht abschätzig. «Nein, bist du nicht. Und davon abgesehen: Du kannst nicht mitkommen. Da sind ungefähr dreißig Austenites. Sobald sie dich sehen, wird sich die Nachricht verbreiten, dass du in Castlebrook bist.»

«Oh, welches Entsetzen, weil Castlebrook ja das Zentrum der gesellschaftlichen Szene und der Medienelite ist.»

Das war Sarkasmus, für den Fall, dass ihr nicht sicher wart. Sarah ist sicher, weshalb sie hinter ihrer Brille die Augen verdreht. «Es muss sich nur einer verplappern, und die Queen weiß, dass du nicht dort bist, wo du sein solltest. Und die Produzenten wollen ohnehin nicht, dass du irgendwo hingehst.»

«Ich könnte mich davonstehlen.»

Sie bläst sich die dunklen Ponyfransen aus der Stirn.

«Dann würdest du den Affen tragen müssen.»

«Mich schrecken weder Mensch noch Affe. Aber der ist

schon ein bisschen gruselig, oder?» Ich stöhne. «Dieser verfickte James.»

Sarah äfft mich nach. «Genau, dieser verfickte James benimmt sich, als wäre es sein Job, dafür zu sorgen, dass du in Sicherheit und am Leben bleibst. Der Mistkerl.»

Hm, was sagt man dazu. Sarah kann auch Sarkasmus. Das ist sexy. Und sie hat *verfickt* gesagt, was mich daran denken lässt, sie zu ficken, auf dem Bett, dem Sofa ... Gott, *in der Nische*. Sie wäre absolut wild in der Nische.

«Ich werde mich hier zu Tode langweilen ganz allein», jammere ich, nur, um sie lächeln zu sehen. «Schätze, ich werd mir einen von der Palme wedeln. Oder ... fünf. So bin ich nun mal. Unersättlich.»

Aber die Sache ist die, diesmal ... errötet Sarah nicht. Sie sieht mich nur an, und ihre Augen werden glasig, als sähe sie eine alternative Version von mir. Eine Version, die sich einen runterholt. Und der Art nach zu urteilen, wie sie heftig schluckt und sich mit der Zunge über die Unterlippe fährt, gefällt ihr, was sie sieht.

Verdammt, das ist so heiß.

Blinzelnd reißt sie sich wieder zusammen, bezaubernd durcheinander. «Ich ... äh ... Ich muss los.»

Ich winke.

Auf halbem Weg zur Tür hinaus bleibt Sarah noch einmal stehen und dreht sich um. «Henry?»

«Hm?»

Sie zeigt mit dem Finger auf mich. «Bleib.»

Lächelnd salutiere ich ihr.

Mit schmalen Augen geht sie rückwärts durch die Tür und schließt sie hinter sich.

Und ich setze mich ganze fünf Minuten lang auf das unbequeme Sofa und denke nach. Und dann stehe ich auf.

Weil ich immer noch nicht gern tue, was man mir sagt.

Zwei Stunden später hält der Wagen vor der Concordia-Bibliothek. Ich nehme an, das ist der Ort, an dem das heilige Buchclub-Meeting abgehalten wird. Sarah hatte nicht ganz unrecht damit, dass es nicht gut wäre, wenn bekannt würde, dass ich in der Stadt bin, also habe ich ihr einen großzügigen Vorsprung gelassen und beabsichtige, mich unbemerkt hinten reinzuschleichen, um sie in Aktion zu sehen. Außerdem hatte sie recht mit dem verdammten Affen. Weshalb James fährt und der gute alte Mick auf dem Beifahrersitz sitzt.

Durch die getönte Scheibe des SUV schaue ich an dem großen elfenbeinfarbenen Gebäude hoch. Eine Bibliothek für eine Königin. Ich kann vor mir sehen, wie sie hier arbeitet, wie sie es hier liebt. Dieses beinahe magische, für Bücher gebaute Gotteshaus passt zu ihr.

Die Hauptstraße ist so gut wie ausgestorben, und vor der schwachbeleuchteten Bibliothek ist kein Mensch. Als ich Mick einen Moment später die hellen Steinstufen hinauf folge, frage ich mich: *Ist das hier schon Stalking? Überschreitet das eine Grenze?* Aber dann – scheiß drauf, ich bin ein Prinz. Für uns gibt es keine Grenzen. Das ist einer der Vorzüge.

Die Tür ist nicht verschlossen, also gehen wir hinein. Ich wusste nicht, wie unheimlich eine Bibliothek nachts ist. Groß und hallend wie ein Mausoleum. Lauschend sehe ich mich im

Erdgeschoss um. Ich gehe eine Treppe neben der Buchausgabe hinunter, an deren Fuß Licht durch die kleinen Fenster der Tür fällt. Ich spähe hindurch in einen Raum von der Größe eines Klassenzimmers, die Art von Raum, in der sich ein Bibelkreis oder Anonyme Sexsüchtige treffen könnten. Oder ein Buchclub.

Die Tür ist gerade weit genug geöffnet, damit ich etwas hören kann, aber weit genug zu, dass ich unentdeckt bleibe, wenn ich davorstehe. An die Wand gelehnt, lausche ich der bezaubernden Melodie von Sarahs unverwechselbarer Stimme. Und ich entdecke eine völlig andere Seite an ihr, eine zusätzliche Version zu all den anderen. Ich glaube nicht, dass ich je vollständig aus ihr schlau werde.

Sie klingt selbstbewusst, effizient und sicher, beinahe geschäftsmäßig. Ich frage mich, ob das an diesem Ort hier liegt, ob das ihr Territorium ist und sie deshalb hier aufblüht. Ich muss an meine Großmutter denken, wie sie in ihrem Büro ist oder wenn sie zum Parlament spricht.

Als es den Anschein macht, als würden sie zum Ende kommen, huschen Mick und ich in einen Raum nebenan. Er ist angefüllt mit seltsam riechenden Kisten, einer Tasche voller Skimasken, Dosen mit roter Farbe und Schildern. Auf einem von ihnen steht: «Freiheit für die Butterwald-Enten.»

Was zum Teufel ist eine Butterwald-Ente?

Als die letzten Bücherwürmer langsam den Flur entlangschlurfen und nur noch drei deutliche Stimmen im Raum zurückgeblieben sind – und ich weiß, zu wem diese Stimmen gehören –, lasse ich Mick draußen warten, während ich den Kopf zur Tür hineinstecke.

«Sag nicht, ich habe es verpasst? Schon vorbei? Verdammt.»

Sarahs Gesicht leuchtet auf. Ich fühle mich, als wäre ich ein bisschen betrunken.

«Henry! Was machst du denn hier?»

«Ich konnte nicht wegbleiben.» Und das ist nur zur Hälfte gescherzt.

Ein umwerfend rundes, kleines Ding mit blauen Augen und blondem Haar kommt von der anderen Seite des Raumes näher und knickst. «Wow», seufzt sie. «Wow, wow, wow.»

Das muss Annie sein. Sarah redet oft von ihr und Willard.

«Das ist Annie», sagt Sarah.

Sie ist der Typ, auf den ich normalerweise abfahren würde. Frisch und vergnügt, mit einem Ausdruck purer Heldenverehrung auf dem Gesicht. Das Komische ist, sie ist Sarahs Freundin, und diese Tatsache errichtet sofort eine Straßensperre in meinem Kopf, jegliche Anziehung verpufft.

«Und das hier», Sarah deutet auf einen kleinen Kerl in einem großen Sessel mit einer riesigen rauchenden Pfeife zwischen den Lippen, «das ist Willard.»

Willard steht nicht auf, sondern senkt den Kopf, anstatt sich zu verbeugen. Das ist nicht geziemend – aber in Anbetracht meiner eigenen Verachtung für alles Geziemende stört mich das nicht.

«Beeindruckende Pfeife», sage ich zu ihm. «Soll ich dich Sherlock nennen?»

Er grinst. «Nur wenn ich Sie Prinzessin nennen darf.»

Ich wiege den Kopf. «Ich bin mir meiner Männlichkeit sicher genug, um das auszuhalten.»

«Ausgezeichnet.»

Willard zeigt auf den Dekanter mit bernsteinfarbener Flüssigkeit auf dem Tisch neben ihm.

«Brandy? Er ist billig, aber er tut, was er soll.»

«Ja, bitte.»

Während er mir ein Glas einschenkt, zwitschert Annie: «Um Himmels willen, Sarah, als du Haverstrom gesagt hast, du müsstest dich um eine offizielle Angelegenheit für den Palast kümmern, war ich überzeugt, dass du uns alle nur an der Nase herumführst. Was für Angelegenheiten erledigt Sarah denn für Sie, Hoheit?»

«Sie hilft mir, die Palastbibliothek neu zu organisieren.» Ich lege einen Finger auf ihre Lippen, und sie fällt beinahe in Ohnmacht. «Aber das ist ein Geheimnis. Ein Überraschungsgeschenk für die Queen.»

Ich werfe einen Blick hinüber zu Sarah, die einen Stapel Blätter in einen Karton packt, und sie lächelt sanft angesichts dieser Lüge.

«Hattest du ein gutes Meeting, Liebes?», frage ich sie.

Und da ist wieder dieses hübsche rosige Erröten, obwohl ich mir nicht sicher bin, warum es diesmal auftaucht. «Ja, es ist sehr gut gelaufen.»

Ich nippe an meinem Brandy. «Eröffnet ihr das Treffen mit einem Opfer für die Buchgötter?», frage ich neckend. «Einem Tier oder einem Lesemuffel vielleicht?»

Rauch pafft über Willards Lippen, als er antwortet: «Nur dienstags.»

«Haben Sie je daran gedacht, ein Buch zu schreiben, Prinz Henry?», flüstert Annie. «Mein Exfreund Elliot hat immer gesagt, dass er eins schreiben möchte.» Willard schaut auf seine Uhr. Dann fährt Annie fort: «Sie könnten unter einem Pseudonym über die Geheimnisse hinter den Kulissen des Palasts schreiben. Oder ...», ein verschmitzter Ausdruck liegt auf Annies Gesicht, als sie zu Sarah und dann wieder zurück zu mir sieht, «es könnte auch eine sinnlichere Geschichte sein. Über eine unschuldige Jungfrau, die den wilden, weltgewandten Prinzen zähmt. Wie *Fifty Shades*, nur mit Royals.»

«Ich würd's lesen», sagt Willard schulterzuckend.

Ich auch, wenn ich so darüber nachdenke.

♛

Zurück auf Anthorp Castle, machen Sarah und ich uns bettfertig. Nebeneinander stehen wir im Badezimmer vor dem Spiegel und putzen uns die Zähne. Ich in meiner üblichen Pyjamahose und mit nackter Brust, Sarah in Baumwollhose und schlichtem Top. Heute Abend ist es ein Spaghettiträgertop, und ihre Brüste sehen phantastisch aus. Dann setzen wir uns aufs Bett. Ich nehme meine Gitarre und klimpere ein paar Töne.

«Was ist eigentlich eine Butterwald-Ente?», frage ich. «Ich habe in einem der anderen Räume in der Bibliothek Material und ein Schild gesehen, auf dem die erwähnt wurden.»

«Oh, die sind für nächsten Monat.» Sie nimmt ihre Brille ab und legt sie auf den Nachttisch. «Für die Protestaktion, die wir abhalten, damit die im Butterwald-Park eingesperrten Enten sich wieder frei bewegen können.»

«Protestaktion?», frage ich.

Sie nickt. «Die Austenites sind sehr aktiv in der Gemeinde.»

Ich lege meine Gitarre weg und lehne sie an die Wand. «Ihr seid Radikale?»

Sarah verdreht die hübschen Augen. «Sei nicht albern. Wir sind ... eine Gruppe, die es sich auf die Fahnen geschrieben hat, auf soziale Missstände aufmerksam zu machen, durch Methoden, die manchmal als leicht kontrovers betrachtet werden könnten.»

«Genau.» Ich nicke. «Radikale.»

Sarah kneift mich in den Arm.

«Au ... *gewalttätige* Radikale», necke ich sie.

Lachend wirft sie den Kopf in den Nacken, dabei fällt ihr das dunkle Haar über Schultern und Rücken. Und es ist faszinierend. Habe ich tatsächlich einmal gedacht, sie wäre unscheinbar? Ich bin ein Schwachkopf – sie ist umwerfend. Noch nie ist mir jemand wie sie begegnet.

Und ich möchte sie küssen, auf der Stelle. Und dann will ich zurück in die Bibliothek gehen, an den Ort, den sie liebt, und sie auch dort küssen. Vor ihren Freunden, vor meinen ... Gott, Nicholas würde sie *vergöttern.*

Ich will dieser Mann für sie sein.

Sie ertappt mich dabei, dass ich sie anstarre, und legt den Kopf schief. «Was ist los?»

Und plötzlich wird mein Mund trocken. Weil ich das hier noch nie getan habe. Wenn ich bisher mit einem Mädchen über Gefühle gesprochen habe, dann beinhaltete das Anweisungen oder Komplimente: *härter, fester, schneller, ja, das ist gut, genau so, hör nicht auf.*

Ich versuche zu schlucken, und meine Stimme kommt tief und rau heraus, wie bei einem schüchternen Jungen.

«Ich mag dich, Sarah. Ich mag dich sehr.»

Sie schaut mich weiter an, und ich kann zusehen, wie sich ihre großen, runden Augen verdunkeln.

«Ich ... Ich mag dich auch, Henry.»

Sie beobachtet, wie ich ihre Hand von der Bettdecke nehme

und an meine Lippen führe. Sanft küsse ich ihren Handrücken und dann jeden ihrer kleinen Fingerknöchel.

Ihr stockt der Atem, als ich ihre Hand umdrehe und mit geöffneten Lippen einen Kuss auf die Innenseite ihres empfindsamen Handgelenks drücke und ganz leicht daran sauge.

Und dann brauche ich ihren Mund. Ich kann mich nicht erinnern, wann ich das letzte Mal etwas so sehr gebraucht habe.

Vielleicht habe ich das noch nie.

Ich lehne mich vor, und Sarahs Augen schließen sich flatternd. Ich streichle ihre zarte Wange, dann lege ich meine Hand an ihren Kiefer und drücke meine Lippen auf ihre. Sie ist so weich und warm, so verdammt süß. Ich neige meinen Mund in einem anderen Winkel und vertiefe die Berührung, indem ich ein winziges Stück ihrer Unterlippe einsauge und dann mit meiner Zunge ihrer Kontur folge.

Und das ist der Moment, in dem sie sich zurückzieht, den Kopf zur Seite dreht und auf ihre Hände blickt. Sie atmet schwer, und ihre Wangen sind gerötet, und sie sieht wunderschön aus.

Und dann ... geht alles den verdammten Bach runter.

«Ich kann das nicht mit dir tun, Henry.» Noch immer hat sie den Blick gesenkt. «Ich kann nicht mit dir zusammen sein.»

«Du bist doch gerade mit mir zusammen.»

Sie schüttelt den Kopf. «Nicht auf diese Weise.»

«Natürlich kannst du das. Ich finde dich phantastisch.»

Jetzt schaut sie zu mir hoch, während Angst und Traurigkeit über ihr Gesicht zucken. «Das findest du jetzt, aber du bist ein Willoughby.»

Verwirrt kratze ich mich am Kopf. «Ist das nicht so was wie ein Känguru?»

Sie kneift die Augen zusammen und zögert. Und als sie die Worte doch ausspricht, wünsche ich mir, sie hätte es nicht getan.

«Nein, ein Willoughby. Aus *Sinn und Sinnlichkeit.* Er war der Charakter, in den Marianne sich verliebte. Er war wild und ungebärdig, selbstsüchtig und gedankenlos, und er hat sie vernichtet.»

«Sarah, das ergibt keinen Sinn.»

«Ich kann nicht mit dir zusammen sein, weil ich auf einen Colonel Brandon warte.»

«Wer zum Teufel ist Brandon?»

«Er ist ernst und vielleicht ein bisschen langweilig, aber er liebt Marianne. Er ist verlässlich und beständig, romantisch und schicklich. Das ist es, was ich will; so ist der Mann, mit dem ich zusammen sein soll.»

«Schicklich?» Ich rutsche vom Bett und marschiere auf und ab, während ich über ihre Rede nachdenke. «Nur damit ich das richtig verstanden habe: Du kannst mich nicht küssen, weil irgendein Wichser aus einem Buch namens Willoughby ein anderes Mädchen aus einem Buch namens Marianne flachgelegt hat?»

Sie schnaubt und wedelt mit den Händen. «Wenn du es so sagst, klingt es verrückt.»

«Weil es verrückt *ist*!»

Sarah ringt die Hände. «Er hat ihr das Herz gebrochen. Es hätte sie beinahe umgebracht.»

Ich schaue auf sie hinunter und spüre, wie etwas in meinem eigenen Herzen bricht. «Und du glaubst, ich würde dir das antun?»

«Ich weiß es.»

«Weil ich ein Willoughby bin?»

Ihr Kinn bebt, als sie nickt.

«Weil ich gedankenlos und selbstsüchtig und einfach nicht gut genug bin. Und weil du darauf wartest, dass jemand Besseres daherkommt.»

Sarah schüttelt den Kopf. «Das wollte ich damit nicht sagen.»

Es ist eine andere Art von Schmerz, wenn man von jemandem verletzt wird, an dem einem wirklich etwas liegt. Zuerst fängt es an zu stechen und zu brennen, dann bilden sich Blasen, und der Schmerz breitet sich in dir aus, frisst sich durch empfindsames Fleisch.

Hinterlässt ein klaffendes Loch.

Ich verschränke die Arme und grinse, als wäre mir alles scheißegal. «Wie ist denn die Aussicht aus deinem Elfenbeinturm, Sarah? Muss schön sein, alle unter dir zu verurteilen, während du selbst hoch oben und unerreichbar bist.»

Sie richtet sich im Bett auf die Knie auf. «So ist es nicht. Du liegst mir am Herzen, es ist nur ...»

«Dass ich selbstsüchtig und verantwortungslos bin. Ich hab dich schon beim ersten Mal verstanden. Du hättest dir all die Silben sparen und mich einfach ein Arschloch nennen können.»

«Henry ...»

«Ich finde, du bist ein Feigling. Siehst du, wie ich das gemacht habe? Einfach, präzise.»

Ihre Augen fliegen hoch zu meinen. Sie blinzelt, dann wendet sie den Blick ab.

«Ich bin kein Feigling. Ich ... mag mein Leben nur so, wie es ist. Ich mag ...»

Ich schlendere zu der Nische und schnappe mir das erste Buch, das ich sehe. «Du hast kein Leben. Du versteckst dich in diesem Zimmer und verkriechst dich hinter diesen Büchern. Das ist verdammt traurig.»

Sarahs Stimme ist sanft, aber fest. «Mir ist bewusst, dass ich deine Gefühle verletzt habe, aber es ist nicht nötig, grausam zu sein.»

Ich lache. «Du denkst, du hast meine Gefühle verletzt?»

«Ich nehme an, dieser Wutanfall ist ein Hinweis darauf, ja.»

«Das hier ist kein Wutanfall, das ist ein Weckruf.» Ich wedle mit dem Buch vor ihr herum. «Die hier sind nicht deine Freunde, Sarah. Es wird kein verfluchter Colonel Brandon aus den Seiten herausspringen, um dich zu lieben.»

«Das weiß ich!» Und dann folgen ihre Augen dem Buch in meiner Hand. «Henry, sei vorsichtig, es ist empfindlich.»

Und das macht mich nur noch wütender. Ihre Sorge um dieses leblose, blöde Ding.

«Siehst du mich überhaupt? Gott, ich stehe direkt vor dir, real, und anders als du lebe ich tatsächlich.» Ich fuchtle mit den Armen, dabei schlenkere ich das Buch am hinteren Buchdeckel. «Und du machst dir mehr Gedanken um scheiß Papier und Druckerschwärze!»

Und ... Ende!

Mit einem Knacken bricht der Buchrücken auseinander, und lose Seiten fliegen davon, flattern durchs Zimmer und fallen dann zu Boden wie ein Schwarm verwundeter weißer Vögel.

«Nein!»

Der Schmerz in Sarahs Stimme durchschneidet meinen eigenen, überwindet meine Wut und lässt ein Häufchen Reue zurück.

Sie fällt auf die Knie, um die Seiten zusammenzusammeln, und reißt mir das kaputte Buch aus der Hand.

«Das wollte ich nicht», sage ich leise, für den Fall, dass ihr das nicht bewusst ist.

Ihr dunkles Haar fällt ihr über die Schultern und verbirgt ihr Gesicht.

«Sarah, hast du gehört? Es tut mir leid.»

Ihre Schultern beben. Ich glaube, sie weint. Und mein Magen fühlt sich an, als wäre er voller Würmer, die sich ekelerregend krümmen und winden.

«Ich gebe dir das Geld, um es zu ersetzen. Es ist doch nur ein Buch. Ich meine ... es gibt schließlich mehr als nur eins.» Ich stammle vor mich hin wie ein verdammter Volltrottel. «War es sehr wertvoll?»

Als sie immer noch nicht antwortet, lege ich ihr eine Hand auf den Rücken. Sie fährt hoch und macht einen Satz weg von mir. Ihre Augen sind feucht und wütend und verletzt.

«Raus», zischt sie.

«Was?»

«Raus hier!», schreit sie, während sie die letzten Seiten einsammelt und dann sanft aufs Bett legt.

Unbehaglich scharre ich mit der Fußspitze über den Boden. «Das ist mein Schloss», murmle ich.

Und das bringt das Fass zum Überlaufen.

Sie versetzt mir einen Stoß, härter als erwartet. Ihre Wangen sind tiefrot, ihr Haar ist zerzaust, und ihre Augen blicken wild. Ich wäre jetzt hart wie ein Stahlbolzen, wenn ich nicht so besorgt wäre, dass ich sie wirklich verletzt habe.

«Sarah, komm schon …»

Als ich mich nicht schnell genug bewege, stößt sie mich erneut vor die Brust.

«Raus aus meinem Zimmer, du gemeiner, kindischer Bastard!»

Ich will gerade mit einer schnippischen Bemerkung kontern, doch bevor ich das tun kann, stockt ihr der Atem mit einem Schluckauf, und mir wird voller Entsetzen bewusst, dass sie sehr angestrengt versucht, nicht in Tränen auszubrechen. Ich strecke die Hand nach ihr aus. «Es tut …»

Sarah reißt die Hände hoch, schaut weg und schließt die Augen.

«Geh einfach, Henry. Bitte.»

Und da es das Mindeste ist, was ich tun kann, gehe ich.

13

SARAH

Am nächsten Tag wache ich spät auf, zumindest spät für mich. Meine Augen sind geschwollen, und mein Herz ist wund und schwer. Ich verlasse mein Zimmer erst, als ich weiß, dass er nicht mehr da ist. Ich höre den Hubschrauber für sein Date mit Cordelia. Bergsteigen oder Eisfischen oder Viehhüten oder irgendetwas ähnlich Lächerliches. Nachdem der Hubschrauber abgeflogen ist, gehe ich mit meinem armen, kaputten Buch zum Zimmer von Penelope. Sie beugt sich darüber, als wäre es ein Vögelchen mit gebrochenem Flügel, und gurrt, dass es wieder wie neu werden wird, und berührt es unglaublich sanft. Weil sie eine gute Schwester ist.

Ihr liegt nicht wirklich etwas an *Sinn und Sinnlichkeit*, aber ihr liegt etwas an mir. Sie weiß, wie viel mir dieses Buch bedeutet. Anders als ein gewisser attraktiver, herzloser Prinz, der nicht genannt werden soll.

Ich denke nicht an die sanfte Berührung seiner Lippen auf meinen, bevor alles schiefging. Ich weigere mich, mich an das Funkeln in seinen dunkelgrünen Augen zu erinnern, als er mich ansah, wie mich noch kein Mann je angesehen hat – als wäre ich etwas Kostbares, ein Schatz, den er sich mehr wünschte als seinen nächsten Atemzug. Und ich konzentriere mich definitiv nicht auf dieses wundervolle, aufregende Gefühl, das sich in meinem Bauch ausgebreitet hat. Voller Verlangen und Erregung und Freude.

All das blende ich aus und konzentriere mich auf mein armes, mitgenommenes Buch. So ist es einfacher.

Wir bitten eines der Crew-Mitglieder um Klebeband und reparieren den Schaden, so gut wir können. Dann verbringt Penny den Rest des Tages in der Maske und anschließend bei ihrem Einzelinterview auf dem «heißen Stuhl», während ich in der Schlossanlage spazieren gehe. Ich denke darüber nach, abzureisen, zurück zu meiner Wohnung und meinem Job ... und meinem Leben. Ich meine, ernsthaft, was zum Teufel mache ich hier eigentlich?

Aber es ist durchaus möglich, dass Mutter Penny dann zwingen wird, auch wieder nach Hause zu kommen. Sie hat so viel Spaß hier, und sie lernt tatsächlich ein paar Dinge über Fernsehproduktionen; sie freundet sich mit der Crew an, knüpft Kontakte. Also sitze ich einstweilen hier fest wie eine Maus in einer Falle. In einem Schloss.

Zum Abendessen nehme ich mir ein Sandwich mit aufs Zimmer und schaue die Nachrichten, anstatt zu lesen. Bei Sonnenuntergang bin ich erschöpft und schlafe früh ein.

Spät in dieser Nacht klopft es an meiner Zimmertür. Und ich hasse die Erregung, die mich durchzuckt, hasse das köstliche Gefühl in der Magengegend und das Hochschnellen meines Pulsschlags, als ich zur Tür gehe, um sie zu öffnen. Weil mein Körper weiß, wer auf der anderen Seite steht. Und dieses verräterische Ding kann es nicht erwarten, seinen Anblick in sich aufzunehmen, die Kraft seiner Anwesenheit zu spüren, die Wärme seiner Haut zu riechen. Mein Blut drängt mein Herz, zu vergeben und zu vergessen; es sagt, dass ich albern bin, dass die immer noch offene Wunde in meiner Brust nur ein Kratzer ist.

Ich hole tief Luft, als meine Hand den Türknauf berührt,

um mich gegen den überwältigenden sinnlichen Ansturm zu wappnen, den Henry Pembrook darstellt.

Er sieht müde aus. Und traurig. Und meine Wunde pocht noch schmerzhafter. Seine normalerweise fröhlich funkelnden Augen sind glanzlos und vorsichtig. Die blonden Stoppeln an seinem Kinn, die ihm sonst einen unwiderstehlichen schurkischen Charme verleihen, lassen ihn jetzt beinahe kriegsmüde wirken. Ich ziehe meinen Bademantel enger und knote den Gürtel fester, als könne mich das vor seiner Anziehungskraft schützen.

«Was willst du?»

Hinter dichten, langen Wimpern blinzelt er unschuldig. Er weiß, was er tut.

«Es ist Schlafenszeit. Ich würde gern ins Bett gehen. Oder wir können auch reden, wenn dir das lieber ist. Ich könnte dir was Sanftes auf der Gitarre vorspielen ... oder du könntest summen, während ich versuche, einzuschlafen, und ich werde mich auch kein einziges Mal beschweren, das schwöre ich.»

In seiner Stimme schwingt ein herzzerreißend hoffnungsvoller Tonfall mit, als er aufzählt, was zu unserer abendlichen Routine geworden ist. Und ich möchte ihm die Tür öffnen. Und meine Arme. So, wie ich einen kleinen Jungen in die Arme nehmen würde, dem es leidtut, mein Lieblingsspielzeug kaputt gemacht zu haben.

Aber ich tue es nicht. Aus Selbstschutz. Henry ist nicht einfach nur ein kleiner Junge, und seine Gedankenlosigkeit ist in der Lage, so viel mehr kaputt zu machen als ein Spielzeug.

Ich rücke meine Brille zurecht. «Du schläfst nicht hier, Henry.»

Er wechselt die Taktik. Und lächelt teuflisch. Verführerisch.

Er stützt sich mit der Hand am Türrahmen ab und lehnt sich vor. «Komm schon, Sarah. Es war ein Unfall. Ich habe doch schon gesagt, dass es mir leidtut. Warum machst du so viel Wind darum?»

Das ist gut. Das ist es, was ich brauche, seine Leichtfertigkeit und seinen Spott. Sie schüren meine Wut, und Wut errichtet eine stärkere Mauer als Schmerz. Seine Augen mustern meine zusammengepressten Lippen, den harten, angespannten Kiefer, die unnachgiebigen Augen, und er rauft sich die Haare.

«Das ist doch albern ... Es ist nur ein verdammtes Buch! Ich lasse dir gleich morgen früh ein neues liefern. Was willst du noch von mir? Sag es mir, dann tue ich es.»

«Egal, was?»

«Egal, was.»

Ich öffne die Tür ein bisschen weiter, lehne mich näher zu ihm und sehe ihm fest in die Augen.

«Lass. Mich. In. Ruhe.»

Er zuckt zusammen, und seine Brauen sinken hilflos herab. «Das kann ich nicht.»

Ich zucke mit den Schultern und versetze mich dabei in Miss Havishams grausamen Schützling Estella aus *Große Erwartungen* hinein. «Dann tut es dir nicht wirklich leid, nicht wahr?»

Er ballt die Fäuste und spannt sich an, als wolle er auf etwas einschlagen. Merkwürdig, aber ich habe kein bisschen Angst. Weil ich tief in meiner Seele ohne jeden Zweifel weiß, dass Henry mir niemals wirklich wehtun würde.

«Wenn du nicht vorhattest, mich reinzulassen, warum zum Teufel hast du mir dann überhaupt die Tür aufgemacht?»

Estellas Lächeln spielt um meine Lippen. «Damit ich das hier tun kann.»

Und dann schlagen Estella und ich dem Kronprinzen die Tür vor der Nase zu.

HENRY

Ich bin zurück in mein Zimmer gegangen, habe mich ins Bett gelegt und versucht, trotz des lästigen Lärms der Kameras zu schlafen – erfolglos. Der Drehplan sieht vor, dass ich den Vormittag mit Penelope verbringe, was ich als Zeichen deute, dass Gott mich vielleicht noch nicht völlig abgeschrieben hat. Weil Penelope quirlig und extrovertiert ist, und anders als ihre Schwester mag sie mich. Sie hat mich schon immer gemocht. Sie auf meiner Seite zu haben bringt mich vielleicht nicht in Sarahs Höschen – obwohl man schließlich träumen darf –, aber es könnte mir dabei helfen, wieder in Sarahs Gunst aufgenommen zu werden.

Vanessa arrangiert uns wie Beach-Barbie und Ken. «Haltet Händchen und spaziert den Strand entlang. Redet miteinander und lacht, als hättet ihr Spaß.»

Ich kann nicht glauben, dass ich je dachte, diese scheiß Show würde Spaß machen. Gott, bin ich ein Schwachkopf.

Vanessa zieht sich zurück und ruft dem Kameramann zu: «Bleib auf der Totalen. Sorg dafür, dass du den Sonnenaufgang im Hintergrund draufhast.»

Ich versuche mein Glück bei der jüngeren Titebottum-Schwester. «Ich wollte mit dir über Sarah reden ...»

«Trägst du ein Mikro?», schneidet sie mir mit eingefrorenem Lächeln das Wort ab.

«Äh ... nein. Vanessa will nur das Bild, keinen Ton.»

«Gut.» Sie schaut hinaus übers Wasser. «Dann wird niemand Zeuge davon werden, wie ich dir sage, dass du ein beschissener Mistkerl bist und dass ich hoffe, du stirbst einen qualvollen Tod.»

Gut möglich, dass Penelope mich nicht so sehr mag, wie ich dachte.

«Wie bitte?»

«Prinz hin oder her, wenn ich könnte, würde ich dir die Eier abschneiden, sie zu Pulver zermahlen, mit Wasser mischen und dich zwingen, sie zu trinken.»

Ich schlucke heftig.

«Das ist ... kreativ.»

Sie lächelt immer noch allerliebst, was den ganzen Wortwechsel umso bizarrer macht. Und verstörend.

«Seid ihr denn alle verrückt geworden? Herrgott, es ist doch nur ein verdammtes Buch!»

«Nicht für sie. Weißt du, Prinz Arschloch», fährt sie fort, «deine Familie liebt dich. Welche kranke Intrige oder welches Drama im Palast auch immer abgeht, sie lieben dich wirklich. So was hat nicht jeder. Unsere Mutter ist durchgeknallt, und unsere Familie würde es nicht die Bohne kümmern, wenn Sarah und ich eine Klippe runterstürzen und für immer verschwinden würden. So war es schon immer. Die einzige Ausnahme war unsere Tante Gertrude. Sie ist die Einzige, die sich je um uns gekümmert hat. Bevor sie starb, hat sie Sarah und mich zu sich gerufen, um uns unser Erbe zu geben, weil sie wusste, dass ihre Arschlöcher von Kindern das trotz ihres Testaments nie gemacht hätten.»

Penelopes Hand hält meine mit tödlichem Griff fest.

«Tante Gertie hat mir ihre Juwelen gegeben, weil sie fand,

dass ich hart und glitzernd bin. Sarah hat sie ihre Sammlung seltener Bücher gegeben, weil sie meinte, Sarah ist eine Träumerin. Sie hat ihr gesagt, sie könne die Bücher für ein hübsches Sümmchen verkaufen oder sie selbst behalten. Aber so oder so würde Sarah ihre Träume haben. Diese Bücher bedeuten meiner Schwester alles, und du hast eines davon in Stücke gerissen. Was dich zu einem großen, fetten, nutzlosen Arschloch macht.»

«Ich ...»

Habe keine Ahnung, was ich sagen soll. Die Chance zu antworten verstreicht, als Vanessa vor uns tritt und den Fotografen heranwinkt. «Mach davon Standfotos, Jerry. Wunderschön.»

Ohne zu zögern, dreht sich Penny zu mir um, wirft die Arme um meinen Hals, winkelt keck ein Bein hinter sich an und lächelt strahlend für die klickende Kamera.

Wie eine professionelle Psychopathin.

Verdammte Scheiße.

Am Nachmittag soll ich mit Laura ein Picknick in einem blühenden Tal machen, das wohl direkt aus diesem verdammten *Twilight*-Film stammt. Ich kann mich nicht dazu durchringen, diese durchchoreographierten Ausflüge «Dates» zu nennen, nicht mal in Gedanken. Ganz so wahnhaft ist mein Sinn für Humor nicht. Jedenfalls wird nichts aus diesem Picknick. Ich habe wichtigere Pläne.

Geheime Pläne.

Und dafür brauche ich James.

Er steht zwischen den Scheinwerfern, die Arme verschränkt, die Augen stets wachsam.

«Die Sache ist die», sage ich leise zu ihm. «Ich schleiche mich für den Nachmittag weg. Ich lasse Sie Ihre Arbeit machen, solange Sie Abstand halten und», ich zeige auf Vanessas mit Kameras gepimpten SUV, «solange Ihre Männer die daran hindern, mir zu folgen. Das hier bleibt unter dem Radar. Einverstanden?»

Er nickt knapp. «Natürlich, Sir.»

Eine halbe Stunde später ist die Mission *Von Matched türmen* erfolgreich eingeleitet. Und ich sitze im Cabrio, nur gefolgt von James, unterwegs zur Bibliothek.

♛

Ich finde Willard in den Katakomben der Concordia-Bibliothek. Sarah hat mir erzählt, dass dort die Arbeiten zur Erhaltung und Restauration durchgeführt werden. Der Raum liegt zwei Stockwerke tief unter der Erde, ist jedoch überraschend modern, hell erleuchtet und staubfrei. Eine reizende kleine alte Lady mit zu meinem Glück schlechten Augen hat mich vom ansonsten leeren Eingangsbereich hierhergeführt.

Er schaut hoch, als ich eintrete, und schiebt sich eine dicke, futuristische rote Brille auf die Stirn. «Prinzessin. Was für eine Überraschung. Was verschafft mir die Ehre?»

«Ich brauche deine Hilfe.»

Er lacht. «Oh, wie die Mächtigen gefallen sind. Herrlich. Wie kann ich zu Diensten sein?» Ich habe noch nie jemanden getroffen, der so kunstfertig mit seinem Tonfall das genaue Gegenteil von dem ausdrücken konnte, was seine Worte bedeuteten. Sarkasmus, dein Name ist Willard.

«Sarah ist sauer auf mich.»

Seine Mundwinkel heben sich leicht. «Sarah wird selten wütend, und wenn, dann hält es nie lange an. Hast du ein Hündchen getreten?»

«Nein. Ich habe eines ihrer Bücher kaputt gemacht.»

Er erstarrt. «Welches?»

Meine Eingeweide krümmen sich vor Scham. *«Sinn und Sinnlichkeit.»*

«Warum ... machst du so etwas?»

Ich reibe mir den Nacken. «Ich wollte nicht ... Ich habe die Beherrschung verloren ...»

«Raus.» Er zieht die Brille von der Stirn und wirft sie auf den Tisch.

«Nein, du verstehst das nicht ...»

«Ich verstehe vollkommen. Was du nicht zu verstehen scheinst, ist, dass Sarah meine beste Freundin ist. Die einzige, die ich habe. Ich werde dir verdammt noch mal nicht helfen. Verpiss dich.»

Er steht auf und wendet sich zum Gehen. Und ich rufe aus: «Ich habe sie verletzt!»

Das lässt ihn unvermittelt innehalten, und sein Rücken versteift sich.

«Ich habe sie nicht nur wütend gemacht, ich habe ihr schrecklich wehgetan. Sie leidet ... und ich kann es nicht ertragen, Willard.» Ich trete vor ihn. «Hilf mir, es besser zu machen. Nicht für mich, sondern für sie. Bitte.»

Willard betrachtet mich mehrere endlose Augenblicke lang. Und dann seufzt er. «Was brauchst du?»

«Ich brauche deine Verbindungen, deine Kontakte. Ich muss ein Buch finden.»

Nach einer dreistündigen Fahrt stehen Willard und ich in einem vollgestopften, staubigen Antiquariat, das sich zwischen zwei mit Brettern vernagelten Gebäuden befindet, einen Block von einem Obdachlosenlager entfernt. Unter dem argwöhnischen Blick des Ladenbesitzers begutachte ich die Ware. Es fühlt sich an wie ein Drogendeal.

«Was hältst du davon?»

«Kommt drauf an», sagt Willard um die große, geschwungene Pfeife zwischen seinen Lippen herum. «Was hältst du davon, Prinzessin?»

Ich drehe die glänzende Erstausgabe von *Sinn und Sinnlichkeit* in meinen in Latexhandschuhen steckenden Händen – darauf hat der Eigentümer bestanden. Vorsichtig blättere ich durch die jungfräulichen Seiten ... und höre dabei Sarahs leise, dünne Stimme in meinem Kopf, vom allerersten Mal, als wir uns begegneten, in diesem Pub vor über einem Jahr.

«Das Einzige, was noch besser riecht als ein neues Buch, ist ein altes.»

Ich lege das Buch weg. «Das ist nicht das richtige. Sie würde ein Buch wollen, das schon gelesen wurde, eines, das schon jemand mit Eselsohren versehen und in der Hand gehalten und seufzend darüber geschmachtet hat. Nicht eines, das sein ganzes Leben lang hinter Glas gefangen war. Sie würde ein Buch wollen, das geliebt wurde.»

Ungemein langsam breitet sich ein Lächeln auf Willards Gesicht aus. «Es besteht doch noch Hoffnung für dich.»

Um zwei Uhr morgens trete ich über die Schwelle von Anthorp Castle, erschöpft und doch triumphierend. Die Räume sind still und leer, alle meine Gäste liegen in tiefem Schlaf. Ich gehe zur Treppe, doch da kommt eine Gestalt aus dem Musikzimmer – und eine Stimme.

«Sie haben heute zwei Drehtermine verpasst.»

Die Gänge sind wohl nicht so leer, wie ich dachte.

Ich drehe mich zu Vanessa um, die immer noch ihren Hosenanzug und High Heels trägt, in der Hand einen Scotch and Soda.

«Ich hatte etwas Wichtiges zu erledigen.»

«Wichtiger als die Show?»

Ich würde ja lachen, aber ich bin zu verdammt müde dazu.

«Viel wichtiger, ja.»

Sie nippt an ihrem Drink, während sie bedächtig auf mich zukommt. «Wir brauchten diese Takes, Henry.»

«Die kriegen Sie morgen.»

Sie spitzt die Lippen, als wäre ihr Drink sauer geworden. «Sie werden um Punkt sechs Uhr früh im Speisesaal sein, fertig angezogen und bereit, mit Prinzessin Alpacca zu frühstücken, ist das klar? Ich habe schon schwierigere Talente als Sie auf Vordermann gebracht, Hoheit. Vergessen Sie das nicht.»

Ich straffe die Schultern, und meine Stimme wird leise, und ohne mich auch nur anstrengen zu müssen, klinge ich genau wie mein Vater. «Ich bin kein *Talent*, Vanessa. Und ich reagiere nicht gut auf Befehle. Das ist es, was *Sie* um Ihrer Show willen nicht vergessen sollten.»

Ich bin feige. Das sollte eigentlich keine Überraschung sein, ist es aber doch.

Und ich bin eine Idiotin. Das ist neu. Und ärgerlich.

Spät am Abend – früh am Morgen wäre zutreffender, schätze ich – liege ich im Bett, starre an die Decke und finde mich mit diesen kalten, harten Tatsachen ab. Henry hat mein Buch kaputt gemacht, und das ist schlimm, aber das ist es nicht, warum ich ihn rausgeschmissen und mich geweigert habe, ihn zu sehen. Das ist es nicht, warum ich seine Entschuldigung nicht angenommen habe.

Es ist der Kuss. Ich denke unablässig daran, egal, wie angestrengt ich versuche, ihn zu vergessen. Meine Lippen prickeln immer noch von der Erinnerung an die Liebkosung seines Mundes. Es war wunderbarer, als ich es mir je erträumt oder erhofft hätte. Mein Magen machte Purzelbäume, und mir schwirrte der Kopf, und mein Herz schlug schnell und aufgeregt, als müsste ich sterben. Und gleichzeitig fühlte ich mich lebendiger denn je. Weil ich wollte, dass er mich küsste. Ich wollte seinen Kuss erwidern. Und ich wollte nicht bei einem einfachen Kuss aufhören. Ich wollte mich an ihn drängen und seine Stärke überall spüren. Seine Arme um mich, seine großen Hände auf mir. Ich wollte den harten Druck seiner Brust an meinen Brüsten erfahren, das Gefühl seiner Hüften an meinen, während er im Bett auf mir liegt.

Ich will den Duft seiner Haut kennenlernen, das Kratzen seiner Bartstoppeln, den Geschmack seines Mundes.

Er ist nicht, was ich mir für mich vorgestellt habe. Was

das betrifft, war ich ehrlich. Henry ist wild und sorglos, aber das ist nicht alles, was er ist. Er ist auch sanft und freundlich und geduldig und großzügig und intelligent und klug … und wunderbar. Den Teil habe ich ausgelassen.

Er könnte mich vernichten; dieses Wissen ist wie eine böse Vorahnung. Es ist doch eine stetig wiederkehrende Geschichte: der unerfahrene Blaustrumpf und der von einem Bett zum nächsten wandernde Schurke.

Verflucht, ich bin ein Klischee.

Aber meinem Herzen ist das egal. Es sagt, das Risiko wäre es wert. Es bestürmt mich, dass wir doch stark genug sind, um zu überleben, auch wenn er uns enttäuscht. Marianne hat es überlebt. Wir werden unsere Scherben wieder kitten und die phantastische, zärtliche Erinnerung an eine wilde, stürmische Romanze pflegen, wie ich sie nie gekannt habe.

Mein Herz fragt mich, ob ich es nicht leid bin, so viel Angst vor dem Sprung ins Ungewisse zu haben, die Füße so fest auf dem Boden zu lassen. Stöhnend bedecke ich mein Gesicht mit dem Kissen. Und Henrys Geruch umgibt mich, erfüllt mich. Ich drücke es fester auf mein Gesicht und atme ein, um mich mit ihm zu ersticken.

Ich bin so ein Klischee.

Ich lege das Kissen weg und quäle mich aus dem Bett. Zeit, ein großes Mädchen zu sein. Ich werde ihn suchen, seine Entschuldigung annehmen und ihm meine eigene anbieten. Mit meinem Morgenmantel oder meinen Pantoffeln halte ich mich gar nicht erst auf, ich haste einfach aus dem Zimmer und trete hinaus in den Flur – direkt auf einen harten, dicken Gegenstand vor meiner Tür.

Gefühle sind etwas Rätselhaftes. Manchmal bauen sie sich

langsam auf, schwellen an wie eine Welle und brechen dann auf ihrem Gipfel über dich herein.

Aber das ist nicht das, was ich jetzt erlebe.

Als ich mich bücke, um das zerlesene, alte Buch vom Boden aufzuheben, treffen mich meine Gefühle wie eine Kugel, reißen ein Loch mitten in mich hinein. Ich lächle, während mir Tränen in die Augen steigen. Es ist wie bei diesen symbolischen Doppelmasken des Theaters – Erleichterung und Schmerz, Freude und Traurigkeit. Ich könnte sagen, dass dies eines der nettesten Dinge ist, die je jemand für mich getan hat, und das wäre die Wahrheit. Aber das ist nicht der Grund, warum mir diese Geste alles bedeutet.

Sie bedeutet mir nur deshalb so viel, weil sie von Henry kommt.

Kopfschüttelnd streiche ich mit den Fingern über die Buchstaben auf dem Titel. Und dann schlage ich das Buch auf und schnappe nach Luft.

Er hat hineingeschrieben. Eine Erstausgabe von *Sinn und Sinnlichkeit*, die die Jahrhunderte relativ unbeschadet überlebt hat, und dieser verrückte Mistkerl hat hineingeschrieben.

Natürlich.

Ich lache, während mir Tränen über die Wangen laufen, und fühle mich zittrig und verwirrt.

Jetzt kannst du einen neuen Traum träumen.

–H

Ich drücke das Buch an mein Herz, schlinge die Arme darum und nehme es mit, als ich geradewegs zu seinem Zimmer gehe. Aber er ist nicht da. Einen schrecklichen Moment lang frage ich mich, ob er ein anderes Zimmer zum Schlafen gefunden hat, vielleicht das von Cordelia oder Libby.

Und der Schmerz, der mich dabei durchfährt, raubt mir den Atem.

Aber würde Henry das tun? Und ich kenne die Antwort schon, bevor ich den Gedanken zu Ende gedacht habe.

Der Henry, den ich kenne – nicht der wilde Junge aus den Zeitungen oder der zukünftige König, der, wie meine Schwester sagte, einen ganzen Harem haben wird, sondern der Junge, der gern spätnachts flüsternd über kleine, nebensächliche Dinge spricht, der auf seiner Gitarre spielt und mir beim Summen zuhört und mit mir Spritztouren durch die Wälder macht, der Mann, der mir das Schwimmen beibringen und sichergehen will, dass ich lebe, bevor ich sterbe –, der würde es nicht tun.

Gott, ich bin so eine Idiotin.

Ich will ihn finden, ich muss ihn sehen, sofort. Zuerst sehe ich in der Bibliothek nach, im Speisesaal und im Musikzimmer, dabei höre ich das Surren der an den Wänden montierten Kameras, die mir folgen. Dann komme ich zur Küche ... und da ist er, am Tisch zusammengesunken, den Kopf auf die Arme gelegt. Seine Augen sind geschlossen, sein Mund weich und sein Kiefer entspannt.

Er sieht jünger aus so. Friedlich.

Ich habe Henry verspielt und neckend gesehen. Ich habe ihn frustriert und angespannt gesehen. Aber friedlich ist sein schönster Zustand. Ich strecke die Hand aus, um den prägnanten Schwung seiner Brauen und Wangen, Nase und Kinn nachzuzeichnen, ohne ihn tatsächlich zu berühren.

Mit einem scharfen Einatmen flattern seine langen Wimpern auf, und die dunkelgrünen Augen sehen zu mir hoch.

«Sarah?», fragt er schlaftrunken.

Ich liebe es, wie er meinen Namen sagt, warm und beruhigend wie eine kuschelige Umarmung.

«Danke für das Buch, Henry», flüstere ich. «Danke.»

Er setzt sich auf und lächelt hinreißend und zerknittert. «Es gefällt dir?»

«Ich liebe es.» Und ich hoffe, er hört die Aufrichtigkeit in meiner Stimme. «Es ist mein neues Lieblingsbuch.»

«*Sinn und Sinnlichkeit* war schon immer dein Lieblingsbuch.»

«Aber jetzt ist es aus einem noch besseren Grund mein Lieblingsbuch.» Ich strecke die Hand nach ihm aus. «Komm. Zeit, ins Bett zu gehen.»

Er nimmt meine Hand, aber als ich ihn hochziehen will, zieht er fester, und eine Sekunde später stehe ich zwischen seinen gespreizten Knien. Er schaut meine Hand in seiner an und streichelt mit dem Daumen über meine Knöchel, was ein warmes, wirbelndes Kribbeln tief in meinem Innersten auslöst.

«Mir tut leid, was ich gesagt habe.» Seine Stimme ist rau, und das Kribbeln verstärkt sich. «Ich hab es nicht so gemeint.»

«Mir tut es auch leid. Ich denke nicht, dass du selbstsüchtig oder gedankenlos bist.» Die Worte sprudeln aus mir heraus, es gibt so viel, das ich sagen will. «Ich denke nicht, dass du ein Willoughby bist. Ich glaube nicht, dass du mir wehtun würdest.»

«Ich habe dir schon wehgetan.»

Es bricht mir das Herz, nicht um meinetwillen, sondern um seinetwillen. «Nur weil ich dir zuerst wehgetan habe.»

Seine Mundwinkel heben sich, und er nickt leicht. «Du bist … mir wichtig geworden, Sarah. Ich mache viel kaputt, das habe ich schon immer. Das hier will ich nicht kaputt machen.»

Was für ein merkwürdiges Paar wir doch sind. Der traurige Junge und das ängstliche Mädchen.

Ich sehe ihm in die Augen und lege ihm die Hände auf die Schultern. «Ich werde nicht zulassen, dass du es kaputt machst.»

«Dann sind wir Freunde?», fragt er. «Ich bin normalerweise ziemlich gut darin.»

Ist es das, was ich wirklich sein will? Eine Freundin für Henry?

Wieder kenne ich die Antwort schon, bevor ich den Gedanken zu Ende gedacht habe. Und die Antwort ist nein. Aber damit kann ich nicht einfach herausplatzen. Ich war noch nie gut im Reden, und ich kann mir nicht vorstellen, wie das diesmal anders sein könnte. Mein Magen rumort bedrohlich.

Ich muss das gründlich durchdenken, die Worte genau richtig anordnen. Herausfinden, was Elizabeth Bennet gesagt hätte, wenn sie die Rede hätte halten müssen anstelle von Mr. Darcy.

Also nicke ich. «Ja, natürlich sind wir Freunde.»

Mist, Mist, Mist.

HENRY

Wir gehen ins Bett, schlafen jedoch beide nicht. Ich weiß nicht, wie es bei Sarah ist, aber ich bin einfach zu erleichtert darüber, wieder in ihrer Nähe zu sein. Aufgeregt. Es ist wie Weihnachten, nachdem du deine Geschenke aufgemacht hast und genau das bekommen hast, was du dir über alles gewünscht hast. Danach will niemand schlafen. Man will dieses wunderbare neue Spielzeug einfach nur weiter anfassen und halten und ansehen.

«Fandest du mich albern, weil ich mich wegen eines Buchs so aufgeregt habe?», fragt sie mich. Sie liegt auf dem Rücken und schaut an die Decke.

Ich hebe den Arm und zeige ihr das Gliederarmband aus Platin, das von meinem Handgelenk baumelt.

«Das hat mir meine Mutter geschenkt, als ich acht war. Ich nehme es nie ab. Ich besitze einen Maserati und ein paar Kronen, aber das hier ist mir das Teuerste überhaupt. Ich weiß, was ideeller Wert ist.»

Mit einem Seufzen dreht sie sich zu mir um, die Hände unter die Wange geschoben. Es ist meine Lieblings-Sarah-Pose, die perfekte Mischung aus verdammt sexy und unschuldig.

Und ich möchte sie so sehnlich küssen, dass meine Lippen pochen.

«Ich habe überreagiert, aus ... mehreren Gründen. Ich werde versuchen, das nicht mehr zu tun. Von jetzt an sollte ich mir wahrscheinlich zuerst vorstellen, was deine Großmutter tun würde. Sie ist so eine starke Frau, ein sehr gutes Vorbild. Ich kann mir nicht vorstellen, dass sie wegen irgendetwas weinen würde.»

«Ich habe sie einmal weinen sehen.»

Sarah rückt näher, dabei berührt ihr Unterschenkel unter der Decke kurz meinen. «Wirklich? Wann?»

Ich lege den Kopf auf meinen Unterarm und schaue zur Decke, während ich daran zurückdenke. «Nachdem das Flugzeug meiner Eltern abgestürzt war ..., dauerte es ein paar Tage, bis das Wrack gefunden wurde. Erinnerst du dich noch?»

Sie nickt stumm.

«In diesen Tagen hatte ich Zeit, um nachzudenken ... um mir eine kleine Geschichte auszudenken. Ich hatte schon immer eine blühende Phantasie. Also habe ich nicht geglaubt, dass sie tot sind, selbst nachdem ihre Leichen gefunden wurden. Ich hielt es für einen Trick, die böse List eines gegnerischen Landes, das sie gefangen hielt. Oder vielleicht war es einfach nur ein Irrtum.»

Ein trauriges Lächeln spielt um meine Lippen, als ich mich an den kleinen Jungen erinnere, der ich damals war. Trotz der giftigen Atmosphäre, die uns umgab, trotz der Komplikationen, die ein wesentlicher Bestandteil dessen sind, was wir darstellen, haben meine Eltern sehr gut dafür gesorgt, mich vor allem abzuschirmen. Zu beschützen. Und dadurch war ich, anders als mein zynischer älterer Bruder, mit zehn Jahren noch hoffnungsvoll und optimistisch.

Noch jung – und tragisch unschuldig.

«Ich stellte mir vor, dass sie irgendwo auf einer einsamen Insel waren und darauf warteten, dass wir sie fanden. Ich stellte mir meinen Dad mit einem langen, struppigen Bart vor, wie er aus Palmblättern und Ästen ein Baumhaus für sie baute. Und meine Mum, sie würde kleine Teetassen aus Kokosnussschalen basteln.»

Sarah lächelt sanft. «Wie *Robinson Crusoe*.»

«Ja.» Ich räuspere mich, um das Kratzen in meiner Kehle loszuwerden. Weil dieser Teil schwerer wird. «Ich war mir sicher, wenn ich nur die Leichen sehen könnte, dann könnte ich die Wahrheit aufdecken. Alle davon überzeugen, dass wir weiter nach ihnen suchen mussten. Also ließ ich mich vom Chauffeur zur Leichenhalle fahren.»

Denn auch wenn ich noch ein Knirps war, trug ich einen

alten Titel vor meinem Namen, und es gab keinen Fahrer oder Bediensteten, der auf den Gedanken gekommen wäre, sich mir zu widersetzen.

«Ich schaffte es fast in die Kühlkammer, in der die Überreste aufbewahrt wurden. Da waren natürlich Wachen, aber sie waren alle bereit, mich eintreten zu lassen. Bis auf die Ärztin. Dr. Ramadi war die Chefpathologin, diejenige, der die VIP-Fälle anvertraut waren, Staatsoberhäupter und dergleichen. Und sie stand vor dieser Tür wie Gandalf, der Graue, mit einem Klemmbrett anstelle eines Stabs. Und sie weigerte sich, mich durchzulassen. Ich war rasend vor Wut. Ich stampfte mit dem Fuß auf wie ein arrogantes kleines Arschloch und sagte zu ihr: ‹Ich bin Prinz von Wessco – *Ihr* Prinz –, also gehen Sie mir aus dem Weg.› Und sie starrte mir direkt ins Gesicht und sagte: ‹Sie sind noch ein Kind, Hoheit. Und Ihre Mutter und Ihr Vater sehen nicht mehr aus wie sie selbst. Ich werde nicht zulassen, dass Sie sie so in Erinnerung behalten.› So standen wir uns mehrere Minuten lang gegenüber, bis die Queen durch die Tür kam. Ich weiß nicht, wer sie gerufen hatte, aber ich erinnere mich noch, dass ich dachte, wie müde sie aussah. Die Queen wirkte nie erschöpft, aber in jener Nacht war sie es. Dr. Ramadi ging, und meine Großmutter fragte mich, was um alles in der Welt ich mir dabei gedacht hätte. Und ich erzählte ihr alles von meiner Theorie, der Insel und den Teetassen, einfach alles. Und während ich das tat, löste sich meine mühsam aufrechterhaltene Fassung auf; das Sprechen fiel mir schwer. Schließlich flehte ich nur noch: ‹Bitte, Granny. Sie sind irgendwo da draußen, das weiß ich. Bitte hilf mir, Granny.›»

Ich halte einen Moment lang inne, die Worte hallen in meiner Erinnerung nach, ich spüre den Schatten der Übelkeit, die mir damals die Eingeweide zusammenpresste.

«Und dann hat sie mich umarmt. Richtig umarmt. Das war das erste Mal – das einzige Mal –, dass sie das je getan hat. Ihre Arme waren so stark. Sie drückte mein Gesicht an ihre Brust und streichelte mir übers Haar, und sie sagte: ‹Oh, mein lieber Junge, ich würde alles dafür geben ... aber sie sind fort, Henry. Sie sind fort.› Dann hat sie geweint. Das haben wir beide.»

Ich spüre Sarahs Hand an meiner Wange, und ihr Daumen streichelt mich. Ihr Gesicht, so nah an meinem, und ihre schönen Augen, glänzend und traurig. «Es tut mir so leid, Henry.»

Ich nicke. Dann erzähle ich die Geschichte zu Ende.

«Später fand ich heraus, dass die Queen Dr. Ramadi für das gedankt hatte, was sie getan hatte. Und dann ... hat sie sie umgehend gefeuert.»

Sarah schnappt nach Luft. «Was? Aber warum?»

«Das Gleiche habe ich sie auch gefragt. Und meine Großmutter hat mir geantwortet: ‹Widerspruch wird nicht toleriert. Du hast Dr. Ramadi einen Befehl gegeben. Und der Befehl eines Prinzen muss immer befolgt werden. Selbst wenn er sich irrt.› Und dann sagte sie: ‹Also achte darauf, welche Befehle du gibst, mein Junge. Auf die eine oder andere Weise werden sie Konsequenzen haben.›»

Sarah stößt heftig den Atem aus, was in den Haaren auf meiner Brust kitzelt. «Wow. Das ist ... Das ist ... heftig.»

Mein Mund verzieht sich zu einem Schmunzeln. «Stimmt.» Ich streiche ihr eine Strähne ihres seidigen Haars hinters Ohr. «Und das, Liebes, ist der Grund, warum wir alle so königlich verkorkst sind.»

14

HENRY

Die Show geht weiter. Sie ist immer noch eine Ablenkung, immer noch unterhaltsam und verdammt noch mal viel besser als Albträume und nachts allein in der Bibliothek zu sitzen und langweilige Einzelheiten und Gesetze durchzugehen und mir den Kopf darüber zu zerbrechen, wie tief genau der Abgrund sein wird, in den ich mein Land mit Sicherheit steuern werde, wenn man mich tatsächlich jemals König werden lässt.

Aber ... bei *Matched* mitzumachen hat sich als völlig anders herausgestellt, als ich es mir ausgemalt habe. Inzwischen lasse ich Vanessa aussuchen, welche Ladys ich nach Hause schicken soll – weil es mich nicht wirklich kümmert. Trotz all der schmutzigen Sex-Phantasien, die ich glaubte, ausleben zu können, als das hier anfing, bin ich an keiner der Ladys mehr interessiert.

Na ja, das stimmt nicht ganz. Ich bin nicht mehr daran interessiert, den Teilnehmerinnen das Hirn rauszuvögeln – nicht mal ein bisschen. Eine bestimmte *Schwester* einer Teilnehmerin allerdings ... Das ist eine andere Geschichte.

Ich schicke mehrere nach Hause – einschließlich Libby und Jane Plutorch. Jane reagiert vorhersehbar, was bedeutet, sie zeigt überhaupt keine Reaktion. Prinzessin Alpacca und Guermo brennen gemeinsam durch und heiraten in einer heimlichen Zeremonie, von der wir erst erfahren, als wir es in den

Zeitungen lesen. Vanessa ist begeistert. Das wird großartige Publicity, wenn die Show ausgestrahlt wird, sagt sie.

Nach einer weiteren Woche sind nur noch vier übrig: Cordelia, Laura, Elizabeth und Penny. Eines Morgens drehe ich Szenen mit Laura unten am Strand. Wir sollen im Sand sitzen und kuscheln, gemeinsam nach Muscheln suchen. Es sollte alles schrecklich romantisch sein.

Aber es ist nichts Romantisches daran, Sand auf den Eiern zu haben.

Während das Wasser über meine Beine schwappt, schaue ich den Strand entlang und entdecke Sarah in ihren schlabbrigen Workout-Klamotten, wie sie ihre Aikido-Übungen macht. Und Laura ertappt mich dabei, dass ich starre.

«Sie ist ziemlich reizend, nicht wahr?», fragt sie neben mir.

Ich kneife die Augen zusammen und nicke.

«Wer auch immer sie für sich gewinnt, hat wirklich Glück.»

Ihre Bemerkung verstärkt das hohle Gefühl in meiner Brust.

«Ja.» Ich ringe mir ein Lächeln ab. «Glück.»

«Henry ...»

Bevor sie weitersprechen kann, fährt ein Golfwagen heran, und Vanessa Steele springt heraus.

«Wir haben ein Problem. Da sind ein paar Gäste für Sie unten am Tor. Sie sollten da hin und das klären.»

Gäste? Wer würde denn hierherkommen?

Ich springe in den Golfwagen und fahre hinunter zum Haupttor. Gerade rechtzeitig, um zu hören, wie Franny Barrister, die Gräfin von Ellington, einen armen, ahnungslosen Security-Mann von *Matched* zur Schnecke macht.

«Erzählen Sie mir nicht, wir können nicht reinkommen, Sie Pferdearsch! Wo ist Henry? Was haben Sie mit ihm gemacht?»

Simon, der beste Freund meines Bruders, sieht mich näher kommen, und seine strahlend blauen Augen leuchten. «Da ist er ja.»

Ich nicke der Security zu und öffne das Tor.

«Simon, Franny, was macht ihr denn hier?»

«Nicholas sagte, du hast dich nicht gut angehört, als er das letzte Mal mit dir gesprochen hat. Er hat uns gebeten, nach dir zu sehen», erklärt Simon.

Franny mustert mich genauestens von oben bis unten. «Er sieht nicht betrunken aus. Und er hat sich eindeutig nicht an den Deckenbalken aufgehängt. Das ist mehr, als ich erwartet hatte.»

«Danke für das Vertrauen.»

Simon schaut über das Gelände, auf die herumlaufenden Crew-Mitglieder und Zelte. «Was zum Teufel geht hier vor, Henry?»

Ich räuspere mich. «Also ... Die Sache ist die ... Irgendwie ... filme ich hier im Schloss eine Reality-Dating-Show fürs Fernsehen, und wir haben mit zwanzig Frauen angefangen, und jetzt sind es nur noch vier, und wenn es vorbei ist, bekommt eine von ihnen ein Diamant-Diadem und wird meine Verlobte. Jedenfalls in der Theorie.»

In meinem Kopf klang es so viel besser als laut ausgesprochen. «Erzählt bloß Nicholas nichts davon.»

Simon reibt sich mit der Hand übers Gesicht. «Na großartig. Jetzt darf ich seine Anrufe nicht mehr annehmen. Ich bin furchtbar im Hüten von Geheimnissen.»

Und Franny bricht in perlendes Gelächter aus. «Das ist ja fabelhaft! Du enttäuschst uns wirklich nie, du unartiger Junge.» Sie tätschelt meinen Arm. «Und keine Sorge, wenn die Queen dich aus dem Palast wirft, dann werden Simon und ich dich adoptieren. Nicht wahr, Darling?»

Simon nickt. «Ja, wie einen herrenlosen Hund.»

«Gut zu wissen.» Dann deute ich auf ihr Auto. «Nun ... es war schön, dass ihr vorbeigeschaut habt.»

Simon schüttelt den Kopf. «So leicht wirst du uns nicht los, Kumpel.»

«Ja, wir bleiben, definitiv.» Franny klatscht in die Hände. «Das muss ich mir ansehen!»

Na, großartig.

Ich führe Simon und Franny im Schloss herum und mache sie mit den Regeln und den Teilnehmerinnen bekannt. Als wir den großen Saal betreten, wo sich ein Großteil der Crew versammelt hat, weichen Cordelia und Elizabeth vor Franny zurück wie Schlangen, die einer Kobra Platz machen. Früher war Franny die Königin der Zicken, aber seit sie sich in Simon verliebt hat, ist sie viel netter.

Sie schaut zum Treppenabsatz am oberen Ende der Treppe.

«Interessant. Sind das die Titebottum-Schwestern?», fragt sie. «Penelope und Sarah?»

Meine Stimme wird unwillkürlich weicher, als ich zu ihnen hinaufsehe. «Ja. Kennst du sie?»

Frannys Miene wird nüchtern. «Ich hab viel von ihnen gehört. Ziemlich viel.»

«Gut. Vielleicht könntest du dich ein wenig um Sarah kümmern. Sie ist furchtbar schüchtern, und du bist ... das nicht. Ich versuche seit geraumer Zeit, sie aus ihrem Schildkrötenpanzer herauszubekommen.»

«Jeder weiß doch, die beste Art, eine Schildkröte aus ihrem Panzer herauszubekommen, ist, ihr einen Finger in den Arsch zu stecken. Hast du das schon mal versucht?»

Ich schnaube. «Das würde ich, wenn ich dürfte, glaub mir.»

Sie seufzt. «Hm. Also gut, dann werde ich mich dem schüchternen Schätzchen mal vorstellen.»

Mit klappernden Absätzen geht sie die Treppe hoch.

Ich sehe zu, wie das Trio Höflichkeiten austauscht, dann hakt sich Franny bei Sarah unter. «Ich mag dich jetzt schon. Lass uns beste Freundinnen werden.»

Als der Nachmittag in den Abend übergeht, machen sich Penny, Elizabeth, Laura und Cordelia auf den Weg nach oben, um sich zum Abendessen umzuziehen, und Sarah folgt ihrer Schwester. Anscheinend ist es ein Gruppen-Date-Abend. Es wird gedreht, während ich mit allen vier Ladys essen gehe, um «Leben in die Bude zu bringen», wie Vanessa es ausdrückt.

Simon und Franny unterschreiben Papiere, für den Fall, dass sie gefilmt werden. Bevor die Kameras laufen, kommt Sarah die Treppe runter. Ihr Haar ist offen und glänzend und lockt sich an den Spitzen. Sie trägt ein elegantes, figurbetontes Cocktailkleid aus Seide, und ich verliere kurzzeitig die Fähigkeit zu sprechen. Granny wäre so zufrieden. Sie sieht wunderschön aus, andererseits sieht sie selten anders aus als wunderschön. Der Grund, warum ich stumm geworden bin, ist, dass Sarah diesmal statt ihrer typischen schwarzen Kleider … Rot trägt.

Rubinrot.

Die Farbe wärmt ihre Haut und bringt das Gold in ihren Augen zur Geltung.

«Wow», flüstere ich.

Sie lächelt mit rosigen Wangen und streicht sich nervös über den Bauch. «Danke. Das gehört Penny. Franny hat mir dabei geholfen, es schnell ein wenig abzuändern. Hast du gewusst, dass sie nähen kann?»

«Franny ist eine Frau mit vielen Facetten.»

«Ja.»

Dann bin ich plötzlich derjenige, der nervös ist. «Was ist der Anlass? Ein heißes Date?»

Sarah schluckt und schaut hoffnungsvoll zu mir hoch. «Nein. Ich dachte nur, es wäre vielleicht an der Zeit ... etwas Neues auszuprobieren.»

«Neu steht dir wirklich gut.»

Sie wirkt, als wolle sie noch etwas sagen, aber dann ruft der Regisseur zum Drehbeginn. Sarah zieht sich an den Rand des Sets zurück, während Penelope die Treppe herunterkommt, die Schultern zurück, die Brust raus und das blonde Haupt hoch erhoben, in einem schönen, kleinen royalblauen Etwas.

Als sie am Fuß der Treppe ankommt, verbeuge ich mich und küsse ihr die Hand. Penny kichert für die Kameras, dann nimmt sie ihren Platz nahe der Tür ein.

Als Nächste kommt Laura die Treppe herunter, in einem zartrosa Kleid mit rauschendem Rock. Sie sieht besser aus als noch vor ein paar Wochen. Ihre Wangen sind voller, und ihre Blässe ist fast verschwunden. Sie gibt mir einen Kuss auf die Wange, und ich revanchiere mich.

Und auch wenn Penny und Laura umwerfend schöne Frauen sind, wandert mein Blick immer wieder zu Sarah hinüber, die mit Franny und Simon plaudert.

Ich kann nicht aufhören, sie anzusehen.

Dann entsteht Unruhe auf dem Treppenabsatz, als Cordelia und Elizabeth auftauchen.

Sie tragen beide genau das gleiche Kleid.

Unter Frauen, besonders unter vornehmen Ladys, ist das eine Todsünde. Man kann ihren Mann vögeln und ihre Mutter beleidigen, aber man trägt besser nicht ihr verdammtes Kleid. Cordelia und Elizabeth haben es nicht sofort bemerkt, aber man erkennt genau, in welchem Moment es ihnen auffällt, denn gleich darauf fangen sie an zu kreischen und einander die Haare auszureißen.

Vanessa Steele beobachtet das Drama entzückt und sieht dabei aus wie ein Kind in einem Süßigkeitenladen an Weihnachten.

Das Restaurant ist ein kleines, zwangloses Pub, gemütlich wie das Goat, aber gehobener, mit einer kleinen Bühne an einem Ende. Es ist voll, fast jeder Tisch ist besetzt, und Gesprächslärm liegt über dem Raum wie statisches Rauschen. Die Reaktionen der Gäste auf mich sind … ungewöhnlich, seltsam. Sie schauen flüchtig in meine Richtung, setzen dann aber ihre Unterhaltungen fort, als wären sie nicht überrascht, dass gerade ein Prinz zur Tür hereingekommen ist, als wüssten sie, dass sie mich nicht bemerken sollen. Und sie sehen überhaupt nicht auf die Kameras.

«Wer sind diese Leute?», frage ich Vanessa, als wir unsere Plätze einnehmen.

«Statisten. Amerikanische Statisten, die wir heute Morgen eingeflogen haben, aber das Publikum wird das nicht merken.» Sie wackelt mit den Fingern. «Die Magie des Fernsehens.»

Ich sitze mit den Mädchen an einem Tisch, auf den sich die Kameras richten, während ein paar der anderen Crew-Mitglieder sowie Sarah, Simon und Franny einen Tisch weiter Platz nehmen.

Ich bestelle Drinks für uns alle – Tequila. Drei Runden später spielen Elizabeth und Penelope ein Trinkspiel. Als die Drinks nicht schnell genug nachkommen, wetten sie stattdessen. Der Verlierer muss auf diese kleine Bühne und sich die Seele aus dem Leib singen.

Penny verliert. Und dann fängt sie an, auszuflippen. «Oh mein Gott, oh mein Gott, ich kann nicht singen ... Ich bin eine grauenhafte Sängerin ... Ich kann nicht im Fernsehen singen. Ich werde mich blamieren. Vielleicht kann ich stattdessen tanzen, eine flotte Stepptanznummer?»

«Nein.» Cordelia zeigt mit dem Finger auf sie. «Wir haben gesagt, singen. So war es abgemacht. Wenn du kneifst, dürfen wir dir die Haare abschneiden.»

Penny runzelt die Stirn und greift sich besorgt an die Kopfhaut.

«Niemand schneidet meiner Schwester die Haare ab.»

Überrascht richten sich alle Augenpaare auf den Nachbartisch. Denn die Stimme ist fest und halb drohend. Sarah. Ich frage mich, ob das zu ihrem Entschluss, was Neues auszuprobieren, gehört.

Sarah starrt Cordelia fest in die Augen. «Ich werde da raufgehen und für sie singen.»

«Du?», sagt Cordelia spöttisch. «Du kannst doch kaum sprechen. Außerdem ist das ohnehin gegen die Regeln.»

Sarah gibt nicht klein bei, nicht mal ein Stückchen. «Die Regeln haben sich geändert», sagt sie und steht auf.

Gut gemacht.

Mit gehässig verzerrtem Gesicht schüttelt Cordelia den Kopf. Dann nimmt sie ein Glas, streckt den Arm aus und lässt es auf den Boden fallen, wo es zerspringt.

Als nichts passiert, als Sarah sie einfach nur weiter verächtlich ansieht, statt in Ohnmacht zu fallen, verblasst das boshafte Selbstvertrauen in Cordelias Augen.

«Das solltest du aufkehren», sagt Sarah im Vorbeigehen. «Jemand könnte sich verletzen.»

Franny schnalzt mit der Zunge. «Das viele Arschficken hat dich zu einer fiesen Zicke gemacht, Cordelia. Du solltest endlich mal das Siegel brechen. Würde deiner Einstellung vielleicht guttun.»

Habe ich schon erwähnt, dass ich Franny verdammt noch mal liebe?

Aber ich konzentriere mich auf Sarah in ihrem kleinen roten Kleid auf der Bühne. Sie murmelt vor sich hin und verknotet die Finger und sieht allgemein so aus, als werde sie gleich umkippen oder sich auf die Schuhe kotzen.

Ich stehe auf und gehe zu ihr. «Wie geht's uns denn so? Wird das hier Davey 2.0?»

Ihr Hals bewegt sich, als sie schluckt. «Wahrscheinlich. Ich weiß nicht, was ich mir dabei gedacht habe.»

«Du hast vermutlich gedacht: *Ich helfe meiner Schwester.*»

Sarah schaut über die Leute, die sie noch nicht wirklich bemerkt haben. Ihre Augen sind geweitet und dunkel, ihr Gesicht wird mit jeder Sekunde blasser.

Und sie flüstert: «Ich kann das nicht, Henry.»

Ich entknote ihre Finger. «Doch, du kannst. Ich werde die ganze Zeit über genau hier sein.»

Ihre Augen richten sich auf mich, und ich zwinkere ihr zu. Dann ziehe ich einen Stuhl heran und nehme die Gitarre, die an der Rückseite der Bühne lehnt, prüfe die Saiten und stelle die Lautstärke ein.

Der Raum wird ruhig, alle schauen erwartungsvoll her.

Sarah holt tief Luft und schließt die Augen, kneift sie aber nicht angstvoll zusammen, sondern wirkt so sanft, als würde sie träumen. Und ich spiele die ersten Noten, leise und traurig und gleichmäßig.

Es ist *Hallelujah*.

Und dann fängt sie an zu singen, und ich bin so verdammt stolz auf sie, dass ich einen Berg erklimmen möchte, nur damit ich es vom Gipfel hinunterrufen kann. Sarahs Stimme ist klar und quälend schön. In diesem Moment verliebt sich jede Person im Publikum in sie. Und als sie davon singt, vor Gott zu stehen, mit nichts auf ihren Lippen als einem Hallelujah, verliebe auch ich mich ein bisschen in sie.

Als sie zu der Stelle kommt, bei der ich annehme, dass es um Sex geht – sich in ihr zu bewegen –, öffnet Sarah die Augen, aber sie sieht nur mich an. Und es ist, als nähme ihr durchdringender Blick meine Seele gefangen. Dann schließt Sarah die Augen wieder und beendet das Lied, wie es beendet werden sollte: ergreifend und unverhohlen, mit Emotion in jeder Silbe.

Als ihre Lippen sich schließen und die letzte Note immer noch in der Luft nachklingt, bringt die kleine Sarah Van Titebottum den Saal zum Toben.

Die Nacht ist noch nicht zu Ende – nicht mal ansatzweise. Als wir zurück zum Schloss kommen, hat Vanessa eine Überraschung parat. «Ich fand, wir müssten den Spaßfaktor hier mal ein wenig hochschrauben, also ... feiern wir eine Party.»

Sie führt uns in den großen Saal, wo – heilige Scheiße – Bartholomew Gallagar, Hannibal Lancaster, Sam Berkinshire und noch ungefähr ein halbes Dutzend mehr meiner besten Kumpel und alten Schulkameraden warten.

«Überraschung! Viel Spaß, Henry.»

Emily, die Moderatorin, stellt unsere neuen Gäste vor, ein launiges Intro für die Kameras, die immer noch laufen, laufen, laufen. Und dann begrüße ich die Jungs, klopfe ihnen auf den Rücken und schenke Drinks ein.

Nicholas verabscheut Lancaster, aber ich fand immer, dass man mit ihm eine Menge Spaß haben kann.

«Hast du ein Glück, du Wichser», sagt er zu mir, während er den Blick durch den Saal schweifen lässt. «Hast du sie schon alle gevögelt, oder gehst du's langsam an?»

Sarah blickt über ihre Schulter, weil sie Hannibal gehört hat, und runzelt über das, was er gesagt hat, die Stirn. Er wirft das braune Haar zurück und scheint Cordelia ins Auge zu fassen. «Einer Jungfrau hab ich es schon seit Jahren nicht mehr besorgt. Wenn noch welche übrig sind, sag mir, wo.»

Ich lege ihm die Hand auf die Schulter, doch da entsteht

plötzlich Unruhe in der Nähe der Tür ... weil Sam gerade Elizabeth entdeckt hat.

«Lizzy?», fragt er erstickt. «Was zum Teufel machst du hier?»

Und Elizabeth lässt die Hölle losbrechen.

«Fick dich, Sam! Du hast kein Recht, mir Fragen zu stellen, du untreues Arschloch!»

Ich drängele mich durch die Menge zu ihnen hinüber.

«Henry?» Und da liegt so viel Anklage in diesem einen Wort.

«Es ist nicht so, wie es aussieht. Ich kann das erklären.»

Aber Elizabeth kommt mir zuvor. «Warte einfach, bis die Show ausgestrahlt wird, dann kann jeder, den du kennst, dabei zusehen, wie ich es mit Henry treibe.»

Das ist nicht wahr, aber der Schmerz, der über Sams Gesicht zuckt, scheint ihr einen Kick zu geben.

«Hol dir einen großen Eimer Popcorn und schau es dir mit deiner Granma an», zischt Elizabeth.

«Willst du damit sagen, dass du meine Granma nicht ausstehen kannst?», fragt Sam gebrochen.

«Ich sage, ich kann *dich* nicht ausstehen!», kreischt Elizabeth mit fliegenden Haaren wie Medusa.

Sam fährt zu mir herum. «Ich werde dir die Eier abreißen!»

Abwehrend hebe ich die Hände. «So ist es nicht, Sam.»

Dann stürzt er sich mit einem Brüllen auf mich.

SARAH

Henry sieht glücklich aus. Na ja, jetzt zumindest. Nachdem er und Sam Berkinshire sich ein wenig auf dem Boden herumgerollt haben, hat die Security sie getrennt. Sam hat

Elizabeth geschworen, dass die Dinge, die sie gefunden hat, die Kondome und so, Dinge waren, die er für sie gekauft hatte, um sie mit ihr zu benutzen. Dann hat er gestanden, dass er die Höschen … für sich selbst gekauft hat.

Das hatte ich nicht kommen sehen. Und Elizabeth auch nicht, wie es scheint. Sie hat ihm nicht geglaubt und weigert sich immer noch, mit ihm zu reden.

Aber Henry lacht, scherzt und redet mit allen im Raum. Er ist umringt von Leuten, sowohl Männern als auch Frauen, und sie erzählen sich Geschichten über seine Eskapaden mit den Jungs, als sie zusammen im Internat waren. Das Lachen ist laut und reichlich und echt. Er steht im Mittelpunkt der Aufmerksamkeit, und er genießt es, reckt sich und blüht auf wie eine Pflanze in der Sonne.

Dann werden Instrumente hereingebracht. Henry schnappt sich seine Gitarre, und Sam zieht eine Mundharmonika aus der Tasche. Und wie es scheint, spielt Simon Barrister, der Graf von Ellington, Schlagzeug. Seine Frau Franny, seine reizende, lebhafte Frau, sieht ihm aufmerksam, ehrfurchtsvoll dabei zu, bereit, zu schreien und zu klatschen wie ein Teenager auf einem Konzert. Ich kann verstehen, warum.

Denn als sie zu spielen anfangen, als Henry zu dem Tom-Petty-Song *You Don't Know How It Feels* ansetzt, in tiefsitzenden Jeans und einem schlichten weißen T-Shirt, das Haar teuflisch zerzaust, als er seinen Bizeps spielen lässt, während er die Akkorde schlägt, mit sichtbarem Tattoo und sündigem Lächeln, ist es das verdammt noch mal Sexyste, das ich je gesehen habe.

Ich kann mir nichts Heißeres vorstellen.

Aber dann treffen sich unsere Blicke, und er zwinkert mir zu und beweist mir, dass ich so falschliege.

Ich möchte mich im wahrsten Sinn des Wortes auf ihn stürzen. Meine Brüste sehnen sich nach der Berührung dieser starken Hände und feingliedrigen Finger. Meine Schenkel spannen sich an vor rohem, ungezügeltem Verlangen. Ich will Dinge mit ihm tun ... Dinge, die ich nicht in Worte fassen kann, und meine Wangen glühen, wenn ich nur daran denke. Ich will, dass er Dinge mit mir tut ... alles Mögliche. Alles, was er will.

Als der Song endet und sie einen weiteren anfangen, reiße ich meinen Blick los. Ich fühle mich leicht und trunken und ein kleines bisschen verrückt. Mit der Hand fächle ich mir Kühlung zu und schenke mir einen Drink ein, den ich meine ausgetrocknete Kehle hinunterschütte. Und alles ist so überwältigend, wild, aber wundervoll.

Gefolgt von den Klängen der Musik, trete ich aus dem großen Saal in den kühleren Flur hinaus, weil ich einen Moment lang durchatmen will. Und da dachte ich, all die schwärmenden Romanheldinnen wären übertrieben dargestellt.

Jetzt weiß ich, dass es genau so ist. Jetzt verstehe ich es.

Und ich hoffe, bevor diese Nacht vorüber ist, werde auch ich all die erotischen Empfindungen verstehen und unter den Berührungen erschaudern, über die ich gelesen habe.

Das Musikzimmer ist nur ein paar Schritte vom großen Saal entfernt, und der Lärm der Party ist hier deutlich zu hören. Ich lasse meine Finger über den glänzenden schwarzen Lack des Pianos gleiten, schließe die Augen und träume von dem, was heute Nacht passieren könnte. Ich stelle mir Henrys Stöhnen vor, seinen keuchenden Atem in meinem Ohr, seinen herrlich gierigen Mund, der mit vor Verlangen schwerer, rauer Stimme spricht.

Und dann erklingt eine Stimme hinter mir – und es ist nicht die von Henry.

«Auf den ersten Blick ist nicht viel an dir dran. Aber aus der Nähe bist du tatsächlich irgendwie hübsch. Das gefällt mir.»

Es ist einer von Henrys Freunden. Der rüpelhafte. Er steht zwischen mir und der Tür. Und obwohl ich ihm sagen will, dass er weggehen soll, oder an ihm vorbeigehen möchte, sind meine Füße wie festgefroren. Weil er einen Ausdruck in den Augen hat, den ich gut kenne, den ich öfter gesehen habe, als ich mich je erinnern will.

Grausamkeit.

Und sie lähmt mich.

«Hast du Angst?», fragt er und kommt näher.

Und ich kann mich nicht bewegen.

Dann lächelt er.

«Das gefällt mir auch.»

15

HENRY

So hab ich das gern. Die Musik ist laut, die Drinks fließen, der Saal ist angefüllt mit Rauch und Gesprächslärm, und jeder amüsiert sich. Gott, das hat mir gefehlt. Hallo, altes Leben, lange nicht gesehen!

Ich ziehe die Saiten meiner Gitarre nach, während ich überlege, was wir als Nächstes spielen sollten. Was von den Black Crowes? Oder vielleicht was von den Lumineers?

Da stößt einer der Kameramänner rückwärts gegen einen Tisch. Er kippelt, dann fällt er um, und die Uhr, die Vase und die Porzellanschale, die darauf gestanden hatten, rutschen mit einem lauten, scharfen Krachen zu Boden.

Instinktiv sehe ich mich nach Sarah um.

Ich suche den Raum ab, dann noch einmal, langsamer und sorgfältiger. Aber ich sehe sie nicht. Und das Unbehagen setzt als Flüstern ein, als kühler Hauch. Ich lehne meine Gitarre an den Stuhl und stehe auf, um mich einmal um mich selbst zu drehen und nach dem dunklen Kopf und der hübschen Gestalt Ausschau zu halten, die ich überall wiedererkennen würde.

Aber sie ist nicht da.

Und das Unbehagen verwandelt sich in Sorge. Meine Handflächen fangen an zu schwitzen, und mein Herzschlag beschleunigt sich … weil Hannibal Lancaster auch nirgends zu sehen ist.

Hannibal, den mein Bruder hasst.

Hannibal, bei dem Nicholas nicht einmal duldet, dass er seine Frau auch nur ansieht, geschweige denn ihr nah genug kommt, um mit ihr zu reden.

Sorge steigert sich zu Panik, von der Sorte, die in meinen Eingeweiden rumort und mir die Härchen im Nacken aufstellt. Und dann stelle ich die Verbindung her, für die mein idiotisches Gehirn bisher zu dumm und egozentrisch war.

Mein Bruder würde niemals jemanden hassen ... ohne einen sehr guten Grund dafür. Ich gehe rüber zu Penelope und lege eine Hand auf ihren Oberarm. «Wo ist deine Schwester?»

Blinzelnd schaut sie mich an, bevor sie sich im Saal umsieht. «Ich weiß nicht.»

Ohne dass man es ihr zu sagen braucht, geht Penny rüber zu Elizabeth und Sam, die sich in gedämpftem, lebhaftem Tonfall streiten.

«Habt ihr Sarah gesehen?», fragt sie. Als beide den Kopf schütteln, muss ich die Zähne zusammenbeißen, um nicht zu schreien.

Ich gehe zu Franny und Simon. «Habt ihr gesehen, wo Sarah hingegangen ist?» Frannys Blicke schnellen umher. «Ich hab sie vor einem Moment noch gesehen.» Ich raufe mir die Haare, bereit, die Wände einzureißen, doch Simon legt mir eine Hand auf die Schulter. «Sie kann nicht weit sein, Henry.»

Meine Kehle ist wie zugeschnürt, was meine Stimme heiser macht.

«Aber ... das Krachen. Mit lauten Geräuschen kommt sie nicht gut klar.»

Simon nickt, obwohl er es wahrscheinlich nicht versteht. «Wir werden sie finden.»

«Prinz Henry.»

Das ist James. Der wachsame James mit den Adleraugen.

«Lady Sarah ist dort entlanggegangen.» Er zeigt auf die Tür auf der anderen Seite, die in einen kurzen Flur und dann zum Musikzimmer führt.

Und ich könnte ihn verdammt noch mal umarmen. Stattdessen klopfe ich ihm auf den Arm. «Guter Mann.» Dann haste ich an ihm vorbei.

Als ich zum Musikzimmer komme, lässt das, was ich dort sehe, Wut in mir auflodern, die die Panik verdrängt. Heiße, glühende Wut, wie ich sie noch nie gekannt habe.

Denn Sarah liegt auf dem Sofa, das Gesicht totenbleich und leblos, die Augen leer, mit dieser dumpfen, schrecklichen Ausdruckslosigkeit. Und Hannibal Lancaster ist neben ihr, mit seinen Händen auf ihr, auf ihren Brüsten.

Ich reiße ihn hoch und schleudere ihn durchs Zimmer. «Nimm deine beschissenen Hände von ihr!»

Und dann knie ich mich neben sie und tätschle ihre Wange. Sie ist so blass. Ich würde alles dafür geben, sie jetzt erröten zu sehen.

Als Hannibal näher tritt, stehe ich auf und drehe mich zu ihm um. Und ich nehme wahr, dass die anderen hereingestürmt kommen, aber ich wende den Blick nicht von Lancaster.

«Was hast du mit ihr gemacht?»

Er zuckt mit den Schultern und zupft an der Manschette seines Hemds. «Gar nichts. Eben noch ging es ihr gut, und im nächsten Moment war sie völlig weggetreten. Ich glaube, sie ist auf irgendwas drauf, einem schlechten Trip vielleicht.»

Die Ader an meiner Schläfe pocht.

«Ein Mädchen wird katatonisch, und dein erster Gedanke ist, ihr an die Titten zu fassen?»

«Oh, bitte, das hat ihr doch gefallen. Schau sie dir an, Herrgott, das ist wahrscheinlich mehr an Action, als sie in ihrem Leben je bekommen hat.»

Ich habe Geschichten von mörderischer Raserei gehört. Verbrechen aus Leidenschaft. Meistens können sich die Täter hinterher nicht mehr an ihre Taten erinnern. Sie sind verwirrt, ihr Verstand und ihr Gedächtnis durcheinander und verschwommen.

So ist es bei mir nicht.

Ich weiß genau, was ich gleich tun werde. Ich werde diesen gottverdammten Bastard mit bloßen Händen umbringen. Und der blöde Scheißkerl sieht es nicht mal kommen.

Ich packe Lancaster am Hemdkragen und ramme ihm die Faust mitten ins Gesicht, wieder und wieder.

Und wieder. Und wieder.

Unter meinen Knöcheln knirscht es feucht, ein Geräusch, das abschreckend sein sollte, mich aber nur noch weiter anstachelt. Ich würde es gern immer wieder hören. Doch als ich zu einem weiteren Schlag aushole, kommen kräftige Arme von hinten unter meinen Achseln hindurch und verschränken sich hinter meinem Kopf, um mich zurückzuhalten.

Und James' Stimme dringt rau in mein Ohr: «Das reicht. Sie dürfen ihn nicht umbringen.»

«Fuck! Lassen Sie mich los!»

Ich wehre mich, aber er hält mich fest. Und dann durchschneidet eine andere Stimme die Stille, hart und bestimmt.

«Henry», sagt Franny. «Es gibt eine Zeit für Vergeltung. Aber die ist nicht jetzt.» Ihre dunklen Augen sind weich vor Mitgefühl. Vor Verständnis. Und dann erinnert sie mich an etwas viel Wichtigeres. «Sie braucht dich jetzt.»

Sie braucht mich. Sarah braucht mich.

Und es ist, als würde ein Schalter umgelegt, und jede Zelle meines Körpers richtet sich auf einen neuen Zweck aus.

«Schon gut», sage ich zu James und drehe mich weg. «Schon gut!»

Er lässt mich los, und dann bin ich wieder auf den Knien, neben Sarahs leblosem Körper. Penny hockt sich dazu und hält sanft flüsternd ihre Hand.

Ich lege ihr eine Hand an die Wange. Ihre Haut ist kalt. «Sarah, sieh mich an.»

Aber sie regt sich nicht, blinzelt nicht. Ein kleiner Streifen Blut ist auf ihrer Wange, und überrascht wird mir klar, dass es von meinen Knöcheln stammt. Der Streifen ist dunkel auf ihrer weißen Haut, wie ein Mal, das ich hinterlassen habe. Und plötzlich bin ich mir aller anderen im Raum deutlich bewusst. Die Kameras filmen immer noch, und alle Augen sind auf Sarah gerichtet. Beobachtend und gaffend.

Das würde sie nicht mögen.

Also stehe ich auf, nehme sie auf die Arme und schmiege sie an meine Schulter, während ich mich durch das Meer aus Leibern zur Tür dränge. Vanessa steht mit verschränkten Armen davor.

Als ich mich an ihr vorbeizwänge, knurre ich: «Die Party ist vorbei.»

♛

Ich bringe Sarah direkt zu unserem Zimmer.

Unserem Zimmer.

Und ich bin dankbar dafür, dass es im zweiten Stock ist, versteckt in einer Ecke des Schlosses, weit fort von allem und jedem. Sarah liegt schlaff in meinen Armen wie eine Marionette, der man die Fäden durchgeschnitten hat.

«Es tut mir leid», flüstere ich, die Lippen an ihrer Stirn. Ihre Brille sitzt schief, also nehme ich sie ihr ab. Dann setze ich mich an den Rand des Bettes, die Füße auf dem Boden, und wiege sie in meinen Armen. Ihre Haut fühlt sich so kalt an, und ich kann nichts tun, als sie zu halten und zu umarmen.

«Es tut mir leid. Es tut mir so leid.» Mehr als je etwas in meinem Leben. Und das muss wirklich was heißen.

Das hier ist meine Schuld. Ich habe sie hierhergebracht. Wenn ich nicht gewesen wäre, dann hätte Sarah nie von Hannibal Lancaster gehört. Sie wäre in ihrer einfachen kleinen Wohnung, in ihrer winzigen Stadt, mit ihren Büchern und ihren Freunden, umgeben von Leuten, die sie lieben, die ihr niemals wehtun würden. Sie wäre glücklich ... Sie wäre in Sicherheit.

Wenn ich nicht gewesen wäre.

«Es tut mir so leid.»

Mit einem schrecklichen, rauen Keuchen kommt sie wieder zu sich und schlägt mit den Armen um sich.

«Es ist okay. Du bist okay.» Ich halte sie fest und streiche ihr zärtlich übers Haar. «Es ist alles gut, ich bin's. Ich bin hier, ich hab dich.»

Sie hört auf zu kämpfen und verschluckt sich. «H...Henry?»

Ich wiege sie weiter im Arm. «Ja, ich bin's. Es ist alles gut.»

Dann zieht sie mich enger an sich, und ihre Hände halten mich fest, als hätte sie Angst, ich könnte ihr entrissen werden. Und sie weint. Nein, sie weint nicht. Sie schluchzt. Große, heftige, gebrochene Schluchzer, die mich fertigmachen. Ich halte sie weiter in den Armen und wiege und wiege sie, das Gesicht in ihre Halsbeuge gedrückt.

«Es ist alles gut, Sarah.»

«Ich ... Ich hatte solche ... Angst.»

«Ich weiß, aber jetzt bin ich ja hier. Ich hab dich.»

«Ich hasse das», presst sie an meinen Hals gedrückt hervor. «Ich hasse es, ständig Angst zu haben. Ich hasse es.»

Und mir fällt nichts ein, was ich darauf sagen könnte. Alle Beschwichtigungen würden sich nur verlogen anhören. Also gebe ich ihr das Einzige, das ich ihr geben kann: mich. Ich lasse sie wissen, dass sie nicht allein ist.

«Ich habe auch Angst.»

Der Atem stockt ihr, und ihre Lippen drücken sich auf meinen Hals.

«Was meinst du damit?»

Sie umarmt mich fester, die Wange auf meine Schulter gelegt, und wir zittern beide, als ich sie an mich ziehe.

«Ich habe Angst davor, König zu werden. Angst davor, diese Rolle anzunehmen, und davor, es gut machen zu wollen», stoße ich rau hervor. «Davor, zu glauben, dass ich dazu in der Lage bin, und es wirklich zu versuchen ... nur, um zu versagen. Um herauszufinden, dass ich einfach nicht gut genug bin. Ich habe schreckliche Angst, alle zu enttäuschen, dass sie alle verletzt werden, weil ich so ein kaputter Versager bin. Also mache ich mir gar nicht erst die Mühe ... und das alles, weil ich einfach zu verdammt viel Angst habe.»

Sanft streichle ich ihr übers Haar, wie meine Mutter es immer bei mir getan hat, wenn ich krank war. Ihr Zittern verebbt in der Stille, die meinem Geständnis folgt, und ihre Tränen versiegen zu einem leisen Schniefen.

«Ich glaube an dich, Henry», sagt sie unglaublich sanft. «Ich glaube, dass du alles erreichen kannst, alles, was du willst. Du wirst phantastisch sein. Das weiß ich aus tiefster Seele. Und ich würde dir die Wahrheit sagen, wenn ich anders darüber denken würde, das schwöre ich. Ich würde nicht zulassen, dass du es versuchst und versagst.»

Und es ist erstaunlich, was das bewirkt, wie ich mich durch ihre Worte fühle. Als wäre ich riesengroß und tausendmal so stark. Als wäre ich ein Superheld oder ein Gott.

Als wäre ich … ein König.

Ich streichle ihr mit dem Handrücken über die Wange. «Eigentlich sollte doch ich dich trösten.»

Sie lächelt sanft. «Das hast du.»

Ich drücke ihr einen Kuss auf die Stirn und denke nicht mal daran, sie loszulassen. Ans Kopfteil des Bettes gelehnt, halte ich Sarah in meinen Armen, ihren Kopf auf meiner Schulter, ihren süßen Atem an meinem Hals … bis sie einschläft.

16

HENRY

«Was stimmt nicht mit ihr?»

Als Penelopes topasfarbene Augen hart werden und sie das Kinn reckt, weiß ich, dass ich die falschen Worte gewählt habe.

«Nichts. Es gibt nichts, das mit ihr *nicht stimmt.*»

«So habe ich das nicht gemeint.»

Ich gehe an ihr vorbei durch die Tür in den Sitzbereich des Zimmers. Ich glaube nicht, dass ich je in diesem speziellen Schlafzimmer war. Es ist über und über in Nuancen von Rosa und Fuchsia und Pink gehalten, übelkeiterregend mädchenhaft, als wäre Barbies Traumhaus zum Sterben hierhergekommen.

Penelope schließt die Tür und bleibt vor mir stehen, zieht den Gürtel ihres Bademantels fester.

«Diese Dämmerzustände», setze ich an, «wenn sie sich ‹ausklinkt›. Sie hat es eine Marotte genannt. Es ist keine Marotte, oder?»

Die Angespanntheit in Penelopes Gesicht lockert sich, ihr Ausdruck wird weicher, und so etwas wie Traurigkeit tritt in ihre Augen. «Nein.»

Das Herz hämmert mir in der Brust wie ein Presslufthammer, und mir stockt der Atem. Weil ich es schon wusste, bevor ich hereinkam. Aber laut ausgesprochen zu hören, dass mit Sarah etwas nicht stimmt, dass da etwas ist, das ich vielleicht nicht in Ordnung bringen kann, ein kaputter Teil von ihr, den sie mir nicht zeigen will, geschweige denn mir die Chance geben, ihn zu reparieren ... ist schrecklich.

«Ich habe gesehen, wie das Männern passiert ist, Soldaten mit posttraumatischer Belastungsstörung. Sie dämmern weg, gefangen an einem anderen Ort, in einer anderen Zeit ... einer *schlimmen* Zeit. Ist das bei ihr auch so?»

Mit bebendem Kinn presst Penelope die Lippen zusammen. «Ja.»

Hundert schreckliche Szenarien blitzen gleichzeitig in meinem Kopf auf. Ich kneife die Augen zu, sehe sie aber immer noch. «Was ist ihr passiert?» Meine Stimme klingt selbst in meinen eigenen Ohren gequält. «Bitte, Penny, ich muss es wissen.»

Ihr hellblondes Haar schwingt, als sie leicht mit dem Kopf nickt, beinahe wie zu sich selbst, dann bedeutet sie mir, mich aufs Sofa zu setzen. Und ich muss meine Knie zwingen, nicht mehr vor angestauter Energie zu wippen, während ich mich für das wappne, was gleich kommen wird.

Das Feuer im Kamin knackt, und ihre Stimme ist sanft, als sie spricht wie eine Nanny, die ihrem Schützling ein Märchen zum Einschlafen vorliest. Habt ihr eigentlich schon mal bemerkt, wie absolut krank Märchen wirklich sind?

«Unsere Mutter war traditionell, was die Ehe betrifft. Sehr altmodisch. ‹Bis dass der Tod uns scheidet›, selbstbestickte Aussteuer, Jungfrau in der Hochzeitsnacht – das ganze verdammte Paket. Sie war ... unschuldig ... gerade erst achtzehn, als sie unseren Vater heiratete. Er war fünfunddreißig. Ihre Eltern, unsere Großeltern, waren eiskalte Arschlöcher, das habe ich dir schon erzählt. Sie waren froh, sie los zu sein. Nach der

Hochzeit hat er sie auf sein Anwesen in Everly gebracht. Everly ist mehr Moor als Ortschaft. Zerklüftete Berge auf einer Seite, kaltes Meer auf der anderen, das Wetter so rau und abweisend wie die Mauern einer Burg.»

Sie schluckt, bevor sie weiterspricht:

«Meine erste Erinnerung ist das Schreien meiner Mutter … ihr Flehen, er solle aufhören. Immer aus dem Nichts diese Wutanfälle. Er war erbarmungslos. Sadistisch. Danach blieb es für ein paar Wochen ruhig, manchmal für ein paar Monate … aber dann passierte es wieder. Sarah und ich gingen nicht zur Schule, wir hatten Privatlehrer. Er sagte, weil das die beste Bildung wäre, aber ich glaube, er wollte einfach nur die Kontrolle haben. Die Handvoll Bediensteter, die wir hatten, war ihm absolut ergeben. Ob aus Loyalität oder aus Angst, werde ich nie erfahren.»

Penelope starrt hinunter auf den grau und violett gemusterten Teppich, und ihre Augen werden glasig, als sie etwas sieht, das ich nicht sehen kann.

«Wir haben uns immer im Schrank versteckt. Sarah hatte *Die Chroniken von Narnia* gelesen, und ich glaube, ein Teil von ihr betete, dass es real war, dass wir irgendwohin versetzt werden könnten, überallhin, Hauptsache weg von da, wo wir waren. Wir hielten uns die Ohren zu und zogen uns Mutters Kleider, die dort hingen, über die Köpfe, um die Geräusche zu dämpfen. Man würde nicht meinen, dass man es so deutlich hören kann», sagt Penelope und schaut mit glitzernden Tränen in den Augen zu mir hoch. «Ich meine, es war ein verdammtes riesiges Schloss. Aber es hallte, und wir hörten jeden Schlag, jeden Schrei.» Ihre Brauen ziehen sich zusammen, und ihre Stirn runzelt sich. «Ich war … fünf, als Sarah es zum ersten Mal tat, also wird sie ungefähr sieben gewesen sein.»

«Als sie was tat?», stoße ich rau hervor.

«Als sie zum ersten Mal den Schrank verließ.»

Die Worte treffen mich wie Granatsplitter.

«Sie konnte es nicht mehr ertragen. Ich hielt ihre Hand fest und flehte sie an, zu bleiben. Sie sagte mir, dass ich mich nicht vom Fleck rühren soll, ganz egal, was passiert, ganz egal, was ich höre.» Tränen rinnen lautlos, eine nach der anderen, über Penelopes glatte Wange. «Und dann ging sie aus dem Zimmer und fing an, Sachen zu zerbrechen.»

«Sachen zu zerbrechen?»

Penelope nickt. «Eine Vase im Flur, Porzellanteller im Salon. Einmal hat sie sogar einen goldgerahmten Spiegel von der Wand gerissen. Alles, was lauten Krach machen würde. Was seine Aufmerksamkeit von Mutter ablenken würde. Sie ging von Zimmer zu Zimmer, bis ...»

Erst als Penelope zu sprechen aufhört, wird mir bewusst, dass ich zu atmen aufgehört habe.

«Bis?»

Ihre hellbraunen Augen blicken direkt in meine. «Bis er sie erwischt hat.»

Mein Verstand ist leer. Schwarz. Als habe sich ein schwerer Vorhang herabgesenkt, der jegliches Licht, jeden Gedanken, jedes Bild blockiert.

«Sie erwischt hat.» Ich rolle die Worte auf der Zunge. «Ich ... Ich verstehe nicht.»

Penelope sieht mich an. «Ich glaube, du verstehst.»

Die Luft weicht mir aus der Lunge. «Willst du ... willst du damit sagen, dass er ihr wehgetan hat? Dass er ... sie geschlagen hat? Sarah?»

«Ja.»

Ich bin nicht blöd. Ich habe an der Universität Ingenieurwissenschaften studiert. Ich habe ein umfangreiches Verständnis von Geschichte und Kunst und von militärischer Strategie. Ich kenne große und kleine Worte. Ich verstehe ihre Bedeutung, wenn sie aneinandergereiht werden. Wenn sie benutzt werden, um etwas anzudeuten, auf etwas anzuspielen.

Aber das hier … das ergibt keinen Sinn. Ich kann es nicht verarbeiten. Oder vielleicht will ich es nur nicht.

«Aber … wie?»

Wie kann irgendjemand der süßen, lieben Sarah wehtun? *Meiner Sarah.* Sie ist alles, was auf dieser Welt freundlich und gut und witzig und schön und phantastisch ist. Warum sollte irgendjemand ihr Schmerz zufügen wollen? Wie ist das überhaupt möglich?

Penelope atmet zitternd ein. «Für gewöhnlich mit seinen Fäusten. Manchmal mit dem Gürtel. Wenn sie hinfiel, trat er sie …»

«Hör auf.» Ich krümme mich vor Übelkeit, die meinen Magen zusammenkrampft. «Um Gottes willen, hör auf.»

Weil sich der Vorhang gehoben hat, und die Bilder, die Penelopes Worte begleiten, sind widerwärtig und lebhaft. Dann fällt mir etwas anderes ein. Etwas, das ich bis zu diesem Moment nicht begriffen habe.

«Sie hinkt», sage ich mit tonloser Stimme zu Penelope. «Es ist kaum wahrnehmbar, aber wenn sie müde ist, hinkt sie.»

«Das war der letzte Tropfen für Mutter. Er hat Sarah das Bein gebrochen. Sie waren direkt vor der Tür des Zimmers, in dem ich im Schrank steckte, als es passierte. Es war so laut – dieses Knacken.» Penny kneift die Augen zu. «Gott, ich kann es immer noch hören.»

Ich habe mir mal den Arm gebrochen. Bin während eines Rugby-Spiels unglücklich gefallen. Es hat wahnsinnig wehgetan. Und ich weiß ganz genau, was sie mit dem Geräusch meint. Es ist unverwechselbar. Sobald man es einmal gehört hat, vergisst man es nie wieder.

«Er ließ uns nicht fort, ließ Mutter Sarah nicht ins Krankenhaus bringen. Drei Tage lang hielt er uns in einem der oberen Zimmer fest.» Penelope erschaudert, als sie Atem holt, und weint leise. «Sarah hatte solche Schmerzen. Und dann hat Joseph, der Fahrer, der erst seit ein paar Monaten bei uns war, uns dabei geholfen zu entkommen, als unser Vater eingeschlafen war. Ich erinnere mich, dass er hereinkam und Sarah auf die Arme nahm und zu uns sagte: ‹Die Hintertreppe runter, der Wagen wartet. Beeilung.› Und der fürchterlichste Moment war, als Joseph uns drei bereits hinten auf den Rücksitz geladen hatte und um den Wagen herumlaufen musste, um zum Fahrersitz zu kommen. Wir waren so kurz davor ... Ich habe die Tür beobachtet, darauf gewartet, dass mein Vater herausstürmt und uns umbringt.»

Penelopes Gesicht hat jede Farbe verloren. Mit fahrigen Bewegungen reibt sie sich Augen und Wangen.

«Aber das hat er nicht. Joseph hat uns in ein Krankenhaus gefahren, und dort wurde Sarahs Bein gerichtet, aber es ist nie so verheilt, wie es sollte. Tante Gertrude hat uns aufgenommen, von ihren Anwälten die Scheidung einreichen lassen, und es gelang ihnen, meinen Vater davon zu überzeugen, falls er je wieder in unsere Nähe käme, würden Details und Fotos von Sarahs Blutergüssen publik gemacht werden. Das Letzte, was ich von ihm gehört habe, ist, dass er in der Schweiz lebt, und ich hoffe jeden Tag, dass ihn eine Lawine erwischt.»

Meine Brust fühlt sich an wie mit Beton gefüllt. Und mir ist zum Weinen zumute. Ich habe nicht mehr geweint, seit ich zehn Jahre alt war, aber jetzt könnte ich es. Für sie. Wegen dieser verdammten Ungerechtigkeit. Ich will auf die Knie fallen und in den Himmel schreien. Ich will Gott verfluchen. Ich will zerschmettern und verbrennen und verstümmeln und töten. Und dieser letzte Gedanke ist es, der mir endlich den Fokus gibt, den ich so verzweifelt brauche. Ich hole ein paarmal tief Luft, dann stehe ich auf und drücke Penelope die Schulter. «Danke, dass du es mir erzählt hast.»

Sie schenkt mir den Schatten eines Lächelns. Aber als ich zur Tür gehen will, greift sie mit kalten Fingern nach meiner Hand. «Henry. Du darfst nicht ... Du musst meine Schwester in Ruhe lassen. Du darfst nicht mit ihr spielen. Ich weiß, sie wirkt stark, und auf gewisse Weise ist sie das auch, aber innerlich ... ist sie so zerbrechlich. Sarah ist echt und gut und ... nicht wie wir.»

Penelope Van Titebottum und ich sind aus dem gleichen egoistischen Holz geschnitzt. Wild. Gierig. Wir wissen, wie das Spiel gespielt wird, wie wir erreichen, dass alle Blicke sich uns zuwenden. Wir blühen dadurch auf, durch die Aufmerksamkeit, die Bewunderung anderer. Ich meine, schaut euch diese verdammte Show an, auf die ich mich eingelassen habe.

Ohne jede Scham. Ohne einen Gedanken an mein Land oder meine Verantwortung oder auch nur eine Sekunde der Sorge um die Gefühle der Frauen, die sich zur Teilnahme verpflichtet haben. Der ganze Sinn und Zweck ist es, sie dazu zu bringen, sich in mich zu verlieben, sie glauben zu machen, sie hätten eine Chance auf ein königliches Leben, bei dem die ganze Welt zusieht. Alles, weil ich ein bisschen Ablenkung haben wollte.

Und wenn dabei ein paar Herzen in die Brüche gehen? Dann ist das eben Pech, verdammt. Denn so sind wir eben.

Was hat mein Bruder einmal zu mir gesagt?

Wir können nicht ändern, wer wir sind.

«Nein», sage ich zu Sarahs Schwester. «Sie ist überhaupt nicht wie wir.»

♛

Meine Hände zittern, als ich den Gang entlanggehe – zur Phantastischen Wand des Todes.

Der Morgenstern kommt zuerst runter. Der rostige gezackte Ball an der Kette. Prüfend schwinge ich ihn.

Das müsste gehen.

Als Nächstes folgt die Namensvetterin meiner Großmutter – die Streitaxt. Sie hat eine Schlaufe, damit man sie sich um den Rücken schnallen kann, und die Klinge ist immer noch messerscharf.

Dann kommt das Schwert mit juwelenbesetztem Griff. Es ist schwerer, als man erwarten würde. Ich steche in die Luft und stelle mir vor, wie ich es durch eine Bauchdecke stoße und dann geduldig warte, dass die Säure aus dem Magen in die Körperhöhle sickert und schließlich die lebenswichtigen Organe auffrisst. Das ist eine langsame, grausige Weise zu sterben.

Perfekt.

Nachdem ich sorgfältig vier zusätzliche Todesbringer ausgewählt habe, klirre und klappere ich die Treppe hoch in den zweiten Stock. Als ich ins Zimmer trete, ist Sarah wach und sitzt auf dem Sofa. Sie hat sich einen weichen, weißen Bademantel angezogen, und ihre Stimme ist schlaftrunken. «Ich bin aufgewacht, und du warst nicht da.»

Ihre Augen wandern über meine mit Waffen beladenen Brust und Arme. «Was hast du vor?»

«Ich gehe.»

Ihre Brauen ziehen sich zusammen. «Wo … wo gehst du hin?»

Als ich spreche, erkenne ich meine eigene Stimme kaum wieder.

«Ich werde deinen Vater suchen, und dann werde ich ihn umbringen. Ich dachte, es wäre unhöflich, dich nicht zu fragen, ob du mitkommen und dabei zusehen willst.»

17

HENRY

Sie sieht mich mit diesem Ausdruck an, den ich schon kenne und der an meinem Herzen zerrt. Es ist ein kleines Lächeln, ein mitleidiges Kopfschütteln, als wollte sie sagen: *Dummer, dummer Junge.*

«Henry, du kannst meinen Vater nicht umbringen.»

«Oh doch, das kann ich.» Meine Stimme ist tief und dunkel und gefährlich überzeugt. «Glaub mir, das kann ich.»

Sie nimmt meine Hand. «Penny hat es dir gesagt.»

Ich nicke knapp.

In Gedanken lasse ich jede Interaktion, die Sarah und ich hatten, noch einmal Revue passieren und achte auf jede Sünde und Grenzübertretung. Habe ich ihr je Angst gemacht? War ich je zu grob? Ich denke an die Nacht, in der ich ihr Buch kaputt gemacht habe, die Dinge, die ich gesagt habe, und würde mir den Morgenstern am liebsten über den eigenen verdammten Schädel ziehen. «Ich hätte vorsichtiger mit dir sein sollen.»

Mit runden, unschuldigen Augen schaut sie zu mir hoch. «Du *bist* vorsichtig mit mir.» Sie nimmt mir das Schwert aus der Hand und legt es beiseite. Dann schiebt sie den Riemen, der die Streitaxt auf meinem Rücken hält, von meiner Schulter und legt sie auf den Tisch. Nach und nach entwaffnet sie mich, und ich lasse sie. Dann führt sie mich an der Hand zum Sofa und setzt sich. «Ich denke nicht mehr an meinen Vater, Henry.»

«Aber das ist nicht wahr. Jedes Mal, wenn du dich ausklinkst, dann ist das wegen ihm.»

Ihre Stirn legt sich in Falten. «Wenn du jemanden hasst, dann ist er Teil deines Lebens. Er nimmt Raum in deinen Gedanken ein, jeden Tag. Er beansprucht deine ganze Konzentration, und in gewisser Weise hat er Kontrolle über dich. Was mir passiert ist, ist passiert. Das kann niemand mehr ändern.» Nun wird ihre Stimme stärker, entschlossener. «Aber er bekommt nichts sonst. Keine Sekunde von meiner Zeit oder meiner Energie oder meinen Gedanken. Mein Leben gehört mir, Henry ... und es ist ein gutes Leben.» Sie schaut hinunter auf unsere verschränkten Hände. «Ich habe ihn hinter mir gelassen. Und ich möchte, dass er dort bleibt. Bitte hol ihn nicht zurück in mein Leben.»

Ich hebe ihre Hand an die Lippen und küsse ihren Handrücken, dabei zwinge ich mich, sanft zu sein, weil die Wut immer noch in mir wogt und brodelt wie Lava.

«Das ist nicht fair.»

Darauf lächelt Sarah, und es ist ein trauriges Lächeln.

«Du hattest eine Mutter und einen Vater, die dich mehr als alles andere auf der Welt geliebt haben. Und sie wurden dir zu früh genommen. Das Leben ist nicht fair, Henry. Zu keinem von uns.»

Ich nehme ihr Gesicht in die Hände. «Zu dir sollte es aber fair sein.» Ich beuge mich hinunter und küsse sie auf die Stirn. Dann stehe ich auf. «Und wenn ich nicht dafür sorgen kann, dass es fair ist, dann werde ich dafür sorgen, dass es ausgeglichen ist. Auge um Auge. Mal sehen, wie es ihm gefällt, wenn ich ihm sein verdammtes ...»

Sarah steht auf und presst ihre Lippen auf meine. Das

kommt so unerwartet, dass ich erstarre. Aber dann fange ich an aufzutauen. Ihre Lippen bewegen sich, ihr Mund ist so weich, so unglaublich süß. Der Kuss ist beinahe keusch – zumindest ist es der keuscheste, den ich je hatte. Ungeübt.

Und doch schafft er es, mein Herz gegen meine Rippen schlagen zu lassen.

«Was tust du da?», frage ich, als sie sich ein klein wenig zurückzieht.

«Ich lenke dich ab.» Unsicher schaut sie zu mir hoch. Mit diesen großen, dunklen Augen hinter dieser lächerlich prüden kleinen Brille. «Funktioniert es?»

Ich fahre mit der Zunge über meine Unterlippe, dabei schmecke ich sie.

Und sehne mich nach mehr.

«Ich bin mir nicht sicher. Versuch es weiter, ich sag dir Bescheid.»

Sie lächelt erleichtert ... und dann legt sie die Arme um meinen Hals und küsst mich. Ihre Lippen umfangen meine Unterlippe, dann meine Oberlippe, voller eifriger, angenehmer Süße. Und es ist gut. Ich glaube nicht, dass irgendein Kuss sich je so gut angefühlt hat. Das könnte ich tagelang tun. Meine Hände finden Sarahs Rücken, und ich ziehe sie eng an mich. Dann, zärtlich, öffne ich meinen Mund, und sie ahmt meine Bewegung nach und öffnet sich für mich. Und es ist, als habe sich mein Blut in Benzin verwandelt, und die Berührung unserer Zungen ist der Funke.

Ich tauche tiefer, härter, fordernder ein, übernehme die Führung, aber sie kommt mir auf jedem Schritt entgegen. Sanft nehme ich ihren Kopf in die Hände, um sie festzuhalten, während ich sie gierig verschlinge. Ein wunderbares Stöhnen kommt über ihre Lippen, und das verschlinge ich auch. Ich bin außer Atem, und mein Herz tut sein Bestes, meine Rippen zu durchbrechen.

Aber dann kneife ich fest die Augen zu und höre auf. Keuchend verharre ich an Sarahs Hals.

«Sarah, vielleicht sollten wir das nicht tun. Vielleicht sollten wir einfach ...»

«Ich hab es satt, Angst zu haben, Henry. Und ich hab es so satt, zu leben ... ohne wirklich lebendig zu sein. Ich will das hier. Ich will es schon lange. Ich will ... dich.» Erst dann trübt Zögern ihren Blick. «Willst du mich auch?»

Ich umfasse ihre Arme. «Mehr, als ich je in meinem ganzen Leben etwas oder jemanden wollte.»

Sarah nimmt meine Hände in ihre, hebt sie an und legt meine Handflächen auf ihre Brüste. Sie sind weich und voll und absolut perfekt.

«Zeig es mir.»

Unter ihrem Bademantel ist ihre Schlafkleidung dünn wie Papier. Mit den Daumen zeichne ich ihre Nippel nach, dabei spüre ich, wie sie sich verhärten und aufrichten. Ich möchte an ihnen saugen, bis sie den Verstand verliert. Ich möchte jeden Zentimeter ihrer Haut ablecken und zusehen, wie sie vor Verlangen errötet. Ich möchte spüren, wie ihre Finger meinen Hintern kneten und ihre Nägel meinen Rücken zerkratzen.

Es gibt so vieles, das ich kenne – schmutzige, wunderschöne Dinge. Und ich möchte ihr jedes einzelne davon beibringen.

Schwungvoll lege ich die Arme um Sarah und hebe sie hoch. Mit einem Stöhnen liegt mein Mund wieder auf ihrem. Ihre kleinen Hände umfassen meinen Kiefer, als ich sie zum Bett trage. Auf dem Weg dorthin halte ich an einer Wand an und presse sie dagegen, dabei verschiebe ich einen Bilderrahmen, als ich mit einer Hand ihr Bein hebe und es um meine Hüften schlinge, um mich besser an ihr reiben zu können.

Ihr Kopf fällt in den Nacken, und sie wölbt den Rücken durch und windet sich wunderbar an mir.

Und es ist wie verflucht. Hier bin ich, an Sarahs Weichheit gedrängt, hart wie Stein und heiß wie Feuer, aber der Gedanke, der mir in den Kopf kommt, ist ... mein Bruder.

Nicholas. Ich hatte es bisher nicht verstanden, nicht wirklich. Wie er an jenem Tag dort oben stand und unser beider Leben auf den Kopf stellte. Wie er alles veränderte ... nachgab ... alles aufgab.

Aber jetzt ... jetzt ergibt es einen Sinn.

Weil ich die Krone für sie aufgeben würde. Ich würde meinen Namen aufgeben, meinen Titel – ich würde mein Land eintauschen, auf mein Geburtsrecht verzichten, lügen, töten, betrügen und stehlen. Für das hier.

Für sie.

Ein leises Lachen über meine eigene Ahnungslosigkeit vibriert in meiner Kehle. Wie dumm ich war. Aber jetzt weiß ich es. Und nichts wird mehr dasselbe sein.

Sarah zieht sich zurück, als sie mein Lachen spürt. «Was ist los? Mache ich etwas falsch?»

Ich streichle ihr Gesicht und schiebe ihr Haar zurück.

«Nein, du bist perfekt. Es ist alles so verdammt perfekt.»

Nicholas hatte recht. Ich werde ihm eines baldigen Tages sagen müssen, dass er recht hatte.

Liebe ist stärker.

Sobald ich vor dem Bett stehe, sinken wir hinein, berühren und wiegen und umarmen einander. Meine Hände sind überall. Schieben ihr Top hoch, zerren an ihrer Hose, und ich küsse ihre warme Haut, sobald sie enthüllt ist. Sarah keucht auf und zerrt ebenfalls an meinen Kleidern, schön und wild, ohne eine Spur schüchterner Unschuld. Sie hebt die Arme, und ihr Shirt ist fort.

Und ihre Brüste. Oh, perfekte, blasse, volle Brüste mit dunkelrosa Nippeln, die um Aufmerksamkeit flehen. Der Bitte komme ich mit Freuden nach. Knabbernd und saugend küsse ich um diese herrlichen Kugeln herum, und Sarah vergräbt die Hände in meinem Haar, um auf beste, sehnsüchtigste Weise daran zu ziehen.

Als ich meine Lippen über einer Brustwarze schließe, keucht sie auf, dann verebbt das Keuchen zu einem anhaltenden, leisen Wimmern. Ich lasse meine Zunge über die Knospe schnellen und sauge heftig, bis ihre Hüften sich heben, Reibung suchen. Es ist verrückt und schnell, verzweifelt und grob ... aber wir scheinen uns nicht bremsen zu können.

Sarah drückt gegen meine Schulter, um uns herumzurollen. Sie bewegt sich instinktiv, kommt perfekt auf meinem Schwanz zu sitzen und wiegt die Hüften. Dann zieht sie mir das Shirt aus, während ihre Hände und küssenden Lippen über meine Brust wandern. Sie leckt die Vertiefung zwischen meinen Bauchmuskeln, immer und immer wieder. Diese Stelle scheint ihr wirklich zu gefallen. Ihr Haar fällt um meinen Oberkörper, seidig kitzelnd wie Federn.

Und ich will mir Zeit lassen, ich will jeden Leberfleck auf ihrer Haut kennenlernen ... aber zuerst muss ich sie kommen lassen. Das Verlangen ist wie ein führerloser Zug, rasend und unaufhaltsam.

Ich rolle uns wieder zurück, sodass Sarah unter mir liegt.

Dann richte ich mich auf die Knie auf und genieße ihren Anblick, auf dem Rücken liegend, die Knie geöffnet, Lust und Sehnsucht lassen ihre Augen schimmern. Ihren Blick festhaltend, knöpfe ich langsam meine Hose auf. Ihre Augen folgen mir, als ich die Hose ausziehe, ohne das Bett zu verlassen, aber ich behalte meine schwarze Unterhose an.

Ohne wäre die Versuchung zu groß, und so willig Sarah auch ist, ich glaube nicht, dass sie bereit ist, so weit zu gehen. Sie streckt die Hand aus und legt sie auf die harte Kontur meines Schwanzes unter dem Stoff, und ich verdrehe verzückt die Augen und dränge mich an ihre Hand, weil es sich so verdammt göttlich anfühlt.

Dann schiebe ich ihre Schlafhose an ihren wohlgeformten Beinen hinunter und werfe sie über meine Schulter nach hinten. Und Sarah liegt unter mir, in einer schlichten weißen Baumwollunterhose ... und nichts sonst. Ihre Brust hebt und senkt sich, ihre Lippen sind geschwollen von meinen gierigen Küssen, ihre Brüste sehen köstlich aus mit den aufgerichteten Nippeln.

Ich gleite über sie und spreize ihre Beine weiter, dabei sehe ich ihr tief in die Augen, betrachte ihr wunderschönes Gesicht. Ich lege mich auf sie, mein Schwanz direkt an ihrer Klitoris, und ich kann spüren, wie heiß und feucht sie ist, sogar durch die Baumwolle hindurch.

Und dann stoße ich langsam und lang gegen sie.

«Henry», wimmert sie. «Henry.»

Und nichts hat sich je süßer angehört.

Ich ziehe meine Hüften zurück und stoße erneut.

Wimmernd lässt sie den Kopf zur Seite fallen.

«Gut so?», presse ich hervor.

Sarahs Kopf nickt mit einer jähen Bewegung, und ihre Hände kneten meine Arme. Sie hebt mir die Hüften entgegen, ich beuge mich vor und drücke sie ins Bett zurück. Ich küsse sie rau und wild, beanspruche ihren Mund ebenso sicher, wie sie mich verdammt noch mal besitzt.

«Henry, Henry, Henry», stöhnt sie an meinen Lippen, im Takt der Bewegung meines Schwanzes an ihr. Der Druck ist perfekt, Lust schießt mein Rückgrat hoch und meine Beine hinunter und sammelt sich in meinem Becken.

Sarah schreit, als sie kommt, rau und wild und wunderschön. Mit durchgedrücktem Rücken hebt sie die Hüften und versteift sich. Ich stoße heftiger, und dann bin ich bei ihr und komme so heftig, dass mein Verstand vor Seligkeit aussetzt.

Und danach küssen wir uns und berühren uns und kichern – beide ein verschwitztes, klebriges Chaos und zu verdammt glücklich, um uns zu bewegen.

Später, nachdem ich einen Waschlappen aus dem Bad geholt und uns beide sauber gemacht habe, liege ich auf dem Rücken, und Sarah schmiegt sich an mich.

«Wir sollten reden.»

Sie dreht sich auf die Seite zu mir, hat aber die Augen fest geschlossen.

«Reden ist nicht meine Stärke.»

Mit der Fingerspitze zeichne ich ihren Nasenrücken nach.

«Das stimmt nicht. Du wirst besser darin.»

Mein Instinkt sagt mir, dass bei Sarah einfach und direkt der beste Weg ist.

«Ich mag dich», flüstere ich und hauche ihr einen Kuss auf die Nasenspitze, das Kinn, ihre glatte Stirn. «Ich mag dich sehr.»

Sie nimmt mein Kinn in die Hand und streichelt meinen Nacken und meine Schulter.

«Ich mag dich auch. Sehr.»

Ich hatte Sex mit Hunderten von Frauen, von denen mir manche wirklich etwas bedeutet haben ... aber das hier ist einer der intimsten Momente meines Lebens.

«Ich will mit dir ausgehen. Dich überall hinbringen. Ich will dir alles zeigen. Jetzt, wo ich weiß, was unter deinen Kleidern steckt», ich streichle mit der flachen Hand an ihrem Bauch hoch, knete sanft ihre Brust, und sie stöhnt, «kannst du so viel Schwarz tragen, wie du willst, und ich werde dich kein bisschen damit aufziehen.»

Sie lächelt, und ich fühle mich unbesiegbar.

«Ich mag es, wenn du mich aufziehst.»

Zärtlich knabbere ich an ihrer Lippe, ihrem Kinn. «Hast du je die Bibliothek im Palast gesehen?»

«Nein.»

«Du wirst sie lieben. Zwei Etagen, mehr Bücher, als du in drei Leben lesen könntest. Und ich möchte, dass du meine Großmutter kennenlernst.»

«In Ordnung, Henry.»

«Ich möchte dir Dinge kaufen. Alles, was du willst.»

Ich will sie in Juwelen hüllen und Seide ... und Kronen.

«Ich brauche keine Dinge», sagt sie leise, die Augen wunderschön und dunkel.

Ich ziehe sie enger an mich, dabei drängt sich mein harter, fordernder Schwanz an ihr Becken.

«Was mich nur umso mehr anstachelt, sie dir kaufen zu wollen.»

Sarah legt die Arme um meinen Hals und spielt mit meinem Haar. Und bevor sie es ausspricht, spüre ich schon, wie das Wort – die Welt – versucht, sich zwischen uns zu drängen, uns auseinanderzubringen.

«Aber ...»

Aber die Show, diese verdammte Show, die mich nicht einmal interessiert, die mich nie interessiert hat. *Aber* die Crew, mit der das Schloss genau in diesem Moment erfüllt ist, und die Verträge, die ich unterschrieben habe. *Aber* die anderen Frauen, einschließlich ihrer eigenen Schwester, die ich während der nächsten zwei Wochen immer noch unterhalten und beschäftigen soll.

Scheiße.

Ich denke an all die Male, in denen Granny mir Vorträge gehalten hat, über meine Verantwortung, über Pflicht und Ehre und darüber, wie wichtig es ist, meine Versprechen einzuhalten. Gott, das ist beschissen.

Aber ich will das Richtige tun. Ich will nicht mehr dieser dumme Junge sein, der sich drückt und Ausflüchte macht und alles verbockt.

Ehre bedeutet jetzt etwas anderes für mich. Mehr. Weil Sarah einen guten Mann verdient, einen ehrenhaften Mann. Beständig und verlässlich und ehrlich.

Und ich will dieser Mann für sie sein.

«Aber ich bin noch zu zwei weiteren Wochen Dreharbeiten verpflichtet. Ich habe ihnen mein Wort gegeben, und ich spreche für das Haus Pembrook.»

Ich spüre, dass sie nickt. «Das ist keine unbedeutende Sache.»

Ich sehe ihr in die Augen. «Ich will nicht weiterdrehen. Das weißt du, oder?»

Sarah seufzt, und ihre Miene ist so offen, so verdammt vertrauensvoll. Es macht mich demütig.

«Das weiß ich, ja.»

«Wenn ich könnte, dann würde ich hier mit dir in diesem Bett bleiben. Glaubst du mir das?»

«Ja. Aber das kannst du nicht.»

«Nein. Das kann ich nicht.»

Was für eine Scheiße. Und das alles habe ich mir selbst eingebrockt. Wo zum Teufel ist dieser Morgenstern?

«Die anderen Mädchen, Henry ... Du wirst sie nicht anrühren?» Sie versteift sich an meiner Seite. «Nicht so. Das werde ich nicht dulden.»

«Nein, natürlich nicht. Ich werde sie kaum ansehen, das schwöre ich. All meine Berührungen, meine Hände, meine Lippen, mein Schwanz gehören jetzt dir, süße Sarah.»

Sie grinst. «Das ist gut zu wissen.» Aber dann werden ihre Augen schmal. «Hast du sie angerührt? So?»

Ich lache über die Eifersucht in ihrem Ton.

«Nein. Ich bin praktisch ein Mönch. Wie es scheint, hatte das Schicksal von Anfang an beschlossen, uns hier zusammen landen zu lassen.»

«Gut.»

Weil ich sichergehen will, dass zwischen uns alles klar ist, damit es keine Missverständnisse gibt, fasse ich noch einmal zusammen: «Also, ich werde tun, was ich tun muss, während der nächsten zwei Wochen bei der Sache mitspielen und meinen Verpflichtungen nachkommen. Aber wir werden das hier haben, hier in diesem Zimmer. Wir werden zusammen sein. Ja?»

Als sie nickt, atme ich vor Erleichterung auf.

«Ja.»

Nun, da wir das aus dem Weg geräumt haben, beuge ich mich vor und küsse sie erneut, lasse meine Zunge über ihre gleiten. Begierig erwidert sie den Druck, aufrichtig und so verdammt perfekt. Meine Lippen ziehen eine Spur an ihrem Kiefer entlang zu ihrem Ohr, und sie erschaudert an mir.

«Ich will dich noch mal kommen lassen, Sarah.»

Sie knabbert an meinem Ohrläppchen. «Ja, bitte.»

Und ich lache. «So höflich.»

Dann gibt es kein Reden mehr. Es gibt nur noch Stöhnen und Keuchen und sich Winden und Kommen. Bis wir beide viel später erschöpft und verausgabt einschlafen.

18

HENRY

Am nächsten Morgen wache ich mit meiner Nase an der weichen Haut eines duftenden Halses auf, und Haarsträhnen kitzeln mein Gesicht. Ich umarme Sarah und knabbere an ihrer Schulter, aber sie stöhnt nur schläfrig.

Die Ärmste – ich habe sie sehr lange wach gehalten, indem ich sehr, sehr schlimme Dinge getan habe.

Und ich kann verdammt noch mal nicht aufhören, deswegen zu lächeln.

Ich schlüpfe unter der Decke hervor, dusche und ziehe mich an. Heute ist ein Außendreh. Laura und ich werden den ganzen Tag lang wandern. Bevor ich gehe, knie ich mich neben das Bett und streiche Sarahs Haar zurück, dann streichle ich an ihrem Arm auf und ab, bis schließlich ihre langen Wimpern flattern und sie die Augen öffnet.

«Henry? Wie spät ist es?»

«Noch früh. Du kannst weiterschlafen. Ich wollte nur nicht gehen, ohne mich zu verabschieden. Wie fühlst du dich?»

Ich war noch nie mit einer Jungfrau zusammen. Und auch wenn letzte Nacht nicht das große erste Mal für Sarah war, waren es eine Menge kleiner erster Male. Als der Erfahrene möchte ich sichergehen, dass es ihr damit gutgeht.

Sie streckt sich, dabei rutscht die Bettdecke herunter und enthüllt ihren eleganten Hals und die perfekten Brüste. Mein Mund wird trocken, und mein Kopf ist leer.

«Ich fühle mich … verkatert», sagt sie. «Ausgelaugt.» Und dann lächelt sie unartig. «Und geil. Ich glaube, Sie haben ein Monster geschaffen, Eure Hoheit.»

Mein Kopf fällt mit einem dumpfen Laut aufs Bett. Warum verlasse ich noch mal dieses Zimmer? Ach, stimmt ja, erinnert mich mein Schwanz – weil ich ein Narr bin.

«Merk dir diesen Gedanken.» Ich küsse sie, schnell und spielerisch. «Und rühr dich nicht vom Fleck. Wir machen genau hier weiter, sobald ich heute Abend zu dir zurückkomme.»

SARAH

Es ist ein herrlich entspannter Tag. Nachdem Henry gegangen ist, schlafe ich sofort wieder ein und wache erst am Mittag wieder auf. Penny kommt, um nach mir zu sehen und sich zu vergewissern, dass es mir nach gestern Abend gutgeht. Sie erklärt, dass Lancaster rausgeworfen wurde, nachdem Henry ihn zusammengeschlagen hat. Ich bin normalerweise kein rachsüchtiger Mensch, aber in diesem Fall mache ich eine Ausnahme.

Penelope sagt auch, dass Elizabeth heute Vormittag mit Sam gegangen ist. Sie wollte bleiben, das Spiel um der Show willen weiter mitspielen, wie Henry es ausgedrückt hat, aber Sam hat sich durchgesetzt.

«Schön für sie», sagt Penny, und ich stimme ihr zu.

Nachdem sie gegangen ist, dusche ich und ziehe mich an und hole mir einen schnellen Bissen am Catering-Tisch, dann gehe ich schnurstracks wieder nach oben, um faul zu sein. Ich liege in der Nische und lese, die Stirn an das kühle Glas der

Fensterscheibe gelehnt, aber meine Gedanken wandern immer wieder von meinem Roman zurück zu dem, was Henry und ich letzte Nacht getan haben.

Jetzt verstehe ich, warum so ein Wirbel darum gemacht wird.

Ich bin nicht völlig ahnungslos. Ich weiß, was ein Orgasmus ist, und habe mir seit Jahren gern welche verschafft. Aber einen von Henry zu bekommen ... ist einfach *wow.* Er ist kühn und selbstbewusst. Ich glaube sogar, sein Selbstbewusstsein ist mir das Liebste dabei: wie er sich bewegt, wie er mich und sich selbst berührt, wie sicher er sich dessen ist, was er tut. Und das weiß er. Es ist schön und aufregend zugleich. Und es gefällt mir, wie wir hinterher darüber geredet, reinen Tisch gemacht haben. Das wird es einfacher machen.

Er ist der Kronprinz, der Star der Show. Ich kann kaum erwarten, dass er aufhören wird wie Elizabeth. Ich muss verständnisvoll sein. Und das bin ich. Wirklich.

Außerdem sind es nur noch zwei Wochen. Die werden wie im Flug vergehen.

♛

Es ist nach sechs und bereits dunkel, als sich die Schlafzimmertür öffnet. Henry lehnt sich dagegen und beobachtet mich. In seinen Augen schimmert ein intensives, beinahe gefährliches Leuchten. Alles an ihm ist angespannt, sein Kiefer, seine Schultern, seine geballten Hände.

Ein Schauer rieselt über meine Haut, als er vorwärtsschleicht wie ein Jaguar oder Löwe – nichts als geschmeidige Anmut und geballte Kraft. Im Gehen greift er in den Nacken seines Shirts und zieht es sich über den Kopf, dabei enthüllt er die straffen, sehnigen Muskeln seiner Arme und seines Bauchs. Die Jogginghose sitzt tief auf seinen Hüften und präsentiert vereinzelte goldene Haare, die als Pfad unter dem Hosenbund verschwinden. Und die Vorstellung, meine Wange, meine Lippen an diesem Haar zu reiben, springt mir in den Kopf. Wird es weich sein? Drahtig? Würde Henry stöhnen, wenn ich darüberpuste, oder würde er mich an den Haaren packen und meinen Mund zu interessanteren Stellen dirigieren?

Als er das Bett erreicht, umfasst er meinen Knöchel und zieht mich zum Bettrand. «Daran habe ich den ganzen Tag gedacht.»

Erst als ich spreche, merke ich, dass ich atemlos bin. «Woran?»

Und der Mann, der mein König sein wird, sinkt vor mir auf die Knie.

«Daran, dich zu kosten. Ich werde dich lecken, bis meine Zunge versagt. Irgendwelche Einwände?»

Oh Gott …

Seine Lippen verziehen sich zu einem bezaubernd schiefen Grinsen. «Sprachlos, Liebes? Wegen etwas, das ich gesagt habe?» Seine Hände gleiten unter meinem Rock empor, packen mein Höschen und ziehen es mir über Hüften und Beine hinunter. Seine Bewegungen sind sicher und selbstbewusst.

Dann betrachtet er den beigen Seidenstoff in seiner Hand, beinahe neugierig. «Wie machst du das? Etwas so Schlichtes so heiß aussehen zu lassen, dass ich schon nach zwei Stößen kommen könnte?»

Dann drückt er sich mein Höschen aufs Gesicht und atmet ein, genüsslich die Augen schließend.

Oh mein Gott …

Er zieht mir den Rock nicht aus, sondern schiebt ihn zu meiner Taille hoch, um mich der kühlen Luft und seinem glühenden Blick auszusetzen. Mein Herzschlag pocht mir in den Ohren, nicht schnell und unregelmäßig, sondern in einem tiefen, harten, gleichmäßigen Rhythmus.

Henry küsst meine Wade, dann meine Kniekehle. «Ich muss es hören, süße Sarah. Willst du, dass ich dich lecke?»

«Ja», flüstere ich so leise, dass ich mich selbst kaum hören kann.

«Sag es. Sag: ‹Leg deinen Mund auf mich, Henry. Koste mich, küss mich, fick mich mit deiner Zunge.›»

Ich werde sterben. Er wird mich mit Worten und Erregung und Verlangen umbringen.

«Ja, alles davon.» Ich schlucke und versuche, ihm zu geben, was er will. «Koste mich, Henry. Fick mich m…»

Ich beende den Satz nicht, weil er sich mit einem tiefen Stöhnen auf mich stürzt. Sein Mund saugt und leckt, gierig – ausgehungert. Und es ist phantastisch. Schwindelerregend göttlich. Meine Haut fühlt sich elektrisiert an, und warme, feuchte, pulsierende Lust pocht durch meine Adern. Ich lasse den Kopf zurück aufs Bett sinken, weil ich ihn nicht mehr halten kann, und meine Beine spreizen sich weiter, meine Hüften winden sich, wollen ihn, wollen das hier, wollen ihn alles tun lassen, solange er nur niemals damit aufhört, mich zu berühren.

«Das ist so gut … so gut … Henry.»

Meine Worte sind so unzusammenhängend wie meine Gedanken, und ich weiß nicht wirklich, was ich sage.

Er umfasst meinen Po und hält mich hoch an seinen Mund. Ich spüre seine Zähne an meinen weichen Lippen, seine Zunge leckt auf und ab, zeichnet immer wieder feste Kreise um meine Klitoris.

Aber dann bewegt er seinen Mund fort und knabbert an der zarten Haut meines Oberschenkels. «Gib mir deine Hände.» Henrys Atem streift heiß über mich.

Ich tue, was er sagt, und er legt sie genau dorthin, wo er sie haben will – zwischen meine Beine, wo ich mich mit den Fingern für ihn offen halte, die Daumen an meiner Spalte, um mein empfindsamstes Fleisch bloßzulegen.

«Bleib genau so», stößt er rau hervor. «Verdammt, schau dich an.» Er leckt mich mit der äußersten Zungenspitze. «So eine hübsche, rosige, enge Pussy.»

Ohmeingottohmeingottohmeingott …

«Du magst solche Worte, nicht wahr?» Sein Finger streift über meine feuchte Öffnung, in langsamen, trägen Kreisen. «Sie machen dich feucht.»

«Das ist so … unanständig», keuche ich, aber bin überhaupt nicht verlegen.

«Deshalb macht es ja Spaß.» Er drückt einen Kuss auf meine Klitoris, und ich stöhne laut auf. «Weil du so verdammt süß bist.»

Dann hebt Henry seinen Blick zu meinem. «Und jetzt, Sarah … schau zu.»

Langsam leckt er mich von unten nach oben. Beim zweiten Mal hält er an meiner Öffnung inne und drängt hinein. Er stößt rein und raus, tief und konzentriert, fickt mich, genau wie er gesagt hat … mit seiner Zunge. Ich wimmere, und er stöhnt. Und diese Intensität, diese Lust türmt sich zu hohen Wellen in mir auf. Ich versuche, weiter zuzusehen, weil es das ist, was Henry will, aber es ist alles einfach zu viel.

Meine Beine zittern auf seinem Rücken, ich winde mich und presse die Schenkel zusammen.

«Bitte, bitte, bitte, oh bitte ...»

So dicht davor ...

So dicht ...

Seine Zunge wird ersetzt durch Finger. Und als seine Lippen sich über meiner Klitoris schließen und sanft saugen, krampfen sich meine Muskeln um diese Finger, und mein Verstand wird gleißend und leer, als erschütternde Wonne durch meinen Körper zuckt. Welle um Welle lässt mich den Rücken wölben und aufschreien.

Als der Orgasmus schließlich zu träger Zufriedenheit verebbt, küsst Henry sich zu meinen Lippen empor. Sein Kuss ist hart und dominant, mit Zähnen und Zunge. Und ja, ich schmecke mich selbst auf seinen Lippen, genau, wie es in den Büchern steht. Aber da sind weder Scham noch Ekel. Es ist erregend, erotisch und perfekt – weil mit Henry alles perfekt ist. Und ich empfinde so viel Zärtlichkeit für ihn. Ich lege die Arme um seinen Hals und seinen Rücken, um alles, was ich erreichen kann.

«Das war ... phantastisch», sage ich.

Henrys Lippen liebkosen meinen Hals, und ein Lachen grollt in seiner Brust.

«Das ... war erst der Anfang.» Er lehnt sich gerade lang genug zurück, um mir das Shirt über den Kopf zu ziehen und den Rock auf den Boden zu werfen. Dann rollt er sich auf den Rücken, greift mir unter die Arme und hebt mich mühelos hoch, bis ich rittlings auf seiner Brust sitze.

Das sollte mir peinlich sein, ich meine, mein Schritt ist beinahe in seinem Gesicht. Und wie es scheint, will Henry von beinahe zu buchstäblich übergehen.

Er winkt mit gekrümmtem Finger, dabei sieht er sorglos und jung und herzzerreißend glücklich aus. «Halt dich am Kopfteil fest und bring diese süße Muschi hier rauf.»

Und ich lache, weil ... wer sagt so was?

«Bist du dir sicher?»

«Meine Zunge ist noch lange nicht müde. Und ich brauche mehr von dir, Sarah.»

Er fühlt sich so verdammt wohl in seiner Haut, so sicher und selbstbewusst. Und er sorgt dafür, dass ich mich genauso fühle. Schön und frech. Mutig. Als könnte ich alles tun, alles sagen, alles sein.

Aber im Moment ist alles, was ich will, ihm zu gehören. Also befolge ich den Befehl meines Prinzen.

HENRY

In der Oberschule haben meine Freunde und ich ein Trinkspiel namens *Wie ich gern abtreten würde* erfunden. Es ging darum, sich die großartigste, beste Todesart einfallen zu lassen, zum Beispiel in einem Fass Ale zu ertrinken oder das Chemielabor zum Wohl aller Studenten in die Luft zu sprengen. Ich habe gerade die ultimative, grandioseste Art zu sterben entdeckt: mit Sarah Van Titebottum, die auf meinem Gesicht sitzt.

So würde ich abtreten wollen, oh ja.

Ihre Pussy ist perfekt. Sie riecht wie verdammte Rosen und schmeckt wie Sonnenschein. In den letzten eineinhalb Stunden ist sie dreimal gekommen. Ich glaube, ich habe mir die Zunge verrenkt. Das war's absolut wert.

Zufrieden seufzend kuschelt sich Sarah an meine Seite, die

hübschen Augen geschlossen. Ich starre an die Decke und versuche, nicht daran zu denken, wie schmerzhaft hart ich bin. Gut möglich, dass mein Schwanz tatsächlich platzen könnte – was schon wehtut, wenn ich nur daran denke –, so hart bin ich.

Sarah streicht mit der Hand über meine Brust. «Henry?», sagt sie leise und süß.

«Hmm?»

«Ich will das bei dir auch machen.»

Meine Augen fliegen auf. Und ich werde tatsächlich noch härter. Aber ich muss mir sicher sein, dass sie gesagt hat, was ich glaube, das sie gesagt hat. Ich bin nicht in der Verfassung, verschaukelt zu werden.

«Was machen?»

Sie stützt sich auf ihren Arm hoch und schaut mit geröteten Wangen auf mich herunter. Und da sind eine neue Direktheit in ihren Augen und eine Kühnheit, die gestern noch nicht da waren, glaube ich. Das macht sie sogar noch sexyer.

«Ich will es dir mit dem Mund machen.» Sie schaut hinunter, wo meine Unterhose ein so großes Zelt bildet, dass es schon beinah lustig ist. Ich habe sie absichtlich anbehalten, damit ich mich nicht hinreißen lasse. Sarah nackt ist eine Sache, wir beide nackt und uns aneinanderreibend ist zu gefährlich.

Ich sollte sie fragen, ob sie sich sicher ist. Ich sollte ihr sagen, dass sie das nicht tun muss.

Aber was ich tatsächlich sage, ist: «Verdammt, lieber Gott, ja, bitte.»

Sie kichert, und ich spüre es in meinem schmerzenden Schwanz. Dann senkt sie den Kopf und beginnt, kleine Küsse auf meinem Schlüsselbein zu verteilen. Sanfte, gehauchte, streifende Berührungen warmer Lippen. Sie lässt ihre Zunge über eine Brustwarze schnellen, was mir ein Stöhnen entlockt.

«Ich fühle mich trunken, Henry. Wild. Und ich möchte, dass du dich ebenso gut fühlst. Ich will dir dieses Gefühl so sehr schenken.»

Ich richte mich wieder auf und ziehe sie zu mir hoch, um sie tief und feucht zu küssen. «Das tust du, Sarah. Alles, was du tust ... fühlt sich unglaublich an.»

Sie bewegt sich tiefer, und ich fange an, heftiger zu atmen. Ihre Zunge leckt an meinen Bauchmuskeln und wirbelt um meinen Nabel, und ich muss die Fäuste in die Laken krallen, um nicht ihren Kopf zu packen und in ihren Mund zu stoßen. Und als diese feuchte, rosige Zunge unter den Bund meiner Unterhose gleitet, verliere ich fast den Verstand.

Ich brauche eine Ablenkung. Also stelle ich dumme Fragen, auf die ich die Antworten bereits kenne.

«Hast du das hier schon mal getan?»

Sie kichert an meiner Haut. «Nein.»

Und ich genieße es, das laut zu hören. Zu wissen, dass ich ihr Erster bin.

Ihr *Einziger*.

Es fühlt sich so gierig, so verdammt besitzergreifend an. Mein, mein, jeder Zentimeter von ihr ist mein. Wenn sie meine Gedanken lesen könnte, würde sie mich wahrscheinlich sexistisch nennen, vielleicht frauenfeindlich, aber das ist mir egal. Es ist herrlich. Und wenn es mich zu einem Schwein macht, das zu denken, nun ... *grunz, grunz*.

«Aber ich habe darüber gelesen. Manche Szenen sind sehr ... detailliert beschrieben.»

Als sie am Bund meiner Unterhose zieht, hebe ich die Hüften, und sie schiebt sie in einem einzigen Schwung runter, worauf mein Schwanz an meinen Bauch tippt.

«Wie detailliert?», presse ich hervor, während ich versuche, nicht meinen verdammten Verstand zu verlieren.

Sie macht es sich auf den Ellbogen bequem, rückt ihre Brille zurecht und schaut meinen Schwanz an, als wäre er etwas, aus dem es schlau zu werden gelte. Er genießt es und wird zuckend dicker, süchtig nach Aufmerksamkeit, wie er nun mal ist. Sarah umfasst mich an der Wurzel und kommt mit ihrem Mund näher, nah genug, dass ich ihren warmen Atem auf mir spüren kann.

«Nun, die Bücher sagen, das hier ist die empfindlichste Stelle, besonders dieser kleine Wulst hier.»

Sie wirbelt mit der Zunge um die Spitze, dann leckt sie an besagtem Wulst. Mein Schädel gräbt sich ins Kissen, und es ist so gut, dass es beinahe wehtut.

«Das stimmt», stöhne ich.

Dann küsst sie am Schaft auf und ab, dabei redet sie weiter.

«Und, es wird immer erwähnt, die Hoden zu massieren; dass es das besser macht.» Ihre Stimme wird neckend. «Sollte ich diese Theorie mal testen?»

Freches Mädchen.

Alles, was ich tun kann, ist nicken. Und dann wimmere ich, als sie meine Eier umfasst und heiße, schwere Lust jeden Nerv meines Körpers in Brand steckt.

«Wie nennen sie den Penis?», frage ich. Ich habe keine Ahnung, warum. «Kann mir nicht vorstellen, dass Jane Austen das Wort Schwanz geschrieben hat.»

Es ist möglich, dass ich das Wort einfach nur aus Sarahs Mund hören will.

«Kommt auf das Buch an», sagt sie, während sie mich von der Wurzel bis zur Spitze leckt, die pralle, schmerzende Spitze umspielt und dann mit ihrer heißen, feuchten Zunge wieder nach unten leckt. Und dann tut sie es noch mal.

«Austen nicht, aber ein paar Bücher nennen einen Schwanz einen Schwanz.»

Das ist so verdammt gut.

«Andere nennen ihn Schaft oder Schwert ... und die Frau ist die Scheide.»

«Klingt schmerzhaft.»

Sarah kichert, und dann gleitet meine Eichel in die feuchte Höhle ihres Mundes, und ich stöhne.

Sie zieht ihren Mund wieder zurück und streichelt mich.

«Und das hier», sie reibt mit dem Daumen über den kleinen Tropfen an der Spitze, «wird manchmal die ‹Perle der Lust› genannt, und sie sagen immer, sie schmeckt süß oder salzig.» Und dann leckt sie mich verdammt noch mal ab. «Mmm ... ein bisschen salzig.»

Und ich bin verloren.

«Nimm mich in den Mund, Sarah. Ganz. Saug fest daran. Und schnell. Jetzt.»

Und sie tut genau das. Nimmt mich in ihren engen, feuchten Mund auf, saugend und leckend, und legt ihre kleine Hand kräftig massierend um das, was sie nicht aufnehmen kann.

«Das ist gut, so gut, Liebes.»

Sanft umfasse ich ihren Hinterkopf, und als die Lust mich zu überwältigen droht, ziehe ich mich aus Sarahs Mund zurück und lege meine Hand auf ihre, um ihr zu zeigen, wie sie mich am Ende fest und schnell massieren soll. Und mit einem kehligen Stöhnen komme ich auf Sarahs Hand und meinen Bauch.

Als ich mich wieder rühren kann, hebe ich die Hand und winke sie näher zu mir. Dann küsse ich ihren Mund, weich und zärtlich.

Mit einem stolzen Lächeln lehnt sie sich zurück. «Ich finde Blowjobs phantastisch.»

Von ihren Lippen wäre das bezaubernd ... wenn es nicht so heiß wäre.

«Ich kann dir gar nicht sagen, wie glücklich ich bin, das zu hören», bringe ich erstickt hervor.

Sie taucht den Finger in das Sperma auf meinem Bauch und reibt es zwischen Daumen und Zeigefinger. Und das lässt mich an all die Stellen denken, an denen ich auf ihr kommen möchte.

«Das nächste Mal würde ich gern versuchen, es zu schlucken, Henry.»

Das nächste Mal wird mich wahrscheinlich umbringen.

Und da haben wir eine weitere Weise, wie ich definitiv gern abtreten würde.

19

SARAH

Die Beziehung zwischen Henry und mir läuft wunderbar ... drei Tage lang. Dann mache ich einen Fehler: Ich verlasse mein Zimmer. Während er dreht. Während er mit anderen Frauen dreht, einschließlich meiner Schwester.

Es fängt an im Speisesaal, wo Henry mit allen drei verbliebenen Teilnehmerinnen frühstückt – Penny, Laura und Cordelia. Henry ist in ausgelassen guter Stimmung, er lächelt und lacht ... und scherzt mit ihnen allen. Und so fängt es an. Mit einem bitteren Geschmack im Mund denke ich, *er sollte mit mir scherzen, und nur mit mir.*

Der rationale Teil meines Gehirns ermahnt mich: Wir haben darüber gesprochen. Er hat mich gefragt, ob ich ihm glaube, dass er nicht weiter drehen will, und ich habe Ja gesagt.

Also warum frage ich mich jetzt, ob er vielleicht nicht ganz ehrlich war? Ob es ihm vielleicht, nur vielleicht, gefällt, dass sich tagsüber drei schöne Frauen um ihn reißen und er nachts eine andere, naive Frau im Bett hat.

Gerade scheint es ihm jedenfalls sehr zu gefallen.

Laura schließt vor Ekstase die Augen, als sie das Omelett isst, das die für die Show engagierte Köchin zubereitet hat. Und dann sagt sie: «Henry! Das musst du probieren, das ist nicht von dieser Welt!»

Es sind *Eier*, verdammt.

Aber sie schiebt einen Bissen Omelett auf ihre Gabel ... dieselbe Gabel, die sie gerade benutzt hat … und bietet ihn Henry an.

Und das ist es, was mir den Rest gibt. Ich muss gehen. Ich bleibe nicht, um zu sehen, ob er von ihrer Gabel isst.

Unmittelbar bevor ich mich umdrehe, die Hände an den Seiten zu Fäusten geballt, fängt Henry meinen Blick auf, und was auch immer er auf meinem Gesicht sieht, lässt ihn im Kauen innehalten und das Lächeln von seinen Lippen verschwinden.

Aber er kommt mir nicht hinterher. Er frühstückt und filmt einfach weiter.

♛

Zur Mittagszeit geht alles weiter bergab, wie eine Lawine. Es wird draußen gedreht, auf dem Schlossgelände. Es ist kalt und windig, aber die Sonne scheint. Henry geht mit Cordelia und ihrem furzenden kleinen Hund Walter spazieren. Er nimmt Walters Leine, und sie plaudern lächelnd miteinander, während sie dahinschlendern. Sie geben ein so schönes Bild zusammen ab.

Er hält nicht ihre Hand oder legt seinen Arm um sie. Er behält Walter immer entschlossen zwischen ihnen wie einen sabbernden kleinen Puffer, sodass er sich, selbst als Cordelia sich zu einem Kuss vorbeugt, wegdrehen und einen Ball aufheben kann, um mit dem Hund Apportieren zu spielen.

Das sehe ich alles.

Aber das hilft nicht gegen dieses absolut jämmerliche Gefühl in mir, als ich die beiden zusammen beobachte. Es ist eine Sehnsucht, als versuche meine Seele, aus meinem Körper zu kommen, und es ist ein erdrückender Schmerz, als würden mein Herz und meine Lunge von einem unsichtbaren Schraubstock zerquetscht.

Nach seinem Spaziergang mit Cordelia kommt Henry sofort zu mir in den Schlosshof, mit Sorge im Blick. Er legt mir die Hand auf den Arm, und einfach so schlägt mein Magen wieder Purzelbäume. Er ist ein schwaches Organ, und es braucht nicht viel, um ihm eine Freude zu machen.

«Was ist los mit dir?», fragt Henry.

Ich öffne den Mund, um zu antworten, aber er lässt mich nicht.

«Und sag jetzt nicht ‹nichts›. Ich weiß, dass etwas ist. Du siehst mich an, als wolltest du in Tränen ausbrechen und mir in die Eier treten, und kannst dich nicht entscheiden, was davon du zuerst tun sollst.»

Ich lache, denn es ist, als könne er meine Gedanken lesen.

«Es ist das hier, nicht wahr?» Sein Blick zuckt um uns herum, auf die Kameras und die Crew. «Das ist es, was dich stört.»

Und ich habe ihn bisher noch nie angelogen, also warum sollte ich jetzt damit anfangen?

«Ja.»

Henry nickt und wirkt betroffen, doch bevor er noch etwas sagen kann, ist Penelope da, hakt sich bei ihm unter und sieht dabei bezaubernd aus in ihren engen, abgeschnittenen Jeans und einem lässigen rotbraunen Top. Sie ahnt nicht, in was für eine Unterhaltung sie da gerade hineingeplatzt ist.

«Komm schon, Henry! Jetzt sind wir in der Küche dran. Sie

lassen uns Lavakuchen backen! Ich liebe Lavakuchen, aber ich hab noch nie einen gebacken. Das wird ein episches Desaster!»

Und dann schaut meine kleine Schwester zwischen uns hin und her.

«Was ist los??»

Und sie ist meine Schwester. Gerade bei meiner geliebten Schwester sollte ich es ertragen können, sie mit Henry zu sehen.

Ich schüttle den Kopf und sehe Henry in die Augen. «Ich bin nur albern. Alles ist gut.»

Er zögert.

«Wirklich, Henry, ist schon in Ordnung.»

«Was ist in Ordnung?», bohrt Penny nach. «Was zum Teufel ist los mit euch beiden?»

Und ich sehe genau, wann Henry entscheidet, weiterzumachen. Ein breites Lächeln legt sich auf sein Gesicht, und seine Stimme verändert sich mit offensichtlich falscher Begeisterung, aber ich bin die Einzige, die es bemerkt.

«Nichts ist los, Pen. Sarah will die Tunnel unter dem Schloss erkunden. Angeblich gibt es da unten einen alten Kerker, vielleicht die eine oder andere Gruft, aber sie hat zu viel Angst, allein zu gehen.»

Penny quietscht auf. «Oooh, das ist gruselig! Nun, Henry kann ja nach dem Dreh mit dir gehen, aber auf mich könnt ihr dabei verzichten! Ich könnte keine weitere Nacht mehr in diesem alten Gemäuer hier schlafen.» Sie zieht an Henrys Arm. «Komm schon, sie warten auf uns. Und du musst dich noch frischmachen und umziehen.»

Mit einem letzten Blick auf mich lässt er sich von ihr fortziehen.

Wie sich herausstellt, macht Henrys traute Zweisamkeit mit meiner Schwester die Sache schlimmer, nicht besser. Als sie flirtend Puderzucker nach ihm wirft, würde ich mich am liebsten übergeben. Und als er ihr mit einem Geschirrtuch etwas Teig von der Wange wischt, eine streng platonische Geste, stelle ich fest, dass es mir reicht. Ich kann mir das nicht länger ansehen. Ich will nicht.

Und mehr noch, ich kann mich nicht in meinem Zimmer verstecken, wenn ich weiß, dass Szenen wie diese – und schlimmere – außerhalb davon vor sich gehen.

Ich spüre, dass sein Blick mir folgt, als ich mich auf dem Absatz umdrehe und nach oben stampfe.

HENRY

Zwei Stunden später finde ich sie in unserem Zimmer beim Packen vor, während auf ihrem Handy leise im Hintergrund John Cale *Hallelujah* singt. Zu sehen, wie Sarah ihre Sachen zusammensucht, ihre kostbaren Bücher gepackt in der Tasche neben der Tür, bereit zum Aufbruch, macht mich verdammt wütend. Rasend geradezu. Denkt sie wirklich, sie kann einfach gehen?

Glaubt sie tatsächlich, ich würde sie gehen lassen?

Am liebsten würde ich all ihre Sachen aus dem Fenster ins Meer werfen und sie an das verdammte Bett fesseln – und ich weiß, wie krank sich das anhört, deshalb sage ich es nicht laut.

Ich will sie nicht kontrollieren, ich will sie einfach nur bei mir behalten. Ihr sanftes Temperament, ihre liebliche Schönheit sind zum Mittelpunkt meiner Welt geworden, und ich bin mir nicht mehr sicher, wie ich ohne sie funktionieren soll. Ich nehme es zurück: Ich will sie nicht am Bett festbinden, zumindest nicht im Moment. Ich will Sarah *an mich* binden.

Mit verschränkten Armen lehne ich mich an die geschlossene Tür. Sie zuckt zusammen, als ich spreche, als habe sie nicht gewusst, dass ich hier bin.

«Was machst du da?»

Meine Stimme ist ruhig, aber ich weiß, dass meine Augen hell und eindringlich leuchten, und in meinen Gliedern ist eine sichtbar fieberhafte Anspannung, weil wir beide ganz genau wissen, was sie da macht.

«Ich fahre nach Hause.»

Ich nicke, dabei beobachte ich jede ihrer Bewegungen. Das sanfte Schwingen ihrer Hüften, diesen reizenden straffen Hintern, der wie geschaffen dafür ist, hineinzubeißen; die zarte Linie ihres Kiefers, der jetzt vor Frustration angespannt ist.

Sie legt einen Stapel Pullover in den Koffer, und ich trete vor, schnell und heftig. Und eine Sekunde später sind ihre Pullover nicht mehr im Koffer. Sie liegen überall im Zimmer verstreut.

«Hey!» Mit wütendem Blick hebt sie einen davon auf, schüttelt ihn aus, faltet ihn zusammen und legt ihn wieder in den Koffer – und sofort fliegt er wieder über meine Schulter.

«Hör auf damit!»

Ich trete näher zu ihr, wir stehen Nase an Nase. «Hör *du* damit auf. Du gehst nirgendwohin.»

Sie wirft die Arme in die Luft. «Warum nicht? Penny hat

bisher ihr bestes Verhalten an den Tag gelegt. Meine Mutter wird zufrieden sein. Es gibt keinen Grund mehr für mich, hier zu sein!»

«Ich bin der Grund!», schreie ich zurück. «Ich brauche dich hier!»

Sarah senkt den Blick. «Ich kann das nicht. Ich halte es nicht aus. Ich dachte, das könnte ich, aber es geht nicht. Dich mit ihnen zu sehen ruft etwas Hässliches und Schmerzhaftes in mir hervor. Vielleicht kannst du zu mir kommen, wenn das alles hier vorbei ist, und dann sehen wir, ob da etwas zwischen uns ist ...»

Ob da etwas zwischen uns ist? Hat sie verdammt noch mal den Verstand verloren?

«Ich schmeiße die Show hin. Heute noch.»

Das lässt sie abrupt innehalten. Damit hat sie nicht gerechnet. Sie hat tatsächlich gedacht, dass ich sie einfach zur Tür hinausspazieren lasse. Ich kann mich nicht entscheiden, ob das lustig oder traurig ist.

«Ich glaube nicht, dass du das tun kannst.»

«Ich kann alles tun, was ich will ... Das bringt der Titel mit sich.»

«Vanessa wird stinksauer sein.»

Ich zucke mit den Schultern. «Deshalb haben wir Anwälte unter unseren Bediensteten.»

Sarah kommt näher, langsam, vorsichtig, und schaut zu mir hoch. «Das würdest du tun? Hinschmeißen, nur weil ich mich darüber aufrege?»

Beinahe lache ich. «Natürlich.»

«Warum?»

Und dann bin ich derjenige, der mit verblüfftem Blick auf

sie hinunterschaut. «Weil ich in dich verliebt bin, du süßes, dummes Mädchen.»

Sie wird stumm und … sieht mich nur an. Und ihre Augen werden feucht.

Ich lege eine Hand an ihre Wange. «Wusstest du das nicht? Kannst du das nicht sehen, Sarah? Ich bin absolut verrückt nach dir.»

Sie holt einen zitternden Atemzug. «Ich war mir nicht sicher. Ich habe es gehofft, aber …»

Ich nehme ihr die Brille ab und lege sie auf den Nachttisch, damit ich ihre Augenlider küssen kann, und schmecke dabei Tränen.

«Ich liebe dich.» Dann küsse ich sie auf beide Wangen und das zierliche kleine Kinn. «Ich liebe, liebe, liebe dich.»

Ich küsse ihre Nasenspitze und den vollen, perfekten Mund.

Und dann sinken wir aufs Bett. Ich schiebe Koffer und Kleider beiseite, um Platz zu machen, aber meine Lippen verlassen dabei nie die ihren. Ich lege beide Hände unter ihren Kopf, halte sie fest, während unsere Zungen einander liebkosen. Und dann vertiefe ich den Kuss, und meine Hände streichen über weiche Haut und in ihr Haar. Sie zieht am Saum meines Hemds, um es an meinem Rücken hochzuschieben, und ich hebe die Arme, um ihr dabei zu helfen.

Dann graben sich ihre Hände in mein Haar. Ihre Lippen sind auf meinem Schlüsselbein, auf meiner Brust, an meinem Hals und meinem Kiefer. Ich ziehe ihr das Shirt aus und schnippe den Verschluss ihres BHs auf, damit er herunterfällt, und dann sind wir Haut an erhitzter Haut. Und es gibt keine Worte mehr. Wir brauchen keine Worte. Unsere Hände sprechen für uns, verzweifelt und innig, unsere Zungen, unsere Augen.

Als wir völlig nackt sind, gleite ich an Sarahs Körper hinunter, um an ihren aufgerichteten Nippeln zu saugen. Sie wölbt den Rücken und spreizt die Beine, und ich rutsche tiefer und küsse und lecke ihre Pussy, bis Sarah wimmert und sich auf dem Bett windet und an meinem Haar zieht. Dann richte ich mich wieder auf, blicke ihr tief in die Augen, und sie nimmt meinen Kopf in ihre Hände, als sie mich küsst, mit allem, was sie ist.

Ich schiebe meine Hand zwischen ihre Beine und stöhne in ihren Mund, als ich spüre, wie feucht sie ist. Und dann sind es nicht meine Finger, die ihre Lippen dort unten liebkosen, sie öffnen – es ist die harte, pralle Spitze meines Schwanzes. Ich spreize damit ihre feuchten Lippen, reibe über ihre Klitoris, und als ich weiß, dass sie es keinen Moment länger ertragen kann, als sie mich ebenso verzweifelt spüren will, wie ich mich nach ihr sehne, führe ich meinen Schwanz mit der Hand und dringe in sie ein.

Bei dem Gefühl ihrer unglaublichen Enge, dem saugenden, gierigen Griff ihrer Muskeln, die sich um meine Spitze zusammenziehen, stöhne ich auf. Heftig atmend ziehe ich mich zurück. Ich schaue hoch zu Sarahs Gesicht. Sie hat den Blick gesenkt und beobachtet mit keuchenden Atemzügen, wie ich wieder in sie eindringe, diesmal tiefer. Und sie stöhnt, sehnsüchtig, tief, hungrig.

Ich spüre, wie sich ihre Nägel in meine Arme bohren und ihre Hüften sich mir entgegenheben, weil sie mehr braucht. Alles braucht.

Wieder schiebe ich meinen Schwanz in ihre Enge, diesmal ohne aufzuhören. Geschmeidig, sanft dränge ich vorwärts, gleite hinein. Ich frage nicht, ob es ihr gutgeht; ich beobachte ihr schönes Gesicht, ihre geschlossenen Augen, entspannt und ohne zusammenzuzucken, während sie jede Empfindung intensiv wahrnimmt. Und verdammt, die Empfindungen sind überwältigend. Ihre feuchten, klammernden Muskeln schließen sich um mich, nehmen mich in ihr auf.

Die Unterarme aufs Bett gestützt, bin ich über ihr, Nase an Nase, Atem an Atem. Und dann ziehe ich die Hüften zurück und stoße zu, sodass ich vollständig, herrlich in ihr bin.

Sarahs Mund öffnet sich zu einem kurzen Schrei, und sie wirft den Kopf in den Nacken. Ich presse meinen Mund auf ihren und verschlucke ihr Stöhnen, lecke ihre Lippen und sauge an ihrer Zunge. Und dann öffnet Sarah die Augen, und sie leuchten vor Freude und Hitze und schmerzendem Verlangen.

«Du bist in mir», flüstert sie an meinem Mund, und es ist beinahe zu viel für mich. «Du bist in mir, Henry.»

Ich nicke hilflos. Dann verschränke ich unsere Finger miteinander und hebe unsere Hände über ihren Kopf. Und dann, den Mund auf ihren gepresst, sie küssend, als wäre dies der letzte Kuss meines Lebens, fange ich an, mich zu bewegen.

Gleichmäßig und sanft wiege ich die Hüften und reibe dabei mit meinem Becken über ihre Klitoris. Sie bewegt sich mit mir, die Hüften kreisend erhoben.

Und es ist so verdammt schön. Und es ist so verdammt richtig.

Alles, was vorher war, ist nichts. Das hier ist alles. Dieses mutige, umwerfende Mädchen in meinen Armen ist alles, was ich je brauchen werde. Mein Verstand wird schwerelos, und mein Körper übernimmt die Führung. Meine Bewegungen werden zu Stößen, härter als zuvor, ihre schlüpfrige Hitze und ihr langgezogenes Stöhnen machen mich verrückt. Sarah umklammert meinen Hintern und drängt mich tiefer.

«Henry», keucht sie. Ihre Finger graben sich mit angespannter Dringlichkeit in meine Schulterblätter. «Henry.»

Ich lege meine Arme unter und um sie, um sie enger an mich zu ziehen, sie wissen zu lassen, dass ich sie halten kann.

«Gut so, Liebes. Gut so», raune ich. «Du kommst gleich, du kommst gleich um meinen Schwanz herum. So ist es gut, Liebes.» Meine Hüften hören nicht auf, sich zu bewegen, an ihr zu reiben, tief in sie zu stoßen.

Und als Augenblicke später dieser perfekte, schluchzende, selige Schrei zwischen ihren Lippen hervorbricht, als sie die Schläfe an meine Wange presst und die Lust ihren Körper schüttelt ... Da lasse ich selbst los. Ich vergrabe mein Gesicht an Sarahs Hals, stoße und fülle sie aus. Ich komme mit einem mächtigen Pulsieren, mein Herz ein einziges Pochen, das nur diesem Mädchen gilt.

Hinterher hebe ich den Kopf und spüre die Liebkosung ihrer Hand an meinen Rippen. Ich küsse ihre Lippen und ihre Nase und wische Tränen fort, die aus ihren Augenwinkeln sickern.

Und Sarah sieht mir in die Augen und flüstert: «Ich liebe dich, Henry.»

Und das ist der schönste Moment meines Lebens.

«Wir haben nicht verhütet.»

Wahrscheinlich nicht gerade das Romantischste, was ich je nach dem Sex gesagt habe. Aber Kondome sind die goldene

Regel königlichen Geschlechtsverkehrs, und das hier ist das erste Mal, dass ich sie gebrochen habe.

Sarah nickt, den Kopf an meine Brust geschmiegt.

«Ich weiß.»

«Das ist meine Schuld. Ich hätte dran denken sollen.»

«Ich hätte auch dran denken können. Ich war Jungfrau, keine Idiotin.»

«Ich hab mich testen lassen, du brauchst dir also keine Sorgen zu machen.»

«Ich mache mir keine Sorgen.»

Ich drehe mich auf die Seite, damit ich ihre Augen sehen kann. «Was denkst du gerade?»

«Für ein Baby ist es der falsche Zeitpunkt in meinem Zyklus. Aber ich habe mal gelesen, dass es eine Bezeichnung für Leute gibt, die nur nach dem Zyklus verhüten.»

«Und wie lautet die?»

«Eltern», grinst Sarah.

Ich lache, dann stoße ich einen Seufzer aus und sehe wieder an die Decke. «Es wäre okay für mich, wenn du schwanger wirst. Ich meine ... Es wäre nicht ideal, im Großen und Ganzen gesehen, meine Großmutter würde einen Anfall kriegen, und es würde mein Leben noch chaotischer machen. Aber ich würde für dich sorgen. Und ich wäre einverstanden damit ... sogar glücklich, aufgeregt. Ist das verrückt?»

Sie lässt sich Zeit, um darüber nachzudenken. «Vermutlich sind wir beide im Moment unzurechnungsfähig, denn was du gesagt hast, fasst meine eigenen Gedanken ziemlich gut zusammen.» Sarah kuschelt sich an mich und zeichnet mit der Fingerspitze Figuren auf meine Brust, und mir gefällt, wie sie sich an mir anfühlt. «Ich glaube, so ist es, wenn man verliebt ist. Nichts erscheint einem zu groß oder zu beängstigend, weil man weiß, was immer auch passiert, man muss es nicht allein durchstehen.»

Wenige Augenblicke später verlasse ich das Bett und halte einen Waschlappen im Bad unter warmes Wasser. Dann komme ich zurück und wische zärtlich die rötlich durchsetzte Nässe zwischen Sarahs Beinen fort. Eine gedämpfte Röte steigt ihr in die Wangen, als ich mich um sie kümmere, aber sie protestiert nicht. Nachdem ich mich auch abgewischt habe, schlüpfe ich wieder unter die Decke und lege den Arm um sie.

Ich küsse ihren Scheitel und kämme mit den Fingern durch ihr Haar, während sie einnickt und ihr Atem in gleichmäßigen, kitzelnden Stößen meinen Hals streift. Aber ich schlafe nicht ein. Ich bleibe wach und betrachte sie – weil sie so wunderschön und gut ist. Mein geliebtes Mädchen.

Ich hatte noch nie jemanden, der nur mir gehörte, mit Leib und Seele – mein, um von mir beschützt und gehalten und geliebt zu werden. Und das ist es, was Sarah ist ... Sie gehört jetzt mir. Wir gehören einander.

Am nächsten Morgen ziehe ich mich früh an, damit ich mit Vanessa reden und ihr sagen kann, dass ich raus bin. Es dauert ein bisschen, bis ich in die Gänge komme, weil Sarahs Lippen schrecklich magnetisch sind. Ich scheine nicht damit aufhören zu können, sie zu küssen.

Aber schließlich zwinge ich meine Füße, zur Tür hinauszugehen.

Und keine fünf Minuten später marschiere ich wieder zurück hinein, dabei knöpfe ich im Gehen bereits meine Hose auf und ziehe meine Kleider aus. Es ist wichtig, effizient zu sein.

«Was ist passiert?», fragt Sarah.

«Mach dich nackig, auf der Stelle. Lebensmittelvergiftung.»

«Was?»

«Alle haben eine. Etwas vom Catering-Tisch gestern Abend. Jeder, der davon gegessen hat, hat eine.»

Und alle haben dort gegessen: die Produzenten, die Crew, Penny, Laura und Cordelia ... alle außer Sarah und mir.

Ich streife meine Schuhe ab, und meine Hose und Unterhose fallen zu Boden. Mein Schwanz schnellt hervor, hart und bereit und ein bisschen wippend, als ich mich bewege, als würde er Hallo sagen.

«Warum hast du immer noch was an?» Ich trete zu ihr. «Lass mich dir helfen.» Dann ziehe ich sie aus und küsse sie. «Wir haben Stunden, wahrscheinlich Tage.» Ich beuge mich über sie und küsse sie lange und tief – genau so, wie ich schon sehr bald in sie eindringen werde.

«Wir können das hier tagelang tun, Sarah.»

Rasch knöpfe ich mein Hemd auf, aber als ich versuche, die Arme aus den Ärmeln zu ziehen, bleibe ich an den Manschetten stecken. Also reiße ich fester, bis die Knöpfe fliegen. Sarah lacht über mich, über meine Ungeduld. Aber ich bin mehr als ungeduldig, es grenzt an Verzweiflung, dieses unersättliche Verlangen, sie zu berühren, zu vögeln, zu halten, ihr nahe zu sein. Es ist Kontrollverlust der besten Art, als wäre sie die sagenumwobene gute Droge, eine positive Abhängigkeit, und ich würde alles für einen Schuss tun.

Lächelnd und hemdlos hebe ich sie hoch und setze sie sanft

auf die Kommode, obwohl ich alles andere als sanft sein will. Sie ist wahrscheinlich wund von gestern, und Gott, ich bin wie ein Tier, das sich brünftig pausenlos mit ihr paaren will, selbst wenn wir beide darüber verhungern.

«Sag mir, wenn ich langsamer machen soll.» Ich stelle mich zwischen ihre Beine und nehme ihr Gesicht in die Hände. Dann beuge ich mich hinunter und gebe ihr schnelle, gierige Küsse, sauge an ihren Lippen. «Sag mir, wenn ich aufhören soll, Sarah.»

Ihre Augenbrauen ziehen sich zusammen, und sie schüttelt den Kopf, als würden meine Worte keinen Sinn ergeben. «Nein, bitte.» Sie schlingt die Arme um mich, verschränkt die Beine hinter meinen Hüften und zieht mich eng und heiß an sich. «Hör niemals auf, Henry.»

20

HENRY

Sarah hat einen winzigen rotbraunen Leberfleck zwei Zentimeter unterhalb ihres Nabels. Sie hat zwei in der Ellenbeuge und eine kleine gesprenkelte Konstellation auf ihrem linken Schulterblatt. Eine dünne, farblose Narbe zieht sich über ihr rechtes Schienbein, so lang wie mein Zeigefinger, und eine andere kennzeichnet die Außenseite ihres linken Oberschenkels, unterhalb der Hüfte. Ich bemerke jedes Mal, jede perfekte Unvollkommenheit, während wir uns in unserem Zimmer verstecken und ich jeden Zentimeter ihrer Haut erkunde. Stunden später gibt es keine Stelle mehr, die ich nicht geküsst oder geleckt oder gestreichelt und liebkost habe.

Sie liegt jetzt auf dem Rücken und beobachtet mich unter gesenkten Lidern hervor mit verführerischen Blicken, die meinen Schwanz pulsieren lassen. Schon wieder.

Aber ... noch nicht ... Mein Mund hat gerade zu viel Spaß. Ich schlage meine Zähne in das zarte Fleisch ihres Oberschenkels, und Sarahs Beine spreizen sich weiter, wie von selbst. Dann drücke ich einen Kuss auf ihre weichen, vollen äußeren Lippen, und eine rosige Röte erblüht auf ihrer Brust und breitet sich auf ihrer Haut aus bis hinunter zu ihren Zehenspitzen.

Ich hatte recht ... sie errötet wirklich überall.

Langsam ziehe ich meinen Finger durch ihre heiße Spalte und dann durch ihre feuchten braunen Locken zu ihrer Klitoris, um sie mit festen, lockenden Kreisen zu reiben. «Du bist so feucht», staune ich.

Und sie versteckt sich hinter ihren Händen. «Ich weiß», murmelt sie.

Als ich an ihren Handgelenken ziehe, öffnet sie flatternd die Augen. «Dafür solltest du dich nie, niemals schämen. Es ist wunderschön.» Ich lasse meine Zungenspitze durch ihre Feuchtigkeit auf- und abgleiten. «Fühlt sich das nicht schön an? Ich liebe es. Es bedeutet, dass ich dich weiter vögeln darf, Süße, stundenlang ... So lange ich will.»

Ihre süße Pussy wird noch feuchter, und ich lache.

«Du stehst definitiv auf solche Worte, nicht wahr?»

Ich nehme sie in der Dusche. Ihr Haar ist länger, dunkler, wenn es nass ist, und der Wasserdampf verleiht Sarahs Haut einen glänzenden Schimmer. Ich hebe sie hoch, drücke sie mit dem Rücken gegen die Fliesen und dringe mit gleichmäßigen, bedächtigen Stößen in sie. Kreisend reibe ich mit den Hüften über ihre gierige kleine Klitoris.

Sarah streichelt an meinem Kiefer entlang und sieht mir in die Augen, während ihre Brüste bei jedem Stoß wippen. Sie zeichnet meine Lippen mit dem Daumen nach, und ich knabbere und sauge an ihrer Fingerspitze.

«Ich liebe dich, Henry», sagt sie zärtlich, aber deutlich. «Ich ... Ich liebe dich einfach.»

Die Worte verwandeln meine Knie in warmen Pudding, und obwohl ihr Tonfall keine Antwort verlangt, gebe ich ihr trotzdem eine. «Und ich liebe dich.»

Dann schießt heißer Druck meinen Rücken hinunter und sammelt sich tief in meinem Bauch. Sarahs Orgasmus erfasst sie leise, ein einfaches Keuchen mit offenem Mund, ein Zusammenkrampfen ihrer Muskeln, das mich meiner eigenen Erfüllung entgegentreibt.

Irgendwann müssen wir etwas essen, und ich will die Bediensteten nicht mit Wünschen behelligen, geschweige denn jemandem über den Weg laufen. Also schlüpft Sarah mitten in der Nacht in ihren Bademantel, und ich ziehe nur meine Pyjamahose an, und dann schleichen wir uns hinunter in die Küche und durchstöbern die Vorräte. Anschließend bringen wir unsere Beute – Wasser, eine Flasche Wein, ein Stück Käse, einen Laib frisches Brot und eine Tüte Kekse – zurück in unser Zimmer und veranstalten ein Picknick auf dem Bett.

Der Wein macht uns schläfrig. Sie füttert mich mit den Fingern, und ich lecke die Krümel auf, die in ihren Schoß fallen. Wir unterhalten uns leise über Kleinigkeiten – Geburtstage und Lieblingsfarben –, diese winzigen Informationsschnipsel, die, auch wenn sie einzeln beinahe unbedeutend sind, zusammengenommen einen großen Teil einer Persönlichkeit ausmachen.

Wir schlafen nicht richtig, sondern stehlen uns kleine Nickerchen zwischen heftigen Runden leidenschaftlichen Liebesspiels. Ich lege meinen Kopf auf Sarahs Brust, während sie zarte Balladen singt und mir mit den Fingern durch die feuchten Haarsträhnen streicht. Ich kann einfach nicht genug von ihrer Stimme bekommen, und sie ist ein bisschen besessen von meinem Haar. Dann wieder liegt sie auf mir, schlaff und orgasmustrunken, und das einzige Geräusch im Raum sind unser synchroner Atem und das einträchtige Pochen unseres Herzschlags.

♛

Draußen vor dem Fenster geht die Sonne auf und wieder unter, aber keiner von uns bemerkt es. Ich bin nicht der Einzige, der Spaß dabei hat, Haut zu erkunden.

Gleich nachdem ich zum dritten Mal das Pulsieren von Sarahs Orgasmus um meine Finger gespürt und ihren süßen Saft abgeleckt habe, liege ich auf dem Rücken, und Sarah kniet zwischen meinen gespreizten Knien, um ihre fabelhaften Lippen über mich zu schieben.

Sie schmiegt die Wange an die zarte Haut meines Schwanzes. «Er ist so weich», schnurrt sie, dabei streift mich ihr heißer Atem. «Wie kann er gleichzeitig so weich und so hart sein?» Auf- und ableckend, macht sie sich gründlich mit ihm vertraut und genießt es ausgiebig.

Sie knabbert an der Innenseite meines Oberschenkels, was mich zusammenzucken lässt. Dann pustet sie auf die Haare auf meinem Bauch, was mich zum Lachen bringt. Sie legt die Lippen um meinen Schwanz, saugt ihn ein und reibt ihre Zunge daran, bis in meinem Gehirn kein einziger Gedanke mehr ist.

Dann rascheln die Laken, als sie tiefer rutscht, und ich spüre, wie ihre flache Zunge feucht und heiß an der Naht meines Hodensacks auf- und abgleitet – und das ist so verdammt gut, dass mir das Herz praktisch aus dem Körper springt.

«Sarah», stöhne ich. «Komm her.»

Sie schüttelt den Kopf, sodass ihr glänzendes dunkles Haar schwingt. «Ich habe Spaß hier, wo ich bin.»

Und dann öffnet sie diesen hübschen Mund und benutzt ihn dazu, meine Eier zu saugen und zu lecken.

«Oh Gott», stöhne ich, mich vor Lust windend.

Meine Lust ermutigt sie, und während ihr Mund beschäftigt bleibt, legt sich ihre Hand fest um meinen Schaft und massiert mich mit langen, festen Bewegungen. Als ich erneut stöhne, stöhnt auch Sarah, und ich spüre die Vibration bis in meine verdammte Seele.

Und das ist der Moment, in dem ich die Beherrschung verliere und beschließe, dass ich es keine weitere Sekunde aushalte, nicht in ihr zu sein.

Ich setze mich auf, nehme Sarah unter den Armen und reiße sie zu mir hoch. Eine Faust in ihrem Haar, wickle ich mir die Strähnen fest um die Finger, und Sarahs gespreizte Hände legen sich an meine Wangen – so halten wir uns gegenseitig gefangen, während unsere Münder einander verschlingen, mit aufeinanderprallenden Zähnen, wirbelnden und stoßenden Zungen.

Es ist grob, so grob, wie ich es mir bei ihr bisher noch nicht erlaubt habe, und sie stöhnt vor Wonne.

Dann packe ich ihre Hüften, ziehe sie direkt über meinen Schwanz und stoße in sie hoch, hart und voll. Wir stöhnen beide auf, und es ist verdammt sagenhaft. Aber ich bemerke, dass sie die Brauen zusammenzieht und in einer kleinen, schnellen Grimasse die Augen zusammenkneift.

Eine Hand in ihrem Nacken und die andere an ihrem Rücken, bringe ich sie dazu, stillzuhalten und mir in die Augen zu sehen.

«Bist du wund?»

Sie lächelt schulterzuckend. So verdammt schön. «Nur ein bisschen.»

Ich schlucke heftig und streiche mit der flachen Hand über ihren Brustkorb zu ihrer Brust. «Wir können auch aufhören, Sarah. Es gibt andere Dinge, die wir tun können ... Ich will dir nicht wehtun.»

«Es tut nicht weh, nicht wirklich.»

Ich senke den Kopf, um an ihrem Nippel zu lecken, ihn kurz in meinen Mund zu saugen.

«Nicht wirklich?», frage ich, meine Lippen um sie herum, und beiße ganz leicht zu. «Was bedeutet das?»

Sarah hebt das Kinn und reckt mir ihre Brust entgegen, doch dann entzieht sie sich wieder und senkt ihren Mund hinunter zu der empfindlichen Stelle, wo meine Schulter in meinen Hals übergeht.

Und dann beißt sie mich. Richtig *fest*. Ohne die Haut zu verletzen, aber so, dass es definitiv einen blauen Fleck hinterlassen wird. «Tut das weh?», fragt sie zuckersüß. Dann macht sie es noch mal.

Zischend sauge ich den Atem ein, und meine Finger packen ihre Schenkel. «Ja.»

Sie küsst den Schmerz, leckt die Stelle, wo ihre Zähne Abdrücke hinterlassen haben. «Willst du, dass ich aufhöre?»

Diesmal saugt sie, als sie zubeißt, und mein Schwanz zuckt in ihr. «Nein», keuche ich.

Sarah hebt den Kopf und küsst meine Lippen. «Das ist es, was ‹nicht wirklich› bedeutet. Dass es ein bisschen wehtut, aber sich so gut anfühlt, dass es egal ist. Ich will mehr.»

Und sie ist so heiß und feucht und eng um mich herum,

dass ich genüsslich die Augen schließe. Sie legt die Arme um meinen Hals, während ich ihre Hüften nehme und sie vor und zurückführe, auf meinem Schwanz auf- und abbewege, bevor ich über ihre Schenkel streiche und sie die Führung übernehmen lasse. «Ich ...», wimmert sie an meinem Ohr. «Ich weiß nicht, wie.»

«Es gibt kein Wie, Liebes. Beweg dich, wie auch immer es sich gut anfühlt. Wie du willst.»

Sie schließt die Augen und beißt sich auf die Lippe. Dann kreist sie mit ihrem Hinterteil, um zu testen, wie es sich anfühlt. Und Gott, lernt sie schnell. Ihr Kinn sinkt herab, und sie wölbt den Rücken. «Oh ... Oh, das ... du bist so tief in mir, Henry.»

Meine Lippen wandern über Sarahs Schlüsselbein. «Ja, so verdammt tief.» Mit den Fingerspitzen streichle ich ihr Rückgrat hinunter, dann wieder hoch, während sie mich reitet. Ihre Atemzüge kommen schärfer, und ihre Hüften bewegen sich schneller, und sie ist bezaubernd und wild in ihrer Leidenschaft, mit der sie für uns beide dem Gipfel entgegenjagt.

Sarahs Becken kommt aus dem Rhythmus, zuckend und erschaudernd, und ihre Schenkel beben, wo ihre Knie sich ins Bett bohren.

Ich sauge an ihrem Ohrläppchen, weil ich mich nach dem Klang ihrer Stimme sehne.

«Kommst du gleich, Süße? Kommst du heftig für mich? Auf mir?»

Ein hohes Keuchen entschlüpft ihrer Kehle.

«Sag es», stoße ich rau hervor. «Sag es jetzt.»

Sarahs Arme umklammern meine Schultern fester, und ihre Stimme ist nur ein Hauch.

«Ich komme … oh, oh … Ich komme.»

Ich fahre mit einem Finger an ihrem Rücken hinunter, lege ihn auf den Ansatz ihrer Pospalte, und dann lasse ich ihn tiefer gleiten – und bei dieser neuen Empfindung spannen sich Sarahs Muskeln überall an. Und dann kommt sie mit einem Schrei zuckend um mich herum und entringt mir einen tiefen, die Seele erschütternden Orgasmus zusammen mit ihr.

Ich pulsiere in ihr, immer wieder, als würde es nie mehr aufhören.

Aber als es dann doch aufhört, sind wir zwei verschwitzte, klebrige, schmutzige, küssende, lachende, liebende Wesen – ganz und gar umeinander und ineinander verschlungen. Ich streiche Sarah das feuchte Haar aus dem Gesicht, sehe ihr in die Augen und sage mit schwacher Stimme das einzige Wort, das angemessen ist: «Halleluja.»

21

HENRY

Schließlich kommt der Moment, da wir aufhören müssen. Und das ist nach zwei Tagen. Die meisten Mitglieder der Crew haben sich von der Lebensmittelvergiftung erholt, und die Dreharbeiten werden wiederaufgenommen. Unten am Hafen. Es soll ein Sonnenuntergangstörn mit Abendessen und Tanz werden – sehr romantisch. Ich war dumm, dass ich dachte, ich könnte einfach weitermachen, als habe sich nichts geändert, wo sich doch alles geändert hat.

Wenn ich an Sarahs Stelle gewesen wäre? Gewusst hätte, dass sie Zeit, Stunde um Stunde, mit anderen Männern verbringt? Ich hätte keine paar Tage gebraucht, um die Beherrschung zu verlieren – ich hätte ihnen innerhalb von Minuten die verdammten Arme ausgerissen.

Nach einer heißen Dusche ziehe ich mich an und schaue dann hinunter auf ihre schlafende Gestalt auf dem Bett, die Hände unter die Wange geschoben, ein Lächeln auf den rosigen Lippen. Und diesmal bringe ich es einfach nicht übers Herz, sie zu wecken. Ich streichle ihr mit dem Daumen über die Stirn und küsse sie dort. Mit einem Seufzen kuschelt sie sich tiefer unter die Decke, und so lasse ich sie zurück, warm und sicher und glücklich.

Draußen begrüßt mich grauer Himmel, und Gewitterwolken brauen sich über dem Wasser zusammen. Vanessa ist schon unten an der Anlegestelle, als ich ankomme. Ich finde sie in dem weißen Regiezelt, wo sie sich Notizen auf einem Klemmbrett macht. Sie schaut hoch, als ich reinkomme.

«Gut, Sie sind da. Und früh, das ist mal was Neues.»

Sie bespricht etwas mit einem der Crew-Mitglieder, dann geht er, und wir sind allein.

Vanessas Haut ist teigig blass, und sie sieht noch dünner, kantiger aus als bei unserer ersten Begegnung. Es ist offensichtlich, dass sie auch eine Lebensmittelvergiftung hatte. «Wie fühlen Sie sich?»

Sie zuckt mit den Schultern. «Ich werd's überleben. Aber wir haben jetzt einen superstraffen Zeitplan. Da ist keine Luft mehr für Rumgealbere, okay?»

«Ja, was das betrifft ...»

«Und ich denke, bei der Glaspantoffel-Zeremonie heute Abend sollten Sie Penelope nach Hause schicken.»

«Warum Penny?», frage ich, nur so aus Neugier.

Ihre eisblauen Augen wirken in diesem Licht fast weiß, ohne jede Farbe. «Weil das Laura und Cordelia für die letzte Folge übrig lässt. Die Schöne gegen die Bitch. Die Leute lieben so was.»

«Penny ist nett.»

Vanessa zuckt mit den Schultern. «Sie ist eher ein Partygirl. Sie ist nett, aber Laura ist eine verdammte Heilige.» Sie macht sich eine Notiz auf dem Klemmbrett. «Also ist das okay für Sie?»

Ich verschränke die Arme und lehne mich an den Tisch. «Vanessa, ich werde keine weiteren Folgen mehr drehen.»

Ihr Blick schnellt hoch. «Wovon zum Teufel reden Sie da?»

«Die Dinge haben sich geändert. Das hier passt nicht mehr zu mir.»

«Es ist wegen Penelopes Schwester, nicht wahr? Der Stillen.» Sie schüttelt den Kopf. «Immer die verdammten stillen Wasser. Na schön, wie auch immer. Es ist mir wirklich egal, was Sie nachts treiben oder mit wem Sie Ihre Zeit verbringen, aber Sie werden Ihren Teil der Vereinbarung einhalten. Ich habe Monate meines Lebens in diese Show investiert. Das machen Sie mir jetzt nicht kaputt, Henry.»

Ich wusste, dass sie sauer sein würde, also bemühe ich mich um einen ruhigen und direkten Tonfall. «Ich habe meine Entscheidung bereits getroffen.»

Aber dann sagt Vanessa etwas, das mich abrupt innehalten lässt: «Um Sarahs willen sollten Sie sich das vielleicht noch einmal überlegen.»

Langsam trete ich näher auf sie zu. «Was genau soll das bedeuten?»

Mit spitzen Ellbogen verschränkt sie die Arme. «Das bedeutet, Sarah Van Titebottum hat eine Verzichtserklärung unterschrieben. Jegliches Material, das wir von ihr haben, gehört uns und kann verwendet werden, wie wir wollen. Und ich habe jede Menge davon. Ich könnte eine interessante Story über die kleine Sarah erzählen. Wie sie sich mit List und Tücke als Assistentin ihrer Schwester in die Show geschlichen hat, obwohl wir sie nicht haben wollten. Wie sie Sie verführt und nicht nur den anderen Mädchen, sondern ihrer eigenen Schwester ausgespannt hat. Sie wären erstaunt, welches Bild kreativer Schnitt und etwas Hintergrundmusik zeichnen können. Die anderen Mädchen werden mich unterstützen, zumindest einige von ihnen, und am Ende wird jeder glauben, dass Sarah ein durchtriebenes, egoistisches, geistloses, heimtückisches Miststück ist.»

Mein Kiefer spannt sich schmerzhaft an. «Aber nichts davon ist wahr.»

Vanessa zuckt mit den Schultern. «Das hier ist Reality-TV, Henry. Was hat Wahrheit damit zu tun?»

Meine Handflächen werden feucht, und Wut kribbelt unter meiner Haut wie elektrische Funken.

Vanessa marschiert auf und ab, dann schaut sie zur Decke und sagt beinahe philosophisch: «Ich glaube nicht, dass Ihr Volk das gut aufnehmen würde, falls Sie sich tatsächlich entschließen, sie zu heiraten. Und falls Sie es nicht tun, werden die Klatschblätter ein gefundenes Fressen haben. Was wahrscheinlich ihr ‹Problem› noch verstärken wird, diese Anfälle, die sie bekommt.» Sie schüttelt den Kopf. «Das würde sehr schwer für sie werden.» Dann macht sie geschmeidig einen Schritt auf mich zu, und ihre Stimme hellt sich auf. «Oder Sie können die letzten beiden Folgen zu Ende drehen.» Sie deutet zum Boot. «Ein paar Stunden auf dem Boot mit Laura, Abendessen vor dem Kamin mit Cordelia und dann das Finale. Niemand wird überrascht sein, wenn Sie und wer auch immer das Diamant-Diadem bekommt nach dem Finale getrennte Wege gehen. Das kommt in diesem Business vor. Sie halten den Vertrag ein, den Sie unterschrieben haben, und wir bekommen beide, was wir wollen. Und dann steht es Ihnen und Sarah frei, gemeinsam in den Sonnenuntergang zu reiten. Ein Happy End für alle.»

Frustriert balle ich die Hände zu Fäusten. Aber darüber hinaus ist da ein überwältigender Drang, Sarah zu beschützen. Immer, um jeden Preis, besonders vor den Problemen, die ich selbst verursacht habe. Ich will nicht, dass irgendjemand wegen meiner beschissenen Entscheidungen leidet, weder

Nicholas noch Granny oder Wessco, aber am allerwenigsten sie.

Niemals sie.

«Also ... wie geht's weiter, Hoheit?»

Zwei Stunden später bin ich auf dem Boot, draußen auf dem Wasser mit Laura. Wir sitzen an einem perfekt gedeckten Tisch und brunchen, während die Kameras laufen. Ich habe versucht, Sarah anzurufen – ich versuche es immer wieder –, aber der Handyempfang ist beschissen. Bevor wir aufbrachen, habe ich Vanessa angewiesen, sie soll es Sarah erklären, sie soll ihr sagen, dass ich mit ihr rede, sobald ich heute Abend wieder zurück bin. Aber ich vertraue Vanessa ebenso sehr, wie ich einer Boa Constrictor vertrauen würde, die verspricht, brav mit einem Kätzchen zu spielen.

«Was machst du hier, Henry?»

Ich trinke meinen Orangensaft mit Champagner und wünsche mir etwas Stärkeres. Weil sich das alles hier so verdammt falsch anfühlt. «Wie meinst du das? Ich habe Brunch mit dir.»

Laura neigt den Kopf zur Seite, die Augen dunkel vor Mitgefühl. «Aber du bist in Sarah verliebt.»

Ich werfe einen scharfen Blick in Richtung Kamera. Wir tragen Mikros, und das hier steht nicht im Script. So soll die Show nicht laufen, und ich weiß nicht, ob das am Ende auf Sarah zurückfallen wird.

«Ich ...»

«Ich war schon mal verliebt, Henry. Ich weiß, wie das aussieht.»

«Es ist kompliziert.»

Lauras Gesicht leuchtet vor Freundlichkeit und Verständnis. «Nein, es ist das Einfachste der Welt. Der Himmel ist blau, die Erde ist rund ... Henry liebt Sarah. Ist es nicht so?»

Und endlich wird mir klar, was sie tut. Von Anfang an war das hier Vanessas Show – die Geschichte, die sie erzählen wollte. Wir Übrigen waren nur Figuren auf dem Schachbrett. Aber Laura gibt mir die Geschichte zurück. Sie gibt mir die Chance, die Geschichte zu erzählen, unsere Geschichte, von Sarah und mir, selbst wenn es nur dieses eine Mal ist. Sie können es rausschneiden, aber wenigstens wird es gesagt worden sein.

«Ja. Ich liebe sie.»

Laura steigen Tränen in die Augen. «Gut.»

Ich lege meine Hände auf ihre. «Es tut mir leid.» Und ich weiß nicht mal, wofür ich mich entschuldige.

Sie wischt sich die Tränen von den Wangen, dann winkt sie ab. «Sei nicht albern, ich werd drüber wegkommen.»

«Ja, das wirst du.» Und zum ersten Mal, seit diese ganze Sache angefangen hat, vergesse ich die Kameras völlig, und es sind nur ich und eine Freundin, die sich unterhalten. «Eines Tages wirst du einen Mann finden, der den Boden unter deinen Füßen anbetet, der dich glücklich machen wird. Er ist da draußen irgendwo und wartet nur darauf, dir zu begegnen.»

Sie zuckt mit den Schultern. «Das durfte ich schon erleben. Vielleicht bekommen wir so etwas nur ein einziges Mal.»

Ich drücke ihre Hände. «Bullshit.» Ich denke an Sarah und alles, was sie durchgemacht hat, wie stark sie ist, wie sie sich ihr eigenes Glück schafft. «Manchmal ist das Leben nicht fair, Laura. Aber du darfst nicht aufgeben. Du musst einfach immer weitermachen, dann wird das Glück dich wieder finden. Daran glaube ich fest.»

Sie lächelt. Und dann trifft uns eine Sturmbö und wirft die Blumen und Gläser auf dem Tisch um.

«Wir werden das nach drinnen verlegen müssen», sagt uns der Kameramann.

Die Kameras werden abgenommen, und Laura und ich stehen auf. Ohne Vorwarnung neigt sich das Boot, und Laura prallt gegen meine Brust. Ich halte sie fest und stemme mich mit dem Rücken gegen die Außenwand der Kabine, um nicht umzufallen.

Sie schaut hoch in meine Augen. «Henry ...»

Ihr Blick ist leer und ihr Gesicht blass. Sie schluckt heftig. «Henry, ich ...»

«Ja?»

Dann öffnet sie den Mund ... und kotzt mich von oben bis unten voll.

SARAH

Ich bin nicht beunruhigt, als ich allein aufwache. Mit der Hand streiche ich über die leere Stelle im Bett. Henry muss heute Morgen früh aufgestanden sein, um Vanessa zu suchen, und sich entschieden haben, mich ausschlafen zu lassen.

Ich drehe mich auf den Rücken und starre zur Decke, um die letzten Tage im Geist Revue passieren zu lassen. Wie seine Hände meine Haut gestreichelt und gepackt haben, besitzergreifend und verzweifelt. Die Worte, die er gekeucht, und die Versprechen, die er geflüstert hat.

Er liebt mich.

Henry Pembrook liebt mich.

Und was ich für ihn empfinde, kann ich nicht in Worte fassen, so gewaltig ist es. Erregung brodelt unter meiner Haut, und Hitze wärmt meinen Bauch. Nichts wird mehr so sein wie vorher. Ich war glücklich mit mir, mit meinem kleinen Leben. Aber das hier ist anders. Es fühlt sich an, als stünde ich am Rand einer Klippe, der Wind peitscht mir durchs Haar, die Sonne blendet mich – aber da ist keine Angst. Nur Heiterkeit, pur und unbeschwert. Ich werde nicht fallen. Das kann ich nicht. Denn Henry hat mir beigebracht zu fliegen. Schließlich strecke ich die Arme über den Kopf, was meine armen, überbeanspruchten Muskeln aufstöhnen lässt. Die zarte, empfindsame Stelle zwischen meinen Beinen pulsiert auf köstliche Art und Weise. Ich nehme eine lange, heiße Dusche. Als ich mit dem eingeseiften Waschlappen über meine Brüste und Schenkel fahre, sind es Henrys Hände und Mund, die ich fühle. Und ich lächle, als ich winzige blaue Flecken und Bissspuren auf meiner Haut entdecke. Der Beweis, dass alles nicht nur ein Traum war. Nicht nur eine Phantasie, inspiriert durch jemand anderes Ideen, die ich in einem Buch gelesen habe.

Das hier ist meine Geschichte.

Als ich aus dem Badezimmer komme, wartet Penny auf dem Sofa auf mich. Sie ist ein bisschen blass von der Lebensmittelvergiftung und hat graue Ringe unter ihren Augen.

«Wie fühlst du dich, Pen? Besser?»

Sie wirft nur einen einzigen Blick auf mein Gesicht und antwortet: «Ich werde ihm den Schwanz abschneiden!»

Ich schätze, sie fühlt sich besser.

Dann krümmt sie sich auf dem Sofa und stöhnt theatralisch. «Sag mir, dass du dich nicht von Henry Pembrook entjungfern hast lassen. Sag, dass es nicht so ist!»

«Nun ja ...», setze ich an. Aber das ist alles, was sie mich herausbringen lässt.

«Verdammte Scheiße!» Nach weiterem Stöhnen und Ächzen setzt sie sich auf und nimmt sanft meine Hand. «Ich bin mir sicher, was erste Male betrifft, hat Henry seine Sache gut gemacht. Aber er ist nichts für dich, Sarah. Er ist keiner, der bleibt. Ich meine, schau dir nur an, wo wir hier sind, diese Show. Er flattert von einem Mädchen zum nächsten. Was glaubst du, hat er bei all seinen ‹Dates› mit den anderen Mädchen gemacht? Glaubst du allen Ernstes, dass er in den verdammten heißen Quellen nicht die Sau rausgelassen hat? Mit *Cordelia*?»

«Das hat er nicht. Wir haben darüber gesprochen.»

Sie wirft die Arme in die Luft. «Oh, na dann, wenn ihr darüber gesprochen habt, ist ja alles geklärt. Weil Jungs zum Glück nie lügen. Besonders nicht reiche, verwöhnte, anmaßende, *königliche* Jungs. Die sind die wahrheitsliebendsten von allen.»

Lächelnd schüttle ich den Kopf über sie. Weil sie es nicht versteht.

«Er liebt mich, Penny.»

Sie schnaubt spöttisch. «Natürlich tut er das. Hat er dir das gesagt, als er bis zu den Eiern drinsteckte, oder gleich nachdem er gekommen war?»

Wieder schüttle ich den Kopf. «Nein, das war vorher, aber ...»

«Vorher? Weißt du, wie viele Männer mir *vorher* gesagt haben, dass sie mich lieben, nur damit sie eine Chance hatten, es mir besorgen zu können?» Sie zählt die Namen an ihren Fingern ab. «Mal sehen, da waren Barry Windstormer, Alfred Sullivan, Timothy Englewood, obwohl der bestückt war wie ein Bulle, das war's also total wert, Ryan Fitz ...»

«Bei Henry und mir ist es anders.» Ich drücke ihre Hand. «Er liebt mich. Ich kenne ihn, Penny, auf eine Weise, wie ihn niemand sonst kennt. Was wir haben, ist noch frisch ..., aber es ist tief und echt. Da bin ich mir sicher.»

Meine Schwester macht den Mund zu, sieht aber immer noch nicht überzeugt aus.

«Einmal vor langer Zeit war Mutter sich da auch sicher.»

Ich zucke zusammen.

«Wir sind uns alle sicher, Sarah, bis die Mistkerle uns das Gegenteil beweisen.» Sie streichelt meinen Arm. «Ich will nicht, dass du verletzt wirst. Ich will nicht, dass du nur eine weitere Kerbe in der Krone bist, und ich will nicht sehen, dass du Futter für die Klatschpresse wirst. Wir wissen beide, dass das für dich besonders schlimm wäre. Und wenn die Show ausgestrahlt wird, die Publicity ...»

«Henry schmeißt die Show hin. Sie wird nicht ausgestrahlt werden, weil er sie nicht zu Ende drehen wird. Er redet jetzt gerade mit der Produzentin.»

Pennys Augen weiten sich. «Das hat er dir gesagt?»

«Ja. Siehst du, sie sind nicht alle Mistkerle, und Taten bedeuten mehr als Worte.»

Das Brummen von Autos dringt von draußen herein, von der Auffahrt, die zum Schloss führt. Ich entdecke die vertraute Reihe SUVs.

«Er ist zurück.»

Hastig werfe ich mich in einen schwarzen Pulli und eine

Leggings und stecke mein Haar zu einem feuchten Knoten hoch. Dann eile ich nach unten, um Penny zu zeigen, wie falsch sie liegt.

Unten im Foyer blättert Vanessa Steele einen Stapel Papiere durch und gibt der Crew, die um sie herumhastet, Anweisungen zu Beleuchtung und Set-up. Ich schaue an ihr vorbei zur Tür, aber Henry kommt nicht herein. Und ich sehe ihn nirgends.

«Wo ist Henry?», frage ich.

Sie wirft mir einen flüchtigen Blick zu. «Er ist auf seinem Date mit Laura.»

Ich habe noch nie einen Faustschlag in den Magen bekommen, aber diese Worte fühlen sich so an. Ich spüre Penelope hinter mir, die Emotionen kochen in ihr hoch wie Lava kurz vor einem Vulkanausbruch.

«Hat er mit Ihnen gesprochen?», frage ich Vanessa.

«Kurz, ja, bevor er mit dem Boot hinausgefahren ist.»

Ich spüre, wie mein Gesicht zu glühen beginnt, aber ich versuche, stark zu sein. «Hat er etwas über mich zu Ihnen gesagt? Etwas über die Show?»

Mit einer schwungvollen Handbewegung schaut sie auf ihre diamantbesetzte Uhr. «Ich habe keine Zeit, zu plaudern, Miss Van Titebottum, ich habe eine Show zu planen.» Sie wirft einen Blick über meine Schulter. «Sorgen Sie dafür, dass Sie für den Dreh heute Abend angezogen und bereit sind, Penelope. Und Sie sollten dieses dunkelblaue Kleid tragen, die Farbe steht Ihnen gut.»

Vanessa will an mir vorbeigehen, aber meine Hand schnellt vor und packt sie am Arm.

Weil ich mich nicht einfach so abfertigen lasse.

Und dann sehe ich ihr ins Gesicht und mustere ihre Augen.

«Sie lügen.»

Sie schaut mich ein paar Sekunden lang an, dann seufzt sie. «Ich hatte den Eindruck, Henry denkt, die Sache wäre so einfacher für alle Beteiligten. Er sagte, er würde mit Ihnen reden, sobald er später wieder zurückkommt. Und das ist die Wahrheit.»

Sie entzieht sich meinem Griff und geht davon.

♛

Wieder in meinem Zimmer, bebt Penelope neben mir wie ein kleiner blonder Tornado, der alles vernichten will, was sich ihm in den Weg stellt. «Scheiß. Auf. Ihn. Er hat dich nicht verdient. Dafür könnte ich ihn buchstäblich umbringen.»

Ich versuche es wieder auf Henrys Handy, aber der Anruf geht sofort auf die Mailbox.

«Das muss irgendein Missverständnis sein. Ich werde nicht in Panik geraten, Penny.»

«Wie kann das ein Missverständnis sein? Er hat gesagt, dass er hinschmeißen wird, und hat es offensichtlich nicht getan. Sei nicht dumm, Sarah. Er hat das Wochenende damit verbracht, dich in Trance zu vögeln, und wo ist er jetzt? Mit Laura Benningson zusammen. Auf einem Boot. Wahrscheinlich erzählt er ihr gerade das Gleiche, was er dir erzählt hat. Der arme, missverstandene Prinz. Er kennt sich mit Frauen aus, Sarah. Er weiß, dass es die gebrochenen Helden sind, die wir am verzweifeltsten wieder heil machen wollen.»

Mir wird übel. Mein Magen rumort. Und zum allerersten Mal fühle ich mich ... benutzt.

Mit angespannter Miene schaut Penelope sich im Zimmer um, und die Rädchen in ihrem Kopf drehen sich fieberhaft. «Wir sollten gehen. Unsere Sachen packen und verschwinden. Auf der Stelle.»

Meine Stimme ist hohl, wie ein Echo meiner selbst.

«Du hast einen Vertrag unterschrieben, Penelope.»

«Scheiß auf den Vertrag. Ich brauche die nicht. Jerry, der Kameramann, hat einen Schwager, der Agent in L. A. ist. Er hat ihm meine Headshots und ein Video geschickt, und er will mich nächsten Monat hinfliegen lassen.» Sie nimmt meine Hand. «Und selbst wenn er das nicht getan hätte, bist du mir wichtiger als das hier.»

Mein Rücken versteift sich. «Ich werde nicht weglaufen. Falls Henrys Gefühle sich geändert haben, sollte er so viel Anstand haben, mir das ins Gesicht zu sagen.»

«Aber er hat keinen Anstand! Und das ist kein Weglaufen, das ist die Botschaft, dass er sich verdammt noch mal verpissen kann! Dass er nicht mit dir spielen kann, als wärst du irgendeine liebeskranke Kuh. Er hat dir vielleicht die Unschuld genommen, aber wen kümmert das? Wenigstens hast du noch deinen Stolz. Komm schon, Sarah. Sei stark.»

Stark sein bedeutet etwas anderes für mich, nämlich Vertrauen in Henry zu haben, und zwar so lange, bis er mir einen Grund gibt, es nicht mehr zu tun. Ich bin noch nicht bereit, ihn aufzugeben, und das sage ich auch meiner Schwester.

Penny lässt seufzend die Schultern sinken und zügelt ihre innere Drama-Queen. «Du bist meinetwegen hier. All das hier ist meinetwegen. Und wenn du am Ende verletzt wirst, dann werde ich mir das nie verzeihen.»

Ich umarme sie.

«Ich bin ein großes Mädchen, Penny. Ich bin für meine Entscheidungen selbst verantwortlich. Niemand sonst.»

Und Henry auch.

Auf meinem Handy läuft *Hallelujah* von John Cale in Dauerschleife, und ich sitze in der Nische, lese jedoch nicht, sondern starre aus dem Fenster. Warte. Ein Sturm ist aufgezogen und peitscht den Regen gegen das Schloss, die Meereswellen brechen sich tosend an den Felsen. Irgendwann schläft Penny auf dem Sofa ein. Der Dreh heute Abend wurde abgesagt. Ein Mitglied der Crew hat meiner Schwester gesagt, dass man entschieden hat, das Boot weiter von der Küste wegzubringen und das Abflauen des Sturms abzuwarten, anstatt zu versuchen, das Ufer zu erreichen. Sorge durchzuckt mich, als ich die gischtbekränzten, zornigen Wellen beobachte. Ich hoffe, es geht ihm gut … *Bitte, Gott, lass es ihnen gutgehen.*

Und dann wird mir bewusst, dass ich für «sie» gebetet habe, und plötzlich durchbohrt mich eine völlig andere Art von Sorge. Weil Henry nicht allein auf diesem Boot ist. Er ist mit Laura zusammen, die wunderschön ist und lustig und ein durch und durch netter Mensch. Trotz allem, was ich zu Penny gesagt habe, bin ich nicht naiv.

Er sollte nicht auf diesem Boot sein. Er hatte es mir versprochen. Warum hat er es trotzdem getan?

Als der wunderschöne Song erneut anfängt, denke ich an all die Dinge, die in den letzten paar Tagen passiert sind. So viele Veränderungen. Und nun fühle ich mich doch, als würde ich fallen – als wären mir die Flügel gestutzt worden.

Ich bin wegen allem ängstlich und unsicher. Nicht nur wegen Henry. Ich vermisse meine Wohnung. Ich vermisse die Bibliothek und das schlichte Vergnügen meiner Bücher. Ich vermisse die Beständigkeit und Sicherheit, zu wissen, wie jeder Tag anfangen und enden wird. Ich will mich dorthin zurückziehen wie eine Schildkröte in den warmen Schutz ihres Panzers.

Die Nacht verstreicht schneller, als ich erwartet habe. Und als die Sonne vollständig über dem Horizont aufgegangen ist und John Cales Stimme verstummt, wische ich mir die Tränen fort und wasche mir das Gesicht.

Zeit, ein großes Mädchen zu sein.

22

HENRY

Was für eine beschissene Nacht! Eine verdammte Katastrophe von einer Nacht. Auf einem Boot. In einem Sturm. Mit einer seekranken, kotzenden Frau mit Lebensmittelvergiftung, die mich die ganze verdammte Zeit über angefleht hat, ihr die Haare zu halten und dafür zu sorgen, dass es aufhört.

Platz da, Stephen King, jetzt bin ich der Meister des Grauens.

Als wir durchs Tor fahren, kann ich an nichts anderes denken als an eine heiße Dusche und dieses verdammt perfekte große Bett, darin Sarah warm und nackt an mich geschmiegt.

Ich helfe Laura aus dem Wagen und ins Schloss. Sie ist schwach auf den Beinen und erschöpft. Aber innerhalb des Schlosses herrscht Chaos. Crew-Mitglieder hasten brüllend herum und ... Willard.

Warum zum Teufel ist Willard hier?

Aus dem Augenwinkel sehe ich, wie Vanessa Steele einem Kameramann bedeutet zu filmen. Bevor ich noch ein Wort sagen kann, stürmt Penelope Van Titebottum auf mich zu, und dann holt sie verdammt noch mal zum Schlag aus.

«Arschloch!»

Ich weiche zurück, außer Reichweite, aber nur knapp.

Dann kommt Sarah die Treppe runter. Sie sieht schmal und zerbrechlich aus. Und über die Schulter hat sie ihre alte Tasche geschlungen ... voll mit ihren Büchern.

«Sarah … was ist hier los?»

Ihre Haut ist so blass, und ihre Augen sind riesig und dunkel, als sie mich von oben bis unten mustert. «Du bist zurück. Geht es dir gut? Wurde irgendjemand verletzt? Ich habe mir Sorgen gemacht wegen des Sturms.»

«Nein, es geht uns gut. Es geht uns allen gut.»

Daraufhin verändert sich etwas in ihren Zügen. «Du hast gesagt, dass du es nicht tun würdest. Du hast gesagt, dass du hinschmeißen würdest, Henry. Und stattdessen warst du die ganze Nacht fort. Ich denke, ich verdiene eine Erklärung.»

Ich reibe mir die Stirn. «Ich wollte hinschmeißen, aber … so ist es einfacher. Es sind nur noch ein paar Tage, Sarah. So ist es besser, vertrau mir.»

«Besser für wen, Henry?» Tränen steigen ihr in die Augen, und ich würde am liebsten sterben. «Ich habe auf dich gewartet. Ich habe dir geglaubt. Und du warst die ganze Nacht mit Laura fort, und ihr habt …»

«Nichts getan!», schreie ich, weil … *Scheiße.* «Zwischen mir und Laura ist nichts passiert.»

Natürlich wird genau in diesem Moment der Lärm um uns herum etwas leiser, gerade genug, dass wir Lauras Stimme hören können, wie sie zu Cordelia sagt: «Henry war wunderbar. Er hat mich die ganze Nacht im Arm gehalten.»

Sarah wird blass, dann setzt sie eine anklagende Miene auf.

«Während sie sich die Seele aus dem Leib gekotzt hat!», schreie ich. «Auf mich drauf! Hier, riech an mir, ich stinke nach Kotze, nicht nach Pussy.»

Es folgen ein lautes Aufkeuchen und ein Quietschen, und Sarah und ich drehen uns beide gerade rechtzeitig um, um zu sehen, wie Lauras Kopf in den Nacken rollt, sich ihre Augen flatternd schließen und ihre Knie nachgeben, als sie in Ohnmacht fällt. Zum Glück ist Willard rettend zur Stelle. Er handelt sofort und fängt sie auf, bevor sie auf dem Boden aufschlägt. Langsam geht er mit ihr in die Knie, und nach einem Moment öffnet Laura die Augen und schaut blinzelnd zu ihm hoch.

«Du hast mich aufgefangen.»

«Ja, hab ich», antwortet Willard sanft.

«Ich bin Laura.»

«Und ich bin Willard. Du darfst gern jederzeit wieder in meine Arme sinken.»

Laura hält sich die Hand vor den Mund. «Ich rieche furchtbar.»

Bereits völlig vernarrt, schaut er auf sie hinab. «Das macht mir nichts aus.»

Penelope unterbricht die zärtliche Szene, indem sie sich, die Hände in die Hüften gestemmt, neben Sarah stellt. «Also? Hat er hingeschmissen?»

Sarahs Stimme hat den Klang einer Totenglocke. «Nein.»

Aus Pennys Augen sprühen praktisch Funken – direkt gegen meine verdammte Stirn.

«Und er wird es auch nicht tun? Er wird weiter mit den anderen Frauen rummachen?»

«Ich mache verdammt noch mal mit niemandem rum», protestiere ich. «So ist es nicht.»

Nur scheint Sarah mir nicht zu glauben. «Ja», sagt sie.

«Ich wusste es.» Penny schüttelt den Kopf. «Ich bin froh, dass ich Willard vorsorglich angerufen habe. Wir werden jemanden vom Personal schicken, um unsere Sachen zu holen. Lass uns gehen, Sarah.»

Ich nehme Sarahs Arm. «Es ist nicht so, wie es sich anhört, das schwöre ich. Ich kann es erklären.»

Sie macht eine sichtliche Anstrengung, ihren Atem zu beruhigen. «Nein, ich denke … Ich denke, Penny hat recht. Etwas Abstand wird gut für mich sein. Es ist alles so viel auf einmal. Ich werde nicht hierbleiben, wenn du weiter …» Sie schaut weg, und die Worte bleiben ihr im Hals stecken. «Ich brauche Abstand von alldem hier.»

Sie meint Abstand von mir.

Und einen Moment lang verliere ich den Verstand. «Verdammte Scheiße!» Ich trete gegen den Tisch am Fuß der Treppe – und eine Kristallvase fällt um und kracht zu Boden, mit einem Geräusch wie ein Gewehrschuss, als sie in tausend Scherben zerspringt.

Und Sarahs bezauberndes Gesicht wird kalkweiß. Ihre Augen werden glasig, und ihr Körper ist totenstarr.

Ich fühle mich, als würden meine Rippen zu Staub zerfallen.

Weil sie fort ist, verloren in einer Hölle, die ihr Vater geschaffen hat …

Und ich bin derjenige, der sie dorthin geschickt hat.

Gequälte Worte entreißen sich mir. «Sarah … nein …»

Bevor ich sie in die Arme nehmen kann, ist Penny da und reißt sie von mir fort.

«Geh weg von ihr! Bleib ihr vom Leib!»

Penelopes Augen flackern wild, und ihr Mund ist zu einem Knurren gefletscht, bereit, jeden in Stücke zu reißen, der in die Nähe der Schwester kommt, die sie so sehr liebt.

Sie ist nur ein paar Sekunden lang wie erstarrt, aber es fühlt sich viel länger an. Und dann kommt dieser schreckliche raue Laut aus Sarahs Kehle, als sie wieder zu sich kommt und keuchend und panisch nach Penny greift. Dann hebt sie den Kopf und sieht mich an.

Ich mache wieder einen Schritt auf sie zu, aber Sarah weicht zurück und zieht Penelope mit sich. Sie hebt abwehrend die Hand. «Stopp.»

Und alles ist so furchtbar. Wie ist es möglich, dass etwas so Perfektes – die perfektesten Momente meines Lebens – schlagartig in Trümmer zerbrechen kann?

Ich bemühe mich um einen ruhigen und gleichmäßigen Tonfall. «Sarah, bitte ... ich bitte dich ...»

Ich bin mir nicht mal sicher, worum ich bitte.

«Bleib ... bleib weg von mir.» Und mit einem letzten gequälten Blick dreht sie sich um und geht mit Penny zur Tür hinaus.

Ich will hinter ihr her, doch meine Schritte werden zu einem Stolpern, und ehe ich weiß, wie mir geschieht, bin ich auf meinen Knien. Vielleicht ist es Erschöpfung, oder vielleicht ist es das Wissen, dass die einzige Beziehung in meinem Leben, von der ich dachte, dass ich sie endlich richtig hinbekommen habe, die einzige Frau, die ich je geliebt habe, für die ich mir mein verdammtes Herz herausschneiden würde ... nicht mehr in meiner Nähe sein will.

Laura ist inzwischen wieder auf den Beinen und steht abseits, und ich sehe zu, wie Willard sich umdreht, um Sarah aus der Tür zu folgen.

«Willard!», rufe ich. «Warte.»

Sanfte braune, vor Mitleid schwimmende Augen schauen auf mich herab. «Tut mir leid, Kumpel. Sie ist meine beste Freundin. Vielleicht ... Lass sie einfach ein bisschen zu Atem kommen, weißt du?»

Und dann geht auch er.

Ich weiß nicht, wie lange ich hier auf meinen Knien bleibe, den Kopf in die Hände gelegt. Ich spüre, dass Leute sich um mich herumbewegen, höre ihr Flüstern, aber dann strömt kalte Luft zur Tür herein, und eine klare, wütende Stimme, die ich nur allzu gut kenne, durchschneidet meine Benommenheit.

«Was in Gottes Namen geht hier vor?»

Granny ist zu Hause.

Scheiße.

Ich hebe den Kopf und sehe, wie sie auf mich zukommt wie eine Göttin des Donners, der Blitze und der Zerstörung. Auf halbem Weg durch die Eingangshalle wird sie von Vanessa Steele abgefangen.

«Queen Lenora, ich hatte gehofft, dass sich unsere Wege kreuzen. Es ist eine Ehre, Sie kennenzulernen.»

Und sie streckt ihr die Hand hin.

Großer, großer, *großer* Fehler.

Die Queen hebt das Kinn und schaut mit so schneidendem Blick auf Vanessas ausgestreckte Hand hinunter, dass es ein Wunder ist, dass diese nicht fein säuberlich von ihrem Arm abgetrennt wird.

«Wissen Sie, wer ich bin, Mädchen?»

«Äh ... ja ... Sie sind die Queen von Wessco.»

Grannys Worte sind scharf und deutlich und triefen vor Gift. «Man gibt uns nicht die Hand. Man *verbeugt* sich.»

Und wie schon manch stärkere Person vor ihr knickt die Produzentin ein ... und verbeugt sich. Meine Großmutter geht geringschätzig an ihr vorbei. Und kommt direkt auf mich zu.

Aber das Eigenartige ist ... Ich spüre weder Schuldgefühle noch Scham oder Furcht. Es ist, als wäre da eine kleine Kugel aus Stahl in meinem Bauch, die sich wie ein Schneeball dreht und immer dicker und größer wird. Und obwohl ich gewaltigen Mist gebaut habe, verspüre ich nicht den Drang, mich zu erklären – nicht jetzt. Nicht einmal der Queen gegenüber. Alles, was ich spüre, ist die Entschlossenheit, mich irgendwohin zurückzuziehen und herauszufinden, wie ich diesen Schlamassel wieder in Ordnung bringen kann.

Und das bedeutet, Granny wird einfach warten müssen.

«Henry, was um alles ...»

Ich stehe auf und hebe die Hand. «Ich werde in Kürze mit Ihnen sprechen, Eure Majestät.»

Ihre Augen weiten sich, und ihr Brustkorb dehnt sich, als sie Luft holt – wie ein Drache, der gleich Feuer speien wird. «In Kürze?! Du wirst mir erklären ...»

Ich sehe ihr in die Augen und sage in einem Tonfall, der keinen Widerspruch duldet, einem, den ich ihr gegenüber in meinem ganzen Leben noch nicht benutzt habe: «Nicht. *Jetzt.*»

Gut möglich, dass ich sie so verblüfft habe, dass es ihr die Sprache verschlagen oder einen Schlaganfall ausgelöst hat. Jedenfalls klappt sie den Mund zu, und ich drehe mich auf dem Absatz um, gehe in die Bibliothek und schließe die Tür hinter mir.

♛

Für die nächsten ein, vielleicht zwei Stunden sitze ich im Sessel vor dem Kamin und sehe zu, wie die Flammen tanzen und an dem Stein lecken, der sie umgibt.

Und ich denke nach. Überlege. Zum ersten Mal in meinem Leben.

Ist überraschend hilfreich.

Ich sehe alles so klar, als würde ich eine Landkarte lesen, jeden Fehler, jede falsche Abzweigung. Aber ich weigere mich, in Selbstmitleid und Selbsthass, Zweifel und Bedauern zu versinken. Nicht diesmal. Nie wieder.

Das war der alte Henry. Und der bin ich nicht mehr. Am absoluten Tiefpunkt angelangt zu sein verändert einen. Einen Blick auf den Himmel zu erhaschen verändert einen noch mehr.

Ich habe Perfektion berührt, ich habe ihre Arme um mich gespürt, und obwohl sie mir entglitten ist, ist sie da draußen, knapp außerhalb meiner Reichweite. Wartet darauf, dass ich den Hintern hochkriege und mich zusammenreiße. Mich beweise. Der Mann werde – und der König –, den sie verdient.

Und während ich ins Feuer starre, schwöre ich mir und meinen Eltern, Gott und – scheiß drauf – dem Teufel auch gleich noch, dass ich sie nicht enttäuschen werde.

«Henry.»

Ich habe meine Großmutter nicht reinkommen hören. Sie steht neben meinem Sessel und schaut mich an, nicht mit Verärgerung oder Enttäuschung in den sturmgrauen Augen, sonder mit etwas anderem. Sorge vielleicht. Und Neugier?

«Wir müssen über das sprechen, was hier vor sich gegangen ist. Was hast du getan, mein Junge?»

Ich sage ihr die Wahrheit. Ohne Ausflüchte oder fadenscheinige Entschuldigungen. «Ich habe Mist gebaut, Granny. Aber ... das werde ich in Zukunft nicht mehr tun.»

Sie schaut mich lange an, dann sagt sie leise: «In Ordnung.»

«Ich werde Lady Sarah Mirabelle Zinnia Van Titebottum heiraten.»

Die Worte kommen leise heraus und klingen wahr und echt.

Die Erde ist rund. Der Himmel ist blau. Ich werde Sarah heiraten. Sie weiß es noch nicht, aber ... Einen Schritt nach dem anderen.

«Nach allem, was ich über sie weiß, ist sie ein bisschen schüchtern, aber daran können wir arbeiten. Sie ist ein reizendes Mädchen.»

«Ja, das ist sie.» Ich sehe wieder ins Feuer. «Sie war noch Jungfrau, als sie mich kennengelernt hat. Jetzt ist sie es nicht mehr.»

Meine Großmutter legt die Hände zusammen. «Ich verstehe. Es gibt Wege, diesen Teil des Gesetzes zu umgehen. Die eidesstattliche Erklärung eines Arztes sollte ausreichen.»

Meine Stimme ist sanft, aber bestimmt. «Ich will es nicht umgehen. Ich will das Gesetz ändern. Wir werden erst heiraten, wenn es geändert ist.»

«Aber warum ist das wichtig?»

«Es ist Sarah wichtig ... also ist es auch wichtig für mich. Und wenn ich Mums Ring an ihren Finger stecke, dann will ich, dass die Welt weiß, dass ich das tue, weil ich mich für sie entschieden habe. Nicht weil sie allen Anforderungen entspricht, sondern weil sie großartig ist. Und ich so viel Glück habe, dass sie bereit ist, es mit mir auszuhalten.»

Meine Großmutter schnaubt. «Das Gesetz zu ändern wird Zeit brauchen. Es erfordert eine Abstimmung im Parlament. Und das bedeutet ... Politik.»

«Ich weiß. Ich hatte gehofft, du könntest mir zeigen, wie man gut darin ist. Wirst du mir helfen, Granny?»

Blinzelnd sieht sie auf mich herab. Als habe sie mich noch nie zuvor gesehen und als wäre sie erleichtert und dankbar für das, was ihre Augen erblicken. «Ja. Ja, das kann ich tun, Henry.»

Ich lege meine Hand auf ihre und drücke sie leicht. Es ist keine Umarmung, aber es ist ein Anfang.

«Danke.»

Nicht lange danach, nachdem ich der Queen die ganze Situation erklärt habe, ist es Zeit, reinen Tisch zu machen. Ich finde Vanessa in der Bibliothek. Sie wühlt in Papieren und sieht zum ersten Mal erschöpft aus.

Meine Stimme ist sanft, aber auch eine Spur tödlich.

«Was haben Sie zu ihr gesagt?»

Sie hebt das spitze Kinn. «Nichts, das nicht die Wahrheit war.»

Ich straffe die Schultern und schaue fordernd auf sie hinunter. «Was haben Sie gesagt?»

«Kommen Sie schon, Henry. Sie wissen, wie das läuft. Drama verkauft sich gut. Und Ihre Liebelei mit der Schwester? Das war ganz schön heftiges Drama.»

«Denken Sie, das hier ist ein Spiel? Nur eine Show? Das hier ist mein Leben.»

Sie verschränkt die Arme und drückt den Rücken durch. «Sie sind ein Prinz. Ihr ganzes Leben ist eine Show.»

«Jetzt nicht mehr.» Ich schüttle den Kopf. «Ich bin fertig damit. Wir sind fertig. Das hier ist beendet. Sie nehmen Ihr Material und machen damit, was Sie wollen. Sie wollen mich im Fernsehen ausschlachten? Nur zu.» Dann beuge ich mich über sie. «Aber ich warne Sie, und das wird die einzige Warnung sein, die Sie bekommen. Falls Sie Sarah angreifen, falls Sie sie auf irgendeine Weise in Verruf bringen, dann werde ich Sie ruinieren. Ich werde alle mir zur Verfügung stehenden Mittel einsetzen – und ich habe ein ganzes verdammtes Land hinter mir –, um Sie und alles, was Sie anfassen, zu vernichten. Haben wir uns verstanden, Miss Steele?»

Ihre Augen zucken über mein Gesicht, um den Grad meiner Entschlossenheit und Aufrichtigkeit einzuschätzen. Vanessa mag zwar kein besonders angenehmer Mensch sein, aber sie ist nicht dumm.

«Ich will eine Exklusiv-Story.»

«Was?»

«Falls aus der Sache zwischen Ihnen und dem Bücherwurm etwas wird, dann wird das die Story des Jahrhunderts, und ich will sie. Ich sitze auf dem Material, und wenn Sie Ihre Verlobung bekannt geben, dann werde ich eine Dokumentation zusammenstellen.» Ihr Blick geht in die Ferne, sie sieht die Schlagzeilen vor sich. «Das wird ein gottverdammtes Märchen. Wie der Prinz von dem stillen Mädchen gezähmt wurde. Wie er, nachdem er über ein Dutzend Matratzen hüpfte, seine Prinzessin fand. Ich will ein Interview dazu, mit Ihnen und Sarah.»

Sorgfältig überdenke ich das Angebot und wäge die Möglichkeiten ab.

«Ich werde Ihnen ein Interview geben, aber ich kann nicht für Sarah sprechen. Wenn sie daran teilnehmen will, gut. Wenn nicht, dann begnügen Sie sich mit mir.»

«Einverstanden.»

«Und ich will die endgültige Abnahme.» Ich zeige mit dem Finger auf sie. «Sie senden keine Sekunde Material, bis ich nicht alles in seiner Gesamtheit gesehen und abgesegnet habe.»

Sie denkt darüber nach, dann streckt sie mir ihre Hand hin. «Deal.»

Sieht so aus, als wäre ich doch nicht so mies in Politik.

Eine Stunde später bringt sie mir die neuen Verträge. Ich unterschreibe auf der gestrichelten Linie und gebe sie ihr zurück. «Und jetzt nehmen Sie Ihre Ausrüstung, und verschwinden Sie verdammt noch mal aus meinem Schloss.»

Später, nachdem Fergus die Schlosstür fest hinter ihnen geschlossen hat, steht meine Großmutter neben mir in der Eingangshalle und reibt sich die Hände.

«Nun ... ich bin froh, dass das vorbei ist. Leistest du mir in der Bibliothek bei einem Glas Sherry Gesellschaft?»

«Ja. Es gibt noch mehr, das wir besprechen müssen.» Ich sehe ihr in die Augen. «Es wird dir nicht gefallen.»

Sie nickt nur, standhaft und unerschütterlich, wie sie schon immer war. «Ich werde Fergus sagen, er soll die extragroßen Gläser bringen.»

23

SARAH

Drei Wochen.

Das erscheint gar nicht so lang. Nur zwei mehr als eine. *Drei Wochen.* Es klingt gar nicht so lang, wenn man es laut ausspricht. Nur drei Silben. Aber die letzten drei Wochen haben sich endlos angefühlt. Erfüllt von Selbstzweifeln und der Frage, was ich hätte anders machen sollen. Was ich jetzt und als Nächstes tun sollte. Der erschöpfenden inneren Auseinandersetzung. Soll ich ihn anrufen? Soll ich warten, bis er sich bei mir meldet? Dreht er noch? Sollte ich zurück nach Anthorp Castle gehen? Ist er immer noch dort oder schon wieder hinter den Toren des Palastes? Es gab kein Wort über ihn in den Nachrichten oder der Klatschpresse. Warum hat er nicht angerufen? Denkt er überhaupt noch an mich? Als ich ihm gesagt habe, dass ich Abstand brauche, hatte ich nicht gedacht, dass es vorbei ist. Ich hatte nicht geglaubt, dass dies wirklich das Ende war. Hätte ich länger bleiben sollen? Habe ich vorschnell geurteilt, bin ich zu früh gegangen?

Aber die drei Wochen bestanden nicht nur aus Bedauern und Selbstmitleid.

Nach vier Tagen habe ich aufgehört zu weinen.

Nach zehn Tagen habe ich aufgehört, mein Handy auf eine Nachricht oder einen verpassten Anruf zu überprüfen.

Nach sechzehn Tagen habe ich aufgehört, beim Verlassen der Bibliothek die Straße rauf- und runterzusehen und nach einem schwarzen SUV und wilden grünen Augen Ausschau zu halten.

Nach achtzehn Tagen habe ich akzeptiert, dass Henry nicht zu mir kommen wird.

Aber ich träume immer noch von ihm. Jede Nacht höre ich seine Stimme und stelle mir vor, wie seine feingliedrigen Finger die Saiten dieser alten Gitarre zupfen. Ich sehe sein Lächeln in Gedanken vor mir und könnte schwören, dass ich ihn in den Laken rieche. Und dann kommen die Träume. Dagegen kann ich nicht viel tun.

Denn manchmal ist das Leben genau wie ein Buch: Wir dürfen nicht unser eigenes Ende schreiben, wir müssen das akzeptieren, das schon auf der Seite geschrieben steht.

In mein Leben zurückzukehren war leicht, weil es funktioniert wie die Lego-Kiste eines Kindes: Die Teile sind dafür geschaffen, nahtlos ineinanderzupassen. Alles ist organisiert und durchgeplant.

Aber am Ende der ersten Woche, an Tag sieben, ist etwas Merkwürdiges passiert. Etwas, das sich als gar nicht so schlecht herausstellte. Ich fing an, von meiner Routine abzuweichen. Von der Beständigkeit abzurücken, nach der ich mich einst so sehr gesehnt habe. Ich ging früher zur Arbeit und erst nach Sonnenuntergang nach Hause, nicht, um mich zu beschäftigen, obwohl das auch eine Rolle spielte, sondern eher weil ich mich nach etwas anderem sehnte. Etwas Neuem. Zuerst habe ich den Drang mit kleinen Dingen befriedigt: die Möbel umzustellen, neue Vorhänge aufzuhängen, jeden Tag auf einem anderen Weg nach Hause zu gehen, auf den kleinen Barnaby von über mir aufzupassen, damit meine Nachbarn einmal ausgehen können, unregelmäßig bei Mutter zum Abendessen vorbeizuschauen, anstatt wie festgelegt mittwochs und sonntags.

Eines Abends hat Annie mich in ein Pub in der übernächsten Stadt mitgenommen, um mir ihren neuen Freund Wade vorzustellen, der Gott sei Dank kein Vollpfosten ist. Der Laden war ein bisschen chaotisch, überfüllt und laut. Aber das hat mich überraschenderweise nicht sosehr gestört.

Ein anderes Mal waren es Abendessen und Tanzen mit Willard. Das Komische war, dass ich immer wieder zur Band rübergeschaut habe, wenn sie spielte, weil ich ein drängendes, ziehendes Gefühl in mir gespürt habe – und den verrückten Drang hatte, auf die Bühne zu springen und mir für einen Song oder zwei das Mikro zu schnappen. Ich habe es nicht getan, aber immerhin habe ich darüber nachgedacht.

Und ich hatte keine Angst.

Denn sobald ein Panzer einmal zerbrochen ist, kann er nicht wieder zusammengesetzt werden, nicht wirklich, nicht wieder genau so, wie er war. Die Risse werden immer da sein.

Das ist der Henry-Effekt.

Und es fühlt sich wunderbar an. Befreiend. Trotz allem, trotz der Art, wie es am Ende ausging, werde ich ihn dafür immer lieben. Ich werde ihm immer dankbar sein. Und ich werde mich immer an den süßen, neckenden Prinzen erinnern, der mich zum Besseren verändert hat.

Das Symposium. Mein Waterloo.

In der zweiten Woche, in der ich wieder in der Arbeit war, fragte Mr. Haverstrom mich, ob ich nun doch eine Präsentation halten würde, jetzt, da meine Palast-Angelegenheit vorzeitig abgeschlossen war. Er sagte mir, dass es akzeptabel wäre, wenn ich ablehne, weil ich keine Zeit hatte, eine Präsentation vorzubereiten. Er hat mir einen leichten Ausweg angeboten. Und ich hätte ihn annehmen können. Aber das habe ich nicht.

Und hier bin ich nun. Im größten Konferenzsaal der Concordia-Bibliothek, vor einem vollen Saal, über zweihundert besetzte Stühle, und noch mehr Zuhörer stehen hinten entlang der Wand. Alle Augen sind auf mich gerichtet.

Willard und Annie sitzen weit vorne, so nah sie können, um mich moralisch zu unterstützen ... und um mich aufzufangen, falls ich in Ohnmacht falle. Ich weiß, dass meine Wangen feuerrot leuchten. Meine Knie zittern, und mein Magen dreht sich wie ein Kreisel. Als ich zum Mikrophon vortrete, steigt mir die Panik bis in die Kehle und droht, mich zu überwältigen.

Also schließe ich die Augen und atme tief ein, und dann ... stelle ich mir Henry Pembrook nackt vor. Und ich grinse. Weil er recht hatte, der Mistkerl. Es funktioniert wirklich.

Eine Stunde später beende ich meine Präsentation darüber, wie wichtig es ist, Lesen bei Kindern zu fördern, besonders bei jungen Mädchen. Ich habe die ganze Zeit den Kopf gesenkt gehalten, die Augen auf meine Notizen gerichtet, also war es wahrscheinlich nicht gerade der fesselndste Vortrag, aber ich bin nicht in Ohnmacht gefallen und habe mich nicht übergeben, also betrachte ich es als einen großen Sieg.

Ich muss nur noch diese letzten Zeilen zu Ende bringen und die Fragerunde überstehen.

«Zum Schluss möchte ich sagen: Lesen ist Wissen, und Wissen ist Macht. Also verleiht uns auch Lesen Macht. Indem wir lernen und verstehen ... und auch träumen. Geschichten inspirieren uns, nach den Sternen zu greifen, innig zu lieben, die Welt zu verändern und mehr zu sein, als wir je für möglich gehalten haben. Jedes Buch erlaubt uns, einen neuen Traum zu träumen. Danke schön.»

Sie klatschen.

Und ich schließe die Augen und atme voller Erleichterung aus. *Ich hab's geschafft, ich hab es wirklich geschafft.* Willard pfeift durchdringend, und Annie macht eine Siegerfaust, und es ist wunderbar. Ich wünschte nur ... Ein sehnsüchtiger Schmerz breitet sich in meiner Brust aus wie ein Sprung in einer Windschutzscheibe.

Weil ich mir wünsche, Henry wäre hier. Er würde das hier toll finden – ich hätte ihn mit meinem Mut aus den Socken geblasen. Und dann würde er eine Bemerkung darüber machen, dass es noch andere Dinge gibt, die ich blasen könnte. Oder vielleicht würde ich es sagen. In seiner Gegenwart habe ich Sachen gesagt, die mir sonst nicht im Traum eingefallen wären, und es hat sich gut angefühlt.

Mit einem Kopfschütteln versuche ich die Melancholie fortzuwischen. Und ich schaue über das Meer aus klatschenden Händen und nickenden Köpfen ... und dann bleibt mir unvermittelt das Herz stehen.

Mein erster Gedanke ist: Er hat sich die Haare schneiden lassen.

Das letzte Mal, als ich ihn gesehen habe, reichten sie ihm fast bis zu den Schultern. Dicht und weich, wellig und wild. Aber das hier ist auch schön. Kurz und akkurat geschnitten, lässt ihn die Frisur integer und einflussreich aussehen, und dann hat sie vorne noch genau die richtige Länge, dass ihm ein paar Strähnen auf schurkische Weise in die Stirn fallen.

Sein Anzug ist beige, seine Krawatte hellgrün, sein Hemd strahlend weiß, er wirkt cool und elegant wie ein Broker an der Silver Street.

Er klatscht herzhaft, mit diesen starken Händen, die ich so vergöttere. Sein Blick leuchtet vor Bewunderung, und sein Lächeln ... Sein Lächeln ist so zärtlich, dass Tränen in meinen Augen brennen.

Ich blinzle und sehe weg ... und dann fällt mir wieder ein, dass ich wütend auf ihn bin. *Drei. Wochen.* Drei verdammte, schreckliche Wochen. Ich habe gelogen, als ich sagte, dass sie nicht so schlimm waren. Sie waren eine verdammte Hölle. Und jetzt taucht er einfach auf? Hier? Wofür genau? Das brauche ich mich nicht lange zu fragen.

Denn in dem Augenblick, in dem Mr. Haverstrom um Fragen bittet, schnellt Henrys Hand nach oben, als wäre er ein Kind in der Schule, das keine Sekunde länger warten kann, auf die Toilette zu gehen. Ich ignoriere ihn.

Das Problem ist nur, er ist der Einzige, der die Hand hebt.

«Gibt es Fragen?» Ich schaue nach links und rechts und verrenke mir den Hals, um rundum nachzusehen. «Überhaupt niemand?»

Henry räuspert sich. Laut. «Ähem.» Und mehrere Köpfe drehen sich zu ihm um.

Aber ich ignoriere ihn immer noch und sortiere meine Blätter. «Nun, da niemand mehr Fragen hat ...»

«Er hat eine Frage», sagt Willard laut und deutlich und grinst dabei wie die Grinsekatze. Ich werde ihm eine verpassen, wenn das hier vorbei ist. Aber zuerst werde ich mich um Henry kümmern.

«Ja, Sie dort hinten», sage ich, als hätte ich ihn noch nie im

Leben gesehen. Als wäre er nicht unser zukünftiger König. «Wie lautet Ihre Frage, Sir?»

Er zieht die Augenbrauen hoch, als wolle er sagen: *So willst du das Spiel also spielen?* Ein Raunen wogt durch den Saal, als die Leute ihn erkennen, aber Henry scheint es nicht zu bemerken. «Meine Frage bezieht sich auf Heathcliff.»

Seine Stimme ... Ich habe diese Stimme vermisst, stark und rau, aber neckend und süß. Oh Mist, im Nu schmelze ich dahin wie eine billige Kerze.

Aber ich lasse mir nichts anmerken. Ich verschränke die Arme. «Meinen Sie die fette, orangefarbene Katze?»

Seine Mundwinkel heben sich zu einem Schmunzeln. «Nein. Die Figur aus *Wuthering Heights*.»

«Ah, ich verstehe. Fahren Sie fort.»

«Meine Frage ist, warum hat den Mistkerl eigentlich niemand erschossen? Gab es in dieser Epoche keine Schusswaffen?»

Unwillkürlich schüttle ich den Kopf. Was für eine lächerliche Frage! «Nein, Feuerwaffen waren schon in Gebrauch, aber ...

«Dann hätte jemand Heathcliff definitiv einen Satz Blei in den Arsch verpassen sollen. Er war ein gedankenloser, beleidigender, gemeiner Kotzbrocken.»

«Manche finden, seine einzige gute Eigenschaft ist seine Liebe zu Catherine. Das ist es, was ihn rehabilitiert.»

Ernst schüttelt Henry den Kopf. «Er hatte sie nicht verdient.»

«Nun ja», ich zucke mit den Schultern, «Catherine war auch nicht gerade eine Heilige. Und ich bin mir sicher, die Diskussion über Heathcliffs Tauglichkeit wird weitergehen, solange Leute dieses Buch lesen. Danke schön.» Ich wende mich dem Rest des Saals zu. «Andere Fragen?»

Und wieder schnellt seine Hand hoch. Wieder ist es die einzige. Theatralisch seufze ich. «Ja?»

«Es geht um Mr. Darcy. Er ist ein ziemlicher Snob. Der Kerl hat einen Stock im Arsch. Einen gewaltigen.»

Ich hebe spöttisch die Augenbrauen. «Sie haben anscheinend eine Vorliebe für Ärsche.»

Er lacht völlig ungeniert. «Nun ... Knackärsche gehören zu meinen Lieblingsdingen.»

Und er kann mich immer noch erröten lassen wie niemand sonst.

«Aber das ist eine Diskussion für einen anderen Zeitpunkt. Worauf ich hinauswill, Mr. Darcy ist so ein Trottel. Ich kapier's nicht.»

«Nun, wenn Sie das Buch gelesen hätten ...»

«Ich habe das Buch gelesen.» Seine grünen Augen sehen mich eindringlich an. «Ich habe sie alle gelesen.»

Und jetzt flattern Schmetterlinge in meinem Bauch Amok.

«Oh.» Ich reiße mich aus meiner Benommenheit und konzentriere mich wieder. «Mr. Darcy und Elizabeth Bennet sind zwei Seiten derselben Münze. Er ist schrecklich reserviert, und sie ist ungeniert, aber sie beide ziehen voreilig die falschen Schlüsse. Am Ende müssen sie ihre Vorurteile und ihren Stolz überwinden und ehrlich zu sich selbst und zueinander sein und es wieder in Ordnung bringen.»

Er sieht mich an, sanft und zärtlich, als wolle er nie damit aufhören. «Daher der Titel, schätze ich.»

«Ja.» Ich nicke.

Er kratzt sich mit den Fingerknöcheln am Kinn. «Und jetzt zu Colonel Brandon aus *Sinn und Sinnlichkeit*.»

Und da schlage ich mit den Händen aufs Podium. «Nein. Du

kannst über Darcy oder den verdammten Heathcliff sagen, was du willst, du kannst dich über jeden Helden hermachen, den Dickens je geschrieben hat. Die mochte ich ohnehin noch nie. Aber du wirst nicht Colonel Brandon in den Schmutz ziehen! Das erlaube ich nicht.»

Henry findet meinen Wutausbruch offensichtlich amüsant. «Ich werde ihn nicht in den Schmutz ziehen. Ich mag Colonel Brandon.»

«Was ist dann deine Frage?»

Langsam erhebt er sich und kommt in aller Seelenruhe durch den Gang nach vorne geschlendert. Alle Gesichter wenden sich ihm zu.

«So, wie ich das sehe, hat Marianne es verbockt. Brandon war die ganze Zeit über da, aber sie hat sich von den falschen Dingen ablenken lassen. Das stand nicht im Buch, aber ich vermute, sie musste sich entschuldigen, und er musste ihr verzeihen.»

Meine Kehle ist trocken, und meine Stimme ist wie Sand. «Ja, ich nehme an, das stimmt.»

Näher und näher kommt er.

«Meine Frage ist, wenn ihre Rollen vertauscht gewesen wären, wenn Marianne der Mann und Brandon die Frau wäre, denkst du, sie hätte ihm verziehen? Ihm eine zweite Chance gegeben, darauf vertraut, dass er es diesmal nicht verbockt?»

Mir schwirrt der Kopf. «Ich … Ich …»

«Ich meine, wenn er wirklich zu Kreuz gekrochen kommen würde. Aus seiner Entschuldigung eine unglaublich große Geste machen würde, etwas wirklich Öffentliches und Peinliches.»

Jetzt steht er direkt vor mir. Nah genug, dass ich ihn berühren könnte.

«Ich glaube nicht, dass ihr das gefallen würde, der öffentliche Teil», sage ich leise. «Sie ist ein bisschen … schüchtern.»

Henry nickt, und seine Stimme ist leise und rau und verzweifelt. «Was wäre dann, wenn er einfach vor ihr stehen und sagen würde: ‹Es tut mir leid. Du fehlst mir. Ich will ein besserer Mann für dich sein, und weil ich dich so sehr liebe, glaube ich tatsächlich, dass ich das kann.› Denkst du, dann würde sie ihm noch mal eine Chance geben?»

Mein Blick verschwimmt, und ich blinzle. «Ich denke … Ich denke, das könnte funktionieren.»

Henry lächelt, und es fühlt sich an, als springe mir das Herz aus der Brust.

«Gut.»

Weinend und lächelnd zugleich nicke ich.

Dann höre ich Willard von der Seite: «Sollen wir immer noch so tun, als würden sie tatsächlich über das Buch reden?»

«Moment mal», antwortet Annie. «Die reden gar nicht über das Buch?»

Willard tätschelt Annie den Kopf. «Du bist so süß.»

♛

Wir hängen noch fast eine Stunde nach meiner Präsentation in der Bibliothek fest. Sobald Henry erkannt wurde, verbreitet sich die Nachricht wie ein Lauffeuer, und alle wollen ihm die Hand schütteln. Die meisten Leute hier sind nicht aus Castlebrook, sondern von auswärts. Ich glaube nicht, dass die Einheimischen so über den Besuch eines Prinzen aus dem Häuschen geraten würden.

Die Security tut ihr Bestes, die Menge unter Kontrolle zu

halten, und Henry ist liebenswürdig, aber ich merke ihm an, dass er ungeduldig ist. Er schaut immer wieder zu mir herüber, beinahe wie um sich zu versichern, dass ich nicht davonlaufe.

Obwohl es nur ein kurzer Weg zu meiner Wohnung ist, fährt James uns dorthin. Gleich als sich die Autotür hinter uns schließt und Henry und ich allein auf dem Rücksitz sind, sagt er inbrünstig zu mir: «Ich bin so stolz auf dich. Du warst absolut brillant da oben.»

Und ich lächle von einem Ohr zum andern. «Danke. Ich freue mich, dass du da warst, um es zu sehen.»

Dann verstummen wir. James fährt Umwege, um sicherzustellen, dass niemand uns folgt. Und Henry hält die ganze Zeit über meine Hand.

In meiner Wohnung schlüpfe ich aus meinen Schuhen und hänge meinen Mantel in den Schrank, und Henry steht mitten im Wohnzimmer und sieht zu groß dafür aus, überlebensgroß.

Und etwas ist anders an ihm. Er ist immer noch der Henry, den ich kenne, der wilde Junge mit dem schmutzigen Mundwerk. Aber seine Haltung hat sich verändert, als wäre da eine Art ... Würde, die vorher nicht da war.

Er nimmt meine Wohnung in Augenschein, bemerkt meine gerahmten Buchumschläge und fährt mit den Fingern über meinen vielgerühmten Bücherschrank.

Es gibt so viel zu sagen, aber ich habe keine Ahnung, wie ich anfangen soll. Also frage ich: «Möchtest du Tee?»

«Ja, Tee wäre schön.»

Ich nicke und gehe auf wackligen Beinen in die winzige Küche. Und genau wie bei unserer ersten richtigen Unterhaltung unter diesem großen Baum auf dem Hügel plappere ich drauflos wie eine arme Irre.

«Ich habe Pfefferminz und Kamille. Aber das ist wahrscheinlich zu langweilig für dich, oder?» Ich nehme die Kanne und die Teedosen aus dem Schrank und stelle sie auf die Arbeitsplatte. «Ich habe auch noch diese fruchtige, exotische Mischung, zu der Annie mich überredet hat. Sie ist überhaupt nicht mein Geschmack, aber vielleicht magst du …»

Henry legt seine Hand auf meine, dabei steht er so dicht hinter mir, dass ich die Wärme seiner starken Brust spüren und den Duft seines Hemds riechen kann.

«Sarah», sagt er an meinem Ohr, und mir laufen Schauder über den Nacken. «Ich mag Pfefferminztee.»

Und es ist absolut verrückt, aber dieses kleine, unbedeutende Geständnis lässt etwas in meiner Brust aufbrechen, von dem ich nicht einmal wusste, dass ich es fest verschlossen gehalten habe.

Ich drehe den Kopf, um ihn über meine Schulter hinweg anzusehen, und da ist er, nah und real und hier.

«Wirklich?»

Henry nickt.

«Nicht zu langweilig für dich?»

Er schüttelt den Kopf und wischt mir eine Träne von der Wange, die mir gar nicht bewusst war.

«Der ist mir am allerliebsten.»

Dann legt er die Arme um mich. Und ich lasse mich an ihn sinken. Ich spüre seine Lippen auf meinem Haar, als er tief einatmet – mich einatmet.

«Du hast mir so gefehlt», flüstert er. «Jeden Tag.»

«Wo warst du? Was hat dich so lange aufgehalten?»

Mit einem Seufzen richtet Henry sich auf, als müsse er sich zwingen, sich zurückzuziehen.

«Zuerst den Tee. Dann reden wir.»

Ich bin mir nicht sicher, ob mir gefällt, wie sich das anhört. Aber ich setze das Wasser auf, und ein paar Minuten später sitzen wir auf dem Sofa und trinken Pfefferminztee.

Vorsichtig stellt Henry schließlich seine Tasse auf den Tisch und wischt sich die Hände an den Hosenbeinen ab, als wäre er nervös.

«Ich hab's verbockt, Sarah. Ich dachte damals, ich tue das Richtige für uns, indem ich die Show zu Ende drehe, das hinter uns bringe. Aber ich lag falsch. Genau wie … Mr. Rochester.»

Wärme breitet sich in meiner Brust aus. Und ich lache laut auf. «Du hast die Bücher wirklich gelesen.»

Henry nickt. «Jedes einzelne.» Er nimmt meine Hand und drückt sie. «Dadurch habe ich mich dir näher gefühlt. Zu wissen, dass du dieselben Buchstaben gelesen hast, dass du jedes Wort auswendig kennst.»

«Aber Henry, wenn das stimmt, warum hast du dann so lange damit gewartet, herzukommen? Warum hast du nicht angerufen oder eine Nachricht geschickt oder sogar einen Brief geschrieben?»

«Ich musste mir sicher sein, dass ich das Richtige tue, ich wollte nicht riskieren, dich noch einmal zu verletzen. Und es mussten … Arrangements getroffen werden. Dinge waren zu regeln.»

«Was für Dinge?»

Er winkt ab. «Das ist jetzt nicht wichtig. Was zählt, ist, dass ich hier bin, für dich. Nichts hat sich für mich geändert, und doch ist alles anders. Wie ich die Welt sehe, die Rolle, die ich darin spielen will, das ist jetzt alles anders … wegen dir. Ich bin jetzt bereit. Ich kann der Mann sein, den du verdienst.

Beständig und zuverlässig, selbstlos und liebevoll. Dein ganz persönlicher Colonel Brandon.»

Es kommt mir jetzt so albern vor. Das waren wohl die Gedanken eines dummen Mädchens. Henry ist mit Colonel Brandon nicht zu vergleichen. Er ist so viel mehr. Er ist echt und wahrhaftig und wild und romantisch, hat all die Eigenschaften, von denen ich einst glaubte, sie existierten nur in Büchern.

«Ich habe mit Großmutter über uns gesprochen; sie kann es nicht erwarten, dich kennenzulernen. Und ... ich möchte, dass wir wie Jane und Guildford sind ... nur ohne den ganzen Teil mit dem Kopf-Abschlagen.»

Ich lache und fange an zu weinen.

«Ich will die Welt verändern, mit dir an meiner Seite, deine Hand haltend. Ich liebe dich, Sarah, und was auch immer geschieht, ich verspreche dir, es wird keinen Tag geben, an dem ich dich nicht lieben werde, mit allem, was ich bin.»

Er nimmt meine Hand und beugt sich nah zu mir.

«Wirst du mich nehmen, Liebes?»

Mein Gesicht ist nass vor Tränen, und mit einem bebenden Atemzug schüttle ich den Kopf über ihn, diesen dummen Jungen.

«Dich nehmen? Bist du verrückt? Du bist jeder Traum, von dem ich mir nie erlaubt habe zu glauben, dass er wahr werden könnte.»

Und dann liege ich in seinen Armen, küsse sein Gesicht und drücke ihn fest an mich. Er hebt mich hoch und trägt mich zum Schlafzimmer. Dort legt er mich aufs Bett und zieht mich aus, und ich kann die Hände nicht von seiner muskulösen Brust lassen. Und dann lieben wir uns, immer und immer wieder.

Draußen vor dem Fenster fallen jetzt winzige Schneeflocken, aber wir bemerken sie nicht. Weil wir uns ineinander verloren haben, und ganz gleich, wo wir sind, sei es in einem zugigen Schloss, einem prächtigen Palast oder einer kleinen Wohnung in einer alten, verschlafenen Stadt, von diesem Moment an werden Henry und ich für immer zusammen sein.

24

HENRY

Während der nächsten sieben Tage ist mein Leben perfekt, weil ich nahtlos in das von Sarah schlüpfe. Sie geht immer noch zur Arbeit in die Bibliothek. Ich lerne ihren Boss Mr. Haverstrom kennen und ihren schwachköpfigen Kollegen Pat. Ich plaudere mit George, dem alleinstehenden Rentner, über Fußball und flirte mit Maud, der kurzsichtigen Witwe, die ehrenamtlich in der Bibliothek arbeitet. Aber hauptsächlich beobachte ich einfach nur Sarah und genieße es, sie in ihrem Element zu sehen, jedes Lächeln und Lachen in mich aufzusaugen und in mein Gedächtnis einzuprägen.

Außerdem vögle ich sie zwischen den Regalen, spätabends, nachdem geschlossen ist, genieße das Gefühl des Verbotenen, wenn ich der sexy Bibliothekarin den Rock hochschiebe und sie gegen die Regale drücke, wenn unser Stöhnen von den Wänden widerhallt wie eine erotische Symphonie ... Die Realität schlägt meine Phantasie um Längen.

Und damit hört es noch lange nicht auf.

Ich liebe Sarah in ihrer Dusche, und sie reitet mich heftig auf dem Boden ihres Wohnzimmers. Ich nehme sie in ihrer engen, winzigen Küche, von hinten, während sie herrlich über die Küchenzeile gebeugt ist, und sie bringt mich im Flur auf Knien und mit meinem Schwanz im Mund um den Verstand.

Sarah kocht uns Abendessen, während ich sie küsse und an ihr knabbere und sie verschlinge. Sie macht mich hart mit ihrem Erröten und mit schmutzigen Witzen, und ich mache den Abwasch. Ich spiele Gitarre für sie, und sie summt ihre kleinen Lieder, und in manchen Nächten liest sie mir laut vor, während ich in den Schlaf dämmere, den Kopf auf ihren weichen Brüsten.

Ich lerne Sarahs interessante Mutter kennen und schmeichle mich in Pennys Gunst zurück. Sie mag mich wieder, was schön ist, weil sie bald in die Staaten gehen wird, nach Los Angeles, um ihre Schauspielkarriere zu verfolgen.

Eines Samstagnachmittags testen wir die Stabilität von Sarahs Bettgestell, indem wir laut und hart ficken, aber hinterher gibt es nichts als liebevolle Berührungen und geflüsterte Zärtlichkeiten. Im Radio läuft *Little Wonders* von Rob Thomas, und Sarah seufzt.

«Ich liebe dieses Lied.»

Meine Hand streicht über ihren Bauch nach oben. «Ich liebe deine Möpse.»

Lachend gibt Sarah mir einen Klaps auf den Kopf. Aber als ich einen ihrer Nippel in den Mund nehme, daran sauge und die Zunge darüberschnellen lasse, verwandelt sich ihr Kichern in ein langgezogenes, abgehacktes Stöhnen.

«Ich bin froh, dass du dieses Lied liebst, Süße.»

Und alles ist so großartig und perfekt.

Aber die Uhr tickt, und es gibt Dinge, die ich ihr sagen muss, die nicht länger warten können. Also mache ich uns am nächsten Tag, am Sonntag, Pfefferminztee, setze mich mit ihr ins Wohnzimmer und unterbreite ihr alles, so sanft wie möglich.

«Ich muss dir etwas sagen, das dir nicht gefallen wird.»

Argwöhnisch verengt sie die Augen hinter der Brille.

«In Ordnung.»

Ich ziehe sie auf meinen Schoß, lege ihr die Arme um die Mitte und halte sie fest.

«Ich habe mich wieder zum Militärdienst verpflichtet.»

«Aber du bist der Kronprinz ... Du kannst nicht ...»

«Wie sich herausstellt, kann ich vieles, wenn ich es mir in den Kopf setze.»

«Aber die Queen ...»

«Ist nicht erfreut darüber, doch sie versteht, dass das etwas ist, das ich tun muss. Diesmal wird es eine richtige Stationierung sein, in einer regulären Einheit. Ich werde unter falschem Namen geführt werden, damit ich die anderen Männer nicht in Gefahr bringe.» Ich drücke sie und versuche zu scherzen. «Du wirst mir helfen müssen, ein passendes Pseudonym zu finden – Finley Bigdick, der dritte, oder John Thomas Longhorn.»

Sie lacht nicht. Sie lächelt nicht mal.

«Der Presse wird gesagt, dass ich auf Safari in Afrika bin, dann den Everest besteige und schließlich auf eine Forschungsmission in den Regenwald gehe. Ich werde als *der* heldenhafte Abenteurer dargestellt werden. Aber du darfst es niemandem erzählen, weder Penny noch Willard oder Annie oder deiner Mum. Niemand darf es wissen.»

Sarah sieht mich nur an, und ihr Gesichtsausdruck bricht mir das Herz.

«Warum tust du das?»

Ich streiche ihr das weiche Haar zurück und hoffe, sie kann es verstehen. «Weil ich als zukünftiger König lernen muss, ein Anführer zu sein. Und ich denke ... Ich denke, ich könnte eines Tages ein guter Anführer sein.»

«Wo werden sie dich hinschicken?»

«Das weiß ich noch nicht. Das werde ich herausfinden, sobald ich mich zum Dienst melde … in zwei Wochen.»

«Zwei Wochen? Warum hast du mir das nicht früher gesagt?»

«Ich wollte dich nicht unter Druck setzen, mich zurückzunehmen.»

Sie schnaubt. «Du hast dir einen verdammt schlechten Zeitpunkt ausgesucht, um edelmütig zu sein, Henry.»

«Ich weiß.» Seufzend schüttle ich den Kopf über diese ganze Verrücktheit. «Und … es tut mir leid. Mir ist bewusst, dass das nicht das ist, was du willst … aber es ist das, was ich tun muss.»

«Für wie lange?», fragt sie leise.

«Zwei Jahre.»

Sie zuckt zusammen, und ich beeile mich, ihr den Rest zu erzählen.

«Es werden zusätzliche Vorsichtsmaßnahmen getroffen, um meinen Aufenthaltsort unter Verschluss zu halten. Wir werden nicht in der Lage sein, uns zu texten oder zu skypen oder anzurufen. Dabei geht es nicht nur um meine Sicherheit … Das verstehst du doch, nicht wahr?»

Ihre Stimme ist erstickt von Traurigkeit, aber sie nickt. «Ja.»

Ich lege ihr die Hand an den Kiefer, weil ich sie berühren muss, und das Flattern ihres Pulsschlags pocht unter meinen Fingerspitzen. Dann, mit rauer Stimme, verspreche ich ihr feierlich: «Aber ich werde dir schreiben. Ich werde dir jeden Tag schreiben. Seiten um Seiten mit liebevollen Worten und schmutzigen Gedanken.»

Sarah lächelt, selbst als eine Träne über ihre Wange rollt. «Du wirst mir Briefe schreiben? Richtige Briefe, die ich anfassen und riechen und halten kann?»

«Richtige Briefe.» Ich ziehe sie enger an mich und flüstere: «Papier und Tinte. Mir wurde gesagt, es gibt nichts Besseres.»

Drei Tage später wache ich allein in Sarahs Bett auf. Es ist früh, noch grau draußen, ohne die volle Helligkeit der Wintersonne. Da ich so bald nirgendwo sein muss, nehme ich meine Gitarre und spiele ein paar Akkorde.

Nur wenig später taucht Sarah in der Tür auf, das Haar herrlich vom Wind zerzaust, die Augen glänzend, die Nasenspitze so rosig von der Kälte, dass ich hineinbeißen will – und dann will ich plötzlich die ganze Frau vernaschen. Ich lege die Gitarre weg, und sie hüpft aufs Bett. Ihr Mantel fühlt sich wie Eis an, als ich ihn ihr von den Schultern schiebe, weil sie eindeutig zu viele Klamotten anhat.

«Ich habe etwas getan», sagt sie aufgeregt zu mir. «Es wird dir nicht gefallen.»

«Alles, was ein solches Lächeln auf deine Lippen zaubert, wird mir sicher sehr gefallen.»

«Das bezweifle ich.» Dann reicht sie mir eine Handvoll Papiere. Als ich sie durchsehe, fällt mir das Lächeln aus dem Gesicht. Sie hat recht. Es gefällt mir ganz und gar nicht.

«Nein.»

«Henry ...»

«Auf gar keinen verdammten Fall.»

Die Blue Coat Association ist Wesscos Äquivalent zum Roten Kreuz. Freiwillige reisen in von Katastrophen und Kriegen erschütterte Gebiete, um Nahrung und Medikamente zu liefern, Häuser zu bauen, was auch immer die Bevölkerung braucht.

Vor sechs Monaten ist eine Einrichtung der BCA versehentlich durch die heimischen Truppen beschossen worden, wobei alle sechsunddreißig Personen darin ums Leben kamen.

«Ich werde eine Initiative zur Leseförderung ins Leben rufen; sie sind begeistert darüber. Ich will den Kindern in den Lagern das Lesen beibringen und Spenden von Bibliotheken organisieren. Ich kann bei der Concordia anfangen, aber wir hoffen, das Programm auf Bibliotheken in der ganzen Welt ausweiten zu können.

Ich beiße die Zähne zusammen und schüttle den Kopf. «Das wirst du nicht tun, Sarah.»

«Ich habe mich bereits angemeldet.»

«Dann werden wir dich wieder abmelden.»

Ihr Mund wird schmal, und ihre Augen verhärten sich. «Ich habe dich nicht um deine Erlaubnis gebeten, und das tue ich auch jetzt nicht.»

Ich spüre, wie Frustration in mir aufsteigt. Und Angst.

«Ich werde dein König sein.»

«Aber noch bist du es nicht.»

«Ich werde dein Ehemann sein.»

Sie hebt die Hand. «Hm, na so was, kein Ring. Und selbst wenn da einer wäre, würde das keinen Unterschied machen, denn wenn du denkst, dass ich in der Saint George's Cathedral stehen und versprechen werde, dir für den Rest meines Lebens zu gehorchen, dann hast du nicht richtig aufgepasst.»

Ich will nicht, dass sie an sich zweifelt, aber ich bin panisch genug, um zu sagen: «Da könnte es Explosionen geben, laute Geräusche. Du kannst immer noch nicht ... Du hast immer noch Probleme damit.»

Ihre Augen verlieren ihr Leuchten, und ich hasse mich dafür.

«Ich habe ihnen die Situation erklärt. Sie sind bereit, mit mir daran zu arbeiten. Alle Zugeständnisse zu machen, die möglich sind.»

Ich nehme ihr Gesicht in die Hände. Und meine Stimme klingt erstickt. «Das ist gefährlich.»

Ihre Hände legen sich um meine Handgelenke und halten sie fest. «Aber du bringst mich dazu, mutig sein zu wollen.»

Mein Blick verschwimmt. Weil ich schon geliebte Menschen verloren habe. Ich weiß, dass das passiert und wie es sich anfühlt. Und ich darf sie nicht verlieren.

«Ich will nicht, dass du mutig bist; ich will, dass du in Sicherheit bist. Ich will dich in einen Turm sperren wie in einem deiner Bücher, damit niemand dir wehtun kann. Und dann wirst du sicher und glücklich und mein sein.»

Ihre Daumen beschreiben beruhigende Kreise an der Innenseite meiner Handgelenke. «Nur Schurken sperren Frauen in einen Turm.»

«Dann bringst du mich dazu, ein Schurke sein zu wollen.»

Auf ihrer Lippe kauend, denkt sie über ihre Antwort nach. Sie hat es so weit gebracht, seit wir uns zum ersten Mal begegnet sind. Sie ist jetzt schon einer der mutigsten Menschen, die ich kenne. Und der stärkste. Und obwohl diese Unterhaltung mir Todesangst macht, ist ein anderer Teil von mir so verdammt stolz auf sie. Darauf, dass sie für sich einsteht, dass sie nicht klein beigibt – nicht mal mir gegenüber. Besonders nicht mir gegenüber.

«Frag mich, warum, Henry.»

«Mir ist scheißegal, warum.»

«Nein, das stimmt nicht. Frag mich.»

Meine Kehle wird eng.

«Warum?»

Sarahs dunkle Augen fangen an zu glänzen. Sie lächelt, als sie antwortet. Und es ist wunderschön.

«Weil ich, wenn ich eine Königin sein werde, wissen muss, wie man die Stimme von Menschen ist, die nicht für sich selbst sprechen können. Um ihnen Trost zu spenden, ihre Freundin zu sein und die Verfechterin ihrer Interessen. Ich möchte die Welt mit dir verändern, Henry. Mit dem, was ich weiß und kann. Etwas bewirken.» Sie blinzelt, und eine Träne läuft ihr über die weiche Wange. «Und ich denke ... Ich denke, ich könnte gut darin sein.»

Fluchend ziehe ich sie an mich und halte sie fest, wahrscheinlich zu fest. «Du wirst phantastisch sein.»

Nach einer Weile lehne ich mich zurück und sehe ihr in die Augen. «Falls dir irgendetwas zustößt, werde ich sterben. Ich übertreibe nicht.» Meine Stimme ist erstickt, und Tränen sickern mir aus den Augen, aber das ist mir egal. «Du hast dich mit meiner Seele verwoben und um mein Herz geschlungen. Und falls dir irgendetwas zustößt, wird beides eingehen und sterben, und es wird mich nicht einmal kümmern.»

«Mir geht es genauso.» Sanft berührt sie mein Gesicht. Liebevoll. Mein schönes, geliebtes Mädchen. «Ich schätze, dann müssen wir beide sichergehen, dass uns nichts zustößt.»

Immer noch voller Angst, ziehe ich sie an mich, aber ich liebe sie genug, um sie das hier tun zu lassen.

«Was für ein Paar wir doch abgeben.»

Sarah hebt den Kopf und küsst mich. «Eine perfekte Verbindung.»

Zwei Tage später juckt es mich, mir ein neues Tattoo stechen zu lassen. Castlebrook hat kein Tätowierstudio, wenig überraschend, deshalb wagen Sarah und ich uns hinaus und fahren drei Stunden nach Norden, in die Nähe der Hauptstadt. Ich trage Baseballcap und Sonnenbrille, um unerkannt zu bleiben, aber die Anwesenheit von Security um das Studio herum würde uns verraten, falls jemand aufmerksam hinsehen würde. Zum Glück ist der Laden leer, als wir ankommen.

Ich öffne die Fotos auf meinem Handy und zeige dem Tätowierer, welches ich will. Es ist eine Nahaufnahme von Sarahs Gesicht, die ich vor wenigen Tagen gemacht habe, auf ihrem Balkon. Die Sonne ging gerade auf, und wir waren in den Stunden davor zu sehr mit Vögeln beschäftigt gewesen, um an Schlaf auch nur zu denken. Sie schaut von der Kamera weg, ihre Brille auf der Nase, das Haar perfekt vom Bett zerzaust. Es ist das Bild, das mir in den Sinn kommt, wann immer ich seitdem an sie denke, und ich will es auf meinem rechten Unterarm haben, damit ich es ansehen kann, wenn wir voneinander getrennt sind.

Ich lasse das Tattoo in einem durch einen schwarzen Vorhang abgeschirmten Bereich stechen, während Sarah lesend auf der anderen Seite wartet. Weil sie besonders schön ist, wenn sie überrascht ist.

Und ich werde nicht enttäuscht.

Sie schnappt nach Luft, als sie ihr Gesicht auf meinem Körper sieht, und schlägt sich die hübsche Hand vor den Mund, was meinen Schwanz steif und hart und sehnsüchtig nach ihr macht.

Zu den Tattoos auf meinem linken Arm habe ich auch neue Details hinzufügen lassen. «Die Worte haben jetzt eine neue

Bedeutung für mich», sage ich, als sie den Kopf an meinen Oberarm lehnt, mit funkelnden Augen und geröteten Wangen.

Pflicht steht nun neben dem königlichen Wappen geschrieben, *Ehre* neben dem Militärwappen, und unter Sarahs Bild steht *Liebe.*

«Pflicht, Ehre, Liebe», sage ich zu ihr. «Aber das größte davon ist die Liebe. Das steht schon in der Bibel.»

«Genau genommen steht im ersten Buch der Korinther: *‹Nun aber bleiben Glaube, Hoffnung, Liebe, diese drei; die größte aber von diesen ist die Liebe.›*»

Ich zucke mit den Schultern. «Na, dann habe ich es ein für alle Mal richtiggestellt.»

Sie lacht, dann wandert ihr Blick zu der Wand mit Beispielfotos und Vorschlägen für Tattoos.

«Ich möchte auch eins.»

«Meine Großmutter kriegt einen Herzinfarkt.» Ich schüttle den Kopf. «Wenn der zukünftige König ein Tattoo hat, ist das eine Sache, aber wenn die zukünftige Königin eins hat, wird sie das völlig anders sehen.»

Mit stiller Stärke strafft sie den Rücken. «Wir haben das einundzwanzigste Jahrhundert. Und das bedeutet, was gut für den König ist, ist auch gut für die Königin. Ihre Majestät wird ihre Meinung schon noch ändern.»

Ich küsse ihre Stirn. «Wenn du eins willst, Süße, dann sollst du auch eins bekommen, ob die Queen damit einverstanden ist oder nicht. Hast du schon eine Idee, was für eins du haben möchtest?»

«Ja.» Sie grinst aufgeregt. «Aber du wirst es abwarten müssen. Nicht gucken.»

Sie verschwindet hinter dem Vorhang und flüstert mit dem Tätowierer.

Kurz darauf kommt sie wieder heraus, ein kleines weißes viereckiges Pflaster auf ihrem rechten Handgelenk. Bezaubernd euphorisch nimmt sie meine Hand und zieht mich an sich.

«Ich wollte es genau hier haben, damit ich es ansehen und berühren kann, wann immer ich will», sagt sie. Und dann zieht sie vorsichtig das Pflaster zurück.

Es ist eine einfache Zeichnung, ein offenes Buch mit zwei leeren Seiten, bis auf ein einziges Wort ganz oben.

Henry.

«Meine Geschichte ist noch nicht geschrieben.» Sie hebt die Hand und streichelt meinen Kiefer. «Aber ich weiß, sie beginnt mit dir.»

Und ich fühle mich so verdammt geehrt und dankbar, so absolut ehrfürchtig und so verliebt in sie, dass ich kaum weiß, was ich tun soll. Also tue ich das einzig Mögliche, das ich angesichts eines solchen Geschenks tun kann. Ich nehme Sarah in die Arme und küsse sie.

Viel zu schnell kommt der Morgen, an dem ich mich zum Einsatz melden muss, an dem ich Sarah verlassen muss. Ich will sie dazu bringen, in ihrer Wohnung zu bleiben, unter die Decke gekuschelt, aber sie bettelt und besteht darauf, mit mir zum Flughafen zu kommen. Ich will jeden Moment mit ihr, den ich haben kann, also gebe ich nach.

Die Sonne ist noch nicht ganz aufgegangen, und die Luft

ist kalt. Auf der Rollbahn vor dem Flugzeug, das mich fortbringen wird, empfängt uns Winston, der die Palast-Security befehligt. Ich stelle ihm Sarah vor.

«Sarah, das hier ist Winston, der Chef der Anzugträger. Er wird dafür sorgen, dass man auf dich aufpasst, während ich fort bin.»

Winston verbeugt sich respektvoll. «Es ist mir eine Ehre und ein Vergnügen, Lady Sarah.»

Sie nickt ihm zu und lächelt freundlich, aber schüchtern wie bei neuen Leuten immer.

Ich drücke ihren Ellbogen und sage ihr, dass ich kurz unter vier Augen mit Winston sprechen muss, dann nehme ich ihn beiseite.

«Sind Ihnen Lady Sarahs Pläne, der BCA beizutreten, bekannt?»

«Ja, Sir.»

«Sie kümmern sich um ihre Sicherheit?»

«Ja, Prinz Henry.»

Meine Stimme ist so kalt wie die Luft. «Ihre Aufgabe ist es, die königliche Familie zu beschützen, die Zukunft der Monarchie zu sichern, ist das korrekt?»

Er nickt, mit unermüdlichem und unnachgiebigem Blick, wie eine Maschine. «Das ist es.»

«Sehen Sie sie sich gut an, Winston. Ohne sie gibt es keine Zukunft für diese Monarchie, haben Sie verstanden?»

Er verbeugt sich leicht. «Vollkommen, Sir.»

«Ich möchte, dass sie von Security umringt ist. Nur die besten Männer. Falls sie sich daran stört, lassen Sie die Leute undercover gehen, aber ich will, dass sie rund um die Uhr beschützt wird. Ist das klar?»

Wieder nickt er. «Machen Sie sich darüber keine Sorgen, Prinz Henry. Lady Sarah wird so sicher sein wie die Queen selbst.»

Und beinahe bin ich getröstet. Es stellt einen schrecklichen Konflikt dar, der zu sein, der ich bin, und jemanden so sehr zu lieben. Es hat einen Preis. Denn indem ich Sarah liebe, bringe ich ein gewisses Maß an Aufmerksamkeit und Augenmerk, ja sogar Gefahr, in ihr Leben, das ohne mich nicht da wäre. Die einzige Beruhigung ist, dass ich die Mittel habe, sie davor zu beschützen. Männer wie Winston und James und die Hunderte anderer nobler Securitymitarbeiter, die ihr Leben dafür geben würden, mich, meinen Bruder, meine Schwägerin, meine Großmutter – und nun meine Sarah – zu beschützen.

Ich klopfe Winston auf die Schulter, und mit einer Verbeugung geht er zum Flugzeug.

Und dann kehre ich an Sarahs Seite zurück, um sie anzusehen und mir diesen Moment ins Gedächtnis einzubrennen. Ich schiebe den Ärmel meines Mantels zurück und löse das Panzerarmband an meinem Handgelenk, dann öffne ich Sarahs Hand und lege es hinein.

«Pass gut für mich darauf auf, ja? Es wird schön sein zu wissen, dass sich die beiden Dinge, die mir am kostbarsten sind, am selben Ort befinden.»

Sie nickt und lächelt zu mir hoch, so liebevoll ... doch dann spannt ihre Miene sich an und bebt, als sie zu weinen beginnt. Sie schlingt fest die Arme um mich, und ich halte sie eng an mich gedrückt.

«Es tut mir leid», sagt sie an meinem Mantel. «Ich wollte nicht weinen.»

Ich küsse ihr Haar und wiege uns sanft hin und her. «Wein nur, so viel du willst, Liebes. Du weinst für uns beide.»

Ein paar letzte Augenblicke noch halten wir einander fest. Und dann ist es Zeit, loszulassen.

Ich küsse sie sanft, innig. Und als ich in ihre schönen Augen blicke, erinnere ich mich an Worte, die ich vor einem ganzen Leben gehört habe. Worte, die mich getröstet haben, als ich Trost mehr als alles andere brauchte.

Ich lege Sarah eine Hand an die Wange und lächle. «Es wird alles gut werden. Wir werden das schaffen, du und ich. Ja?»

Sie holt tief Luft und schenkt mir ebenfalls ein Lächeln. «Ja.»

Epilog

SARAH

Drei Jahre später

Henry hat sein Versprechen gehalten. Er hat mir jeden Tag einen Brief geschrieben, jeden Tag, den wir getrennt waren, und wie sich herausstellte, kann er phantastisch schreiben. Die meisten waren romantisch, unanständig, die typischen Briefe, die ein Soldat an seine Freundin zu Hause schreiben würde. Ein paar waren herzzerreißend, eine Möglichkeit für ihn, Trost zu finden, sich nach einem schwierigen Einsatz den Kummer von der Seele zu schreiben. Manche waren philosophisch, eine Möglichkeit, seine Gedanken und Überzeugungen zu ordnen, indem er sie mir mitteilte. Und da waren andere, die hoffnungsvoll waren, die von der Zukunft sprachen, unserer Zukunft, sowie von der Zukunft unseres Landes und unseres Volkes und davon, was für ein Anführer er zu sein hoffte.

Und ich tat es ihm Brief um Brief gleich. Ich stellte fest, dass ich beim Schreiben mutiger, unverblümter war, als ich normalerweise bin … obwohl ich es durch Henrys Anleitung an der Front der schmutzigen Worte schon ziemlich weit gebracht habe. In den Momenten, in denen er meinen Trost brauchte, wenn er meine offenen Arme brauchte, ich aber nicht da war, um ihn zu halten, schickte ich ihm Seiten um Seiten mit «Ich liebe dich» – weil es manchmal nichts anderes gibt, was man sagen kann. Andere Briefe erzählten von der Arbeit, die ich machte, den Kindern, die ich traf, und wie alle Kinder gleich sind, ganz egal, wo sie leben und welche Sprache sie sprechen … Sie alle haben diese enorme Widerstandskraft und haben so viel Liebe zu geben und sehnen sich so nach Liebe. Und es gab die Briefe, die ich über meine eigenen Träume schrieb, Träume von einem Leben mit ihm, Kindern vielleicht, und wie ich eines Tages für unser Volk eine Quelle der Kraft zu sein hoffe.

All unsere Briefe, seine an mich und meine an ihn, liegen im Privatsafe von Guthrie House aufbewahrt. Es ist ein merkwürdiger Gedanke, dass eines Tages, in vielen Jahren, jemand unsere Briefe lesen könnte, so, wie die Briefe zwischen George und Martha Washington studiert werden, als Teil der Geschichte. Für uns waren sie einfach nur Worte von Henry an Sarah und umgekehrt, aber wir verstehen und akzeptieren jetzt, welchen Platz wir eines Tages in der Welt einnehmen werden. Das ist es, wer wir sind, und wir haben unseren Frieden damit gemacht.

Als Henrys Militärdienst vorüber war, hat er mich gesucht und dort überrascht, wo ich für die BCA stationiert war. Für andere sah er aus wie irgendein rauer, bärtiger Soldat, aber ich erkannte ihn sofort. Diese Augen, dieses Lächeln – ich rannte auf ihn zu und warf mich in seine Arme, und da wussten wir beide, dass zwei Jahre Trennung unsere Leidenschaft und Liebe füreinander nur noch vertieft hatten.

Zurzeit lebt Henry in Guthrie House und arbeitet mit dem Parlament und der Queen zusammen, um in Wessco Veränderungen und Neuerungen durchzusetzen. Und ich habe meine eigene Wohnung in der Stadt. Mutter beschwert sich bei jedem Besuch über die Menschenmengen und den Lärm, aber sie kommt trotzdem. Penny hatte ein paar kleine Rollen in mehreren mäßig erfolgreichen Fernsehshows und einen riesig erfolgreichen Werbespot für eine Zahnweiß-Zahnpasta. Momentan prangt sie in L. A. auch auf einer Werbetafel, und sie macht mindestens einmal in der Woche ein Foto davon und schickt es mir, weil sie es immer noch nicht glauben kann.

Ich arbeite tagsüber in der Bibliothek des Palastes und bin Mitglied mehrerer Wohltätigkeitsorganisationen, die das Lesen und Schreiben fördern. Ich habe immer noch Mühe mit neuen Menschen und Orten, aber das hält mich nicht zurück, und wie ich einmal zu Henry sagte, haben wir alle unsere Marotten.

Was Henry betrifft, er bekommt meine Nächte. Fast alle davon, ständig. Hier in der Stadt ist es anders als in Castlebrook. Die Paparazzi sind erbarmungslos, und sie hätten nichts lieber als ein Foto von Henry oder mir, nachdem wir die Nacht zusammen verbracht haben. Wir müssen verstohlen sein.

Zum Glück ist *verstohlen* Henrys Spezialität. Sie haben uns noch nicht erwischt.

Genau genommen war ich letzte Nacht erst bei ihm, und wir haben über die Rede gesprochen, die er gerade vor dem Parlament hält. Ich habe ihm gesagt, falls er nervös wird, soll er sich mich einfach nackt vorstellen, und dann meinte er, seine Erinnerung bräuchte eine Auffrischung … und danach wurde nicht mehr viel geredet.

Jetzt sitze ich neben Prinz Nicholas und der Queen und höre zu, während Henry die Haltung des Hauses Pembrook bezüglich eines möglichen militärischen Einschreitens von Wessco erläutert. Er schreibt seine Reden selbst, in Abstimmung mit seiner Großmutter, und wie ich schon sagte: Er kann ziemlich gut schreiben.

Während Henry seine Ausführungen abschließt, sieht er langsam jedem einzelnen Mitglied des Parlaments in die Augen.

«Das ist keine Maßnahme, die ich leichtfertig vorschlage. Ich habe den Preis des Krieges gesehen, und mich schmerzt der Verlust jedes einzelnen Soldaten, als wäre er Teil meiner eigenen Familie ... weil er das ist.»

Und dann verändert sich seine Stimme. Nimmt an Stärke und Resonanz zu.

«Aber die Welt ist nicht immer grau. Es gibt Momente, in denen die Linie zwischen richtig und falsch klar und deutlich ist. Und jeder von uns muss seine Wahl treffen. Es heißt, das Böse gedeiht, wenn gute Männer und Frauen nichts tun. Darum bitte ich Sie heute, mit mir Stellung zu beziehen, an meiner Seite und der Seite der Söhne und Töchter von Wessco zu stehen, während wir mit einstimmiger, gewaltiger Stimme erklären: *Ich werde nicht nichts tun.*»

Die Kammer füllt sich mit donnerndem Applaus, und jedes Mitglied des Parlaments steht auf. Um an der Seite seiner Königlichen Hoheit, Kronprinz Henry, zu stehen.

Später steigt Henry vom Podium und bahnt sich seinen Weg durch die Menge sich unterhaltender Parlamentsmitglieder, dabei schüttelt er Hände und nickt Leuten zu. Als er bei uns ankommt, umarmt ihn sein Bruder und lächelt breit.

«Gut gemacht, Henry. Du hast geklungen wie ein richtiger Politiker.»

«Nein», stellt die Queen richtig. «Er hat geklungen wie ein König.»

Das ist das schönste Kompliment, das sie machen kann, und Henry ... errötet.

Ein sündiges Gefühl der Genugtuung kitzelt mich im Bauch, weil ich definitiv auf ihn abgefärbt habe. Henry zu lieben hat mich wild und mutig gemacht, und seine Liebe zu mir hat ihn demütig und ruhig werden lassen. Was für ein komisches Paar wir sind – besser als jedes Romanpaar, von dem ich gelesen habe.

Henry dreht sich zu Olivia um und umarmt sie herzlich. «Schau dich nur an, Olive.» Er wirft einen Blick auf ihre Mitte, wo sich ein noch sehr kleiner Babybauch gegen ihre Bluse drückt. «Ich werde dich bald Paprika nennen – so gefüllt, wie du bist.»

Olivia lacht. Und dann gehen wir nacheinander zu den wartenden Wagen hinaus und fahren zum Palast.

HENRY

Nach meiner Rede ziehen Sarah, Nicholas, Olivia, Granny und ich uns zum Tee in den gelben Salon zurück. Und ich schneide das Thema an, das mich in letzter Zeit oft beschäftigt.

«Ich möchte, dass Sarah nach Silvester nach Guthrie House zieht.»

Meine Großmutter verschluckt sich förmlich an ihrem Tee.

«Auf gar keinen Fall.»

«Warum nicht? Sie wohnt praktisch ohnehin schon dort. Wir können es ebensogut offiziell machen.»

Die Queen hebt eine Augenbraue. «Deine Definition von *offiziell* und meine sind sehr unterschiedlich.»

Ich zucke mit den Schultern. «Das Gesetz ist unmittelbar davor, geändert zu werden, und dann gibt es keinen Grund mehr, so zu tun, als würden wir nicht bei jeder sich bietenden Gelegenheit in jedem Raum von Guthrie House zur Sache kommen.»

Nach intensiver Lobbyarbeit haben wir die nötige Anzahl Stimmen zur Änderung des Gesetzes beinahe zusammen. Wir hoffen, dass es innerhalb des nächsten Jahres so weit ist, und dann wird es mir und allen zukünftigen Thronfolgern endlich freistehen zu heiraten, wen immer wir wollen. Und das erste Kind, das Sarah und ich bekommen, egal, ob Junge oder Mädchen, wird an oberster Stelle der Thronfolge stehen.

«Zu viel Info, Henry», scherzt Olivia.

«Danke, Olivia», fügt meine Großmutter hinzu. «Das war auch mein Gedanke.» Sie stellt ihre Teetasse ab. «Einen Schritt nach dem anderen, mein Junge. Die Tradition erfordert immer noch Schicklichkeit. Die Tatsache, dass Sarah dich zu Staatsaufgaben und Familienangelegenheiten begleitet, wäre noch vor zehn Jahren skandalös gewesen. Ihr seid noch nicht einmal verlobt.»

Ich winke ab. «Reine Formsache.»

Nicholas lacht leise. «Du klingst furchbar großspurig für einen Mann, der ihr noch gar keinen Antrag gemacht hat.»

«Nur realistisch.» Ich zwinkere Sarah zu. «Ich bin unwiderstehlich.»

Mein kleines Entlein verdreht die hübschen Augen.

«Wie dem auch sei», meint die Queen trocken, «wir müssen ein gutes Beispiel für die jungen Damen von Wessco setzen.» Sie tätschelt Sarahs Hand. «Erklär es ihm, meine Liebe.»

Meine Großmutter und Sarah sind sich im letzten Jahr sehr nahe gekommen. Granny hat Sarah unter ihre Fittiche genommen und ist zu einer wunderbaren, starken Mentorin für mein bezauberndes Mädchen geworden. Ein bisschen wie Imperator Palpatine und Darth Vader.

«Oh, ich weiß nicht, Queen Lenora», erwidert Sarah. «Ich bin eine moderne, unabhängige Frau. Mit Henry vor der Ehe zusammenzuleben könnte ein sehr gutes Beispiel für die Frauen von Wessco sein. Wie sagt man? ‹Erst testen, dann kaufen›?»

«Erst testen ...», stottert die Queen empört. Und dann schaut sie Sarah ins Gesicht. «Ziehst du mich etwa auf, Sarah Van Titebottum?», fragt sie streng.

Sarahs Miene wird ernst, aber das Funkeln in ihren Augen bleibt. «Ja, Euer Majestät. Tut mir leid. Ihr Enkel ist ein schrecklicher Einfluss.» Auf mehr als eine Weise.

Ich wackle anzüglich mit den Augenbrauen, und Sarah wirft mir einen gespielt tadelnden Blick zu, bevor sie die Queen beruhigt.

«Aber ich bin Ihrer Meinung: Ich werde erst nach der Hochzeit nach Guthrie House ziehen. Wir genießen so viel Unterstützung durch das Volk, dass wir es nicht riskieren sollten, die konservativeren Bürger zu verärgern. Ganz gleich, wie verlockend die Vorstellung auch sein mag.»

Meine Großmutter nickt. «Gut gesprochen, Kind.»

Und ich schmolle. «Aber das dauert noch so *lange*. Ich will nicht mehr warten.»

Die Queen hat kein Mitleid. «Dann schlage ich vor, du bringst den Ball ins Rollen, Henry. Wie heißt es so schön? *If you like it, you should put a ring on it.*» Dann fügt sie stolz hinzu: «Das habe ich einmal zu Beyoncé gesagt.»

Wir alle lachen. Denn offensichtlich hat die Queen Sinn für Humor.

Wer hätte das gedacht?

Trotzdem ... ein guter Ratschlag.

♛

Sarah findet, Hochzeiten sind die besten Happy Ends. Aber wenn man eine königliche Hochzeit gesehen hat, dann hat man im Wesentlichen alle gesehen – glänzende titelblattwürdige Erinnerungsfotos des atemberaubenden weißen Kleids, der schneidige Bräutigam in seiner Gardeuniform, die goldenen Pferdekutschen, die Menge, die reizenden Blumenmädchen.

Die echte Story kommt vorher. Die, die nur eine Handvoll Leute kennen und sogar noch weniger miterleben dürfen.

Für uns passiert es im Horny Goat. Sarah sieht umwerfend aus in ihrem pflaumenblauen Kleid. Sie mag es immer noch nicht, aufzufallen, und ist immer noch kein Fan von hellen Farben, aber ihre modischen Entscheidungen sind lebhafter und mutiger geworden – genau wie sie.

Ich gehe davon aus, dass ich etwas damit zu tun hatte.

Nicholas und Olive sind bei uns, Penelope und auch die quirlige Schwägerin meines Bruders, Ellie Hammond, sowie unsere Freunde Simon und Franny, Willard und Laura, Annie, Sam und Elizabeth. Macalister und Meg stehen hinter der Bar und James und Big Mick an der Tür, zusammen mit zwei Mitgliedern der Security meines Bruders, Tommy Sullivan und Logan St. James.

Die Gang ist komplett.

Auf der Bühne steht ein Stuhl mit meiner Gitarre. Ich tippe gegen das Mikrophon, und die Menge wird leise.

«Mein Vater hat in seiner Freizeit Puzzles zusammengesetzt, das war sein Hobby», sage ich. «Große, komplizierte Puzzles mit Tausenden von Teilen. Ich erinnere mich, dass ich meine Spielzeugautos auf dem Teppich seines Arbeitszimmers herumgeschoben habe, während er am Tisch saß und geduldig ein Stück nach dem anderen zusammensetzte.»

Ich sehe Nicholas lächeln, weil auch er sich daran erinnert.

«Und manchmal gab es Teile, nur eins oder zwei, die merkwürdig geformt waren, die nirgendwo hinzupassen schienen. Die legte er beiseite, und ich dachte immer, vielleicht stimmt mit denen was nicht, vielleicht sind sie kaputt. Aber dann … fand er das Teil, zu dem sie passten, ihr perfektes Gegenstück. Und wenn die zwei Teile zusammengefügt wurden, konnte man sehen, was sie sein sollten. Wo sie hineinpassten und wie wichtig sie für das gesamte Bild waren.»

Ich mustere die Menge auf der Suche nach den dunklen Augen meiner Sarah, und als ich sie finde, sind sie bereits voller Tränen.

Weil sie weiß, was gleich kommen wird.

«Der offizielle Bericht über den heutigen Abend wird sehr schicklich und angemessen und … verdammt langweilig sein. Aber das ist okay. Denn diejenigen von euch, die heute hier sind, diejenigen von euch, die Sarah und mir am meisten bedeuten, Ihr werdet die wahre Geschichte kennen, wie alles passiert ist. Dass es einmal einen erbärmlichen jungen Kerl gab, der ein schüchternes, reizendes Mädchen traf, und wie sie zusammen mehr wurden ... Etwas, das stark ist und schön und für immer. Und eines Abends sang er ein Lied für sie, in einem herrlich heruntergekommenen alten Pub. Ein Lied mit einer Frage darin. Und nachdem er die allerletzte Note gespielt hatte, sagte sie tausendmal Ja.»

Meine Lippen dehnen sich zu einem breiten Lächeln. «Zumindest ... hoffe ich, dass es so laufen wird.»

Ich lege meine Finger an die Saiten und spiele die ersten Töne von *Marry Me* von Train.

Und während ich davon singe, dass *für immer* nicht lange genug ist, davon, dass Liebe uns den Weg zeigt und ich ihr jeden Abend etwas vorsingen will, sehe ich Sarah unverwandt an, und sie nimmt keinen Moment lang die Augen von mir.

Sie nickt bereits, als die letzten Töne der Gitarre verklingen, als ich die Bühne verlasse und vor ihr niedersinke, nicht auf ein Knie, sondern auf beide, und ihr den Ring meiner Mutter darbiete, einen makellosen ovalen Diamanten in einem Bett funkelnder kleinerer Diamanten, gefasst in glänzendes Platin.

«Ich liebe dich, Sarah. Das weißt du bereits, aber ich verspreche, es dir trotzdem an jedem einzelnen Tag zu sagen und zu zeigen. Ich verspreche, dich immer zu beschützen, damit du nie Angst davor zu haben brauchst, mutig und tapfer zu sein, selbst wenn es mir Todesangst einjagt. Ich werde deine liebliche Anmut immer in Ehren halten und mich von deiner Stärke und Güte inspirieren lassen. Und ich verspreche dir ein Leben voller Abenteuer und Aufregung und Spaß und genug Liebe und Lachen, um die Seiten von tausend Büchern zu füllen.»

Mit vor Emotion zugeschnürter Kehle lächle ich zu ihr hoch, und mein Herz ist kurz davor zu platzen.

«Willst du mich heiraten, Sarah?»

Und mit Freudentränen, die ihr übers Gesicht strömen, sinkt mein wunderschönes Mädchen zu mir auf die Knie, nimmt mein Gesicht in die Hände und flüstert: «Ja, Henry. Ja, ich will dich heiraten. Ja, ja, ja, ja ...»

Ich ziehe sie an mich, und wir besiegeln unsere Worte mit einem langen Kuss. Und das Klatschen und Jubeln der Menschen, die uns am besten kennen und am meisten lieben, erfüllt die Luft.

Und das, das ist die Geschichte, die man nicht im Fernsehen sehen oder in den Geschichtsbüchern lesen wird. Die Geschichte eines widerspenstigen Prinzen, der die Königin seines Herzens fand und lernte, ein König zu sein.

Leseprobe

Emma Chase

Prince of Passion
Logan

Roman

Rowohlt Polaris

Nicht jeder Prinz trägt eine Krone – das Finale der Prince-of-Passion-Trilogie über Logan St. James, den königlichen Bodyguard, und Ellie Hammond, seinen Schützling. Ihre Liebesgeschichte ist nicht einfach oder schnell. Fünf Jahre lang wachsen ihre Gefühle, werden intensiver, schwieriger zu verleugnen. Fünf Jahre, und dann ändert sich alles ...

Weitere Informationen finden Sie unter
www.endlichkyss.de und www.rowohlt.de

PROLOG

Logan

Manche Männer denken mit ihrem Schwanz.

Ihr kennt die Sorte. Aalglatte Süßholzraspler, mit ungeduldigem Blick immer auf der Suche nach einem hübschen Paar Beinen, vollen Möpsen oder einem knackigen Arsch, hinter denen sie herlechzen können.

Andere Kerle denken zu sehr mit ihrem Gehirn. Die Sorte kennt ihr auch. Irritierend vorsichtig, langsam, ständig wägen sie ihre Worte ab, als wüssten sie schon von vornherein, dass alles, was sie sagen, sich irgendwann einmal rächen wird.

Ich bin keins von beidem.

Ich höre immer auf meinen Bauch. Wenn er sich warnend zusammenzieht, handle ich, ohne zu zögern. Wenn er kribbelt und stupst, halte ich inne und schätze die Situation neu ein. Wenn er rumort und sich windet, weiß ich, dass ich gewaltig Mist gebaut habe.

Mein Bauchgefühl ist mein bester Freund, mein Gewissen, mein tödlichstes Kapital.

Und es hat mich noch nie im Stich gelassen.

Dieses Bauchgefühl ist es, das mich zu ihrer Tür zieht. Das mich entschlossen klopfen lässt. Das mir die Worte eingibt. Flehende, ungewohnt reuevolle Worte, die ich dennoch gerne sage, um das hier in Ordnung zu bringen.

Um sie zurückzubekommen.

Denn obwohl mein Bauchgefühl so zuverlässig ist, kann ich manchmal ein gewaltiger Idiot sein.

Wie gestern zum Beispiel.

«Ellie. Ich bin's. Mach auf, wir müssen reden.»

Ich nehme Bewegung auf der anderen Seite der soliden Eichentür wahr, nicht durch Geräusche oder Schatten unter der Tür, sondern eher als ein Gefühl. Ich kann sie dort drin spüren. Nah und lauschend.

«Geh weg, Logan.»

Ihre Stimme ist angespannt, höher als sonst. Aufgebracht.

«Ellie, bitte. Ich war ein Trottel, ich weiß ...» Ich bin nicht scharf darauf, im Flur zu betteln, aber wenn es nötig ist ... «Es tut mir leid. Lass mich rein.»

Ellie ist nicht leicht zu verärgern, und sie vergibt schnell; sie ist einfach nicht hart oder gemein genug, lange einen Groll zu hegen. Deshalb treffen mich ihre nächsten Worte wie eine Axt, sie ziehen mir die Beine unter den Füßen weg.

«Nein, du hattest recht. Die Schwester der Prinzessin und der Bodyguard aus East Amboy, das ergibt keinen Sinn. Das mit uns würde nie halten.»

Habe ich das tatsächlich zu ihr gesagt? Was zum Teufel ist los mit mir? Was ich für sie empfinde, ist das Einzige in meinem Leben, das Sinn ergibt. Das zählt.

Aber das habe ich ihr nie gesagt.

Stattdessen ... Stattdessen habe ich genau das Falsche gesagt.

Ich stütze mich mit einer Hand am glatten Holz ab und lehne mich vor, weil ich ihr so nah sein will wie möglich. «Ellie ...»

«Ich habe meine Meinung geändert, Logan.»

Wenn ein Leichnam sprechen könnte, würde er ganz genauso klingen wie meine Ellie gerade. Ausdruckslos, leblos.

«Ich will das Märchen. Ich will, was Olivia hat ... Schlösser und Kutschen ... Und du wirst mir das nie bieten können. Mit dir würde ich mich mit so viel weniger zufriedengeben müssen. Du würdest mich nie glücklich machen können.»

Das meint sie nicht so. Es sind meine Worte, die Unsicherheit, die ich ihr in den Mund gelegt habe, die sie jetzt zu mir zurückschleudert.

Aber Gott, es tut verdammt weh, die Worte zu hören. Sie treffen mich wie ein tiefer Stich in die Magengrube, zerquetschen meine Brust, zermalmen meine Knochen. Ich habe es ernst gemeint, als ich sagte, dass ich für sie sterben würde … und im Moment fühlt es sich so an.

Ich greife nach dem Türknauf, um reinzugehen, um ihr Gesicht zu sehen. Um zu sehen, dass sie es nicht so meint.

«Ellie –»

«Komm nicht rein!», kreischt sie in einem Ton, wie ich ihn bei ihr noch nie zuvor gehört habe. «Ich will dich nicht sehen! Geh weg, Logan. Mit uns ist es aus. *Geh* einfach!»

Ich atme heftig. Das ist es, was man tut, wenn einen der Schmerz in die Knie zwingen will, man atmet ihn weg. Dann schlucke ich den bitteren Geschmack im Mund hinunter, straffe den Rücken, drehe mich um und gehe den Flur hinunter. Weg von ihr. So, wie sie es will, wie sie es erbeten hat. Wie sie es geschrien hat.

Mein Verstand sagt mir, ich soll schneller gehen. So schnell wie möglich von hier verschwinden, es akzeptieren und meine Wunden lecken. Und mein Herz – Gott, das erbärmliche Ding ist zu mitgenommen und blutig, um irgendetwas zu sagen.

Aber dann, auf halbem Weg den Flur entlang, werden meine Schritte langsamer, bis ich vollständig stehen bleibe.

Denn mein Bauchgefühl … Etwas kämpft sich durch den Schmerz. Etwas rebelliert. Etwas schreit mich an, dass das hier nicht richtig ist. Das ist nicht sie. Irgendetwas stimmt hier nicht.

Irgendetwas stimmt hier ganz und gar nicht.

Ich werfe einen Blick den ruhigen Flur rauf und runter. Keine Wache, kein Zimmermädchen in Sicht. Ich sehe wieder die Tür an. Geschlossen und still und stumm.

Dann drehe ich mich um und marschiere schnurstracks zu ihr zurück. Ich klopfe nicht oder warte oder bitte um Erlaubnis. Mit einer einzigen Bewegung drehe ich den Türknauf und trete ein.

Und was ich sehe, lässt mich wie angewurzelt stehen bleiben.

Denn was immer ich auch erwartet hatte, es war ganz sicher nicht das.

Ganz und gar nicht …

1

Logan

Fünf Jahre zuvor

«Sie wollten mich sprechen, Prinz Nicholas?»

Ich muss etwas gestehen: Als mir eine Stelle im Security-Team der königlichen Familie angeboten wurde, hatte ich anfangs kein Interesse. Die Vorstellung, auf Schritt und Tritt irgendeinem aufgeblasenen Aristokraten zu folgen, der in den Klang seiner eigenen Stimme verliebt ist – vermutlich sogar in den Geruch seines eigenen Arsches –, sprach mich nicht gerade an. So, wie ich das sah, standen Bodyguards nur eine Stufe über Dienern, und ich bin der Diener von niemandem.

Ich wollte Action. Ruhm und Ehre. Eine Aufgabe. Ich wollte Teil von etwas sein, das größer ist als ich. Etwas Nobles und Beständiges.

«Ja, Logan. Setzen Sie sich doch.»

Ich hatte mich beim Militär ziemlich schnell ausgezeichnet. Und Winston, dem Chef der Palast-Security, war das aufgefallen. Sie suchten nach sehr speziellen Fähigkeiten für das persönliche Team von Prinz Nicholas, sagte er. Jungen Männern mit schnellem Reaktionsvermögen, loyal und erbittert, falls erforderlich. Von der Sorte, die kein Problem damit hat, mit einem Messer zu einer Schießerei zu kommen, weil sie kein verdammtes Messer oder eine Schusswaffe braucht, um zu gewinnen.

Schon nach wenigen Wochen hatte ich eine andere Meinung von dem Posten. Er fing an, sich wie eine Berufung anzufühlen, wie eine Pflicht. Wichtige Männer bewirken etwas, bewegen etwas. Sie haben die Macht, den nicht so wichtigen Leuten das Leben leichter zu machen.

Ich beschütze sie, damit sie das tun können.

Und der junge Prinz, der mir nun gegenübersitzt, hinter dem Schreibtisch in der Bibliothek seiner luxuriösen Penthouse-Suite – er ist ein wichtiger Mann.

«Wie alt sind Sie, Logan?»

«In meiner Akte steht, dass ich fünfundzwanzig bin.»

Wenn Petrus ein Menschenfischer war, dann bin ich ein Menschenleser. Das ist eine Fähigkeit, die für diesen Beruf wesentlich ist: ein Bauchgefühl dafür zu haben, welche Absichten ein anderer hegt. Die Fähigkeit, den Blick eines Mannes zu deuten, die Veränderung seiner Haltung, zu wissen, wozu er fähig ist und was für ein Mensch er ist.

Nicholas Pembrook ist ein guter Mensch. Durch und durch.

Und das ist selten.

Meistens sind wichtige Männer richtige Drecksäcke.

Seine Mundwinkel zucken. «Ich weiß, was in Ihrer Akte steht. Das war es nicht, was ich gefragt habe.» Er ist auch kein Idiot, und er wurde in seinem Leben schon oft genug angelogen, um ein Gehör dafür entwickelt zu haben, wann etwas nicht wahr klingt.

«Wie alt sind Sie wirklich?»

Ich sehe ihm in die Augen, während ich mich frage, worauf er hinauswill.

«Zweiundzwanzig.»

Er nickt langsam, dabei massiert er mit dem Daumen die Handfläche seiner anderen Hand, während er nachdenkt.

«Also haben Sie sich mit ... fünfzehn beim Militär gemeldet? Und über Ihr Alter gelogen? Das ist jung.»

Ich zucke mit den Schultern. «Man war nicht wirklich wählerisch im Rekrutierungsamt. Ich war groß, kräftig und gut mit meinen Fäusten.»

«Sie waren noch ein Kind.»

«Ich war nie ein Kind, Hoheit. Ebenso wenig wie Sie.»

Kindheit ist, wenn man Mist bauen soll, wenn man herausfinden soll, wer man ist und was man sein will. Man bekommt die Erlaubnis, ein Blödmann zu sein. Dieses Privileg hatte ich nicht, ebenso wenig wie Nicholas. Unsere Wege waren uns schon vor der Geburt vorgezeichnet. Gegensätzliche Wege, gewiss, aber ob man nun in einer Hütte oder in einem Palast aufwächst, die Erwartungen und Forderungen jener um einen herum neigen dazu, jegliche Unschuld ziemlich schnell zu ersticken.

«Warum sind Sie so jung von zu Hause fortgegangen?»

Jetzt bin ich es, der schmunzelt. Weil ich auch kein Idiot bin. «Sie wissen, warum. Das steht auch in meiner Akte.»

Ich bin gut darin, Drecksäcke zu erkennen, weil ich einer langen Reihe von Drecksäcken entstamme. Kriminellen. Nicht besonders erfolgreichen Kriminellen. Kleinen Gaunern und Schmarotzern, verzweifelt genug, um gefährlich zu sein, von der Sorte, die dir ins Gesicht lächelt, auf die Schulter klopft und dir dann ein Messer in den Rücken rammt, sobald du nicht hinsiehst.

Mein Großvater starb im Gefängnis. Er saß für Mord während eines bewaffneten Raubüberfalls. Mein Dad wird auch dort sterben, lieber heute als morgen. Er sitzt wegen Totschlags. Ich habe Onkel, die wegen einer ganzen Bandbreite krimineller Aktivitäten im Bau waren, Cousins, die am hellichten Tag mitten auf der Straße umgebracht wurden, und Tanten, die ihre Töchter ohne Skrupel auf den Strich geschickt haben.

Als ich fünfzehn war, wusste ich, falls ich in diesem Scheißloch blieb, dann würde ich auch in der Scheiße untergehen. Und dann hätte ich nur zwei Möglichkeiten: Gefängnis oder den Friedhof.

Keins von beidem war etwas für mich.

«Worum geht es hier wirklich? Wozu all diese Fragen?»

Es ist immer besser, gleich zur Sache zu kommen, schnell und schmerzlos.

Mit prüfender Miene richtet er seine graugrünen Augen auf mich, die Schultern leicht gebeugt, als säße ein Elefant auf ihnen.

«Nach der Sache mit Henry will die Queen, dass wir zurück nach Wessco kommen, in zwei Tagen. Das wissen Sie.»

Ich nicke.

«Ich möchte Olivia mit nach Hause nehmen, den Sommer über.»

Eine Zeitlang war ich hin und her gerissen, was die hübsche New Yorker Bäckerin betraf. Sie setzte Nicholas Flausen in den Kopf, machte ihn leichtsinnig. Aber sie ist ein gutes Mädchen, fleißig, ehrlich – und sie hat ihn wirklich gern. Nicht seinen Titel oder sein Bankkonto. Die könnten ihr nicht egaler sein, und wahrscheinlich wäre er ihr ohne sie lieber. Sie macht ihn glücklich.

Und in den knapp zwei Jahren, seit ich für den Kronprinz arbeite, ist wirklich glücklich etwas, das ich noch nie bei ihm gesehen habe, glaube ich.

«Ist das klug?», frage ich.

Olivia Hammond ist ein süßes Mädchen. Aber der Palast … hat ein Händchen dafür, süß in bitter zu verwandeln.

«Nein. Aber ich will es trotzdem.»

Und der Ausdruck auf seinem Gesicht, der ist offen und ungeschützt. Sehnsüchtig. Von außen betrachtet, könnte man meinen, ein Royal könnte alles haben, was er will. Nicholas hat Privatjets, Diener, Schlösser und mehr Geld, als er in einem ganzen Leben ausgeben könnte, aber ich kann mich an keine einzige Situation erinnern, in der er je getan hat, was er wollte, einfach nur so zum Spaß. Oder in der er sich erlaubte, etwas zu tun, von dem er wusste, dass er es nicht tun sollte.

Ich bewundere ihn, aber ich beneide ihn nicht.

«Olivia will mitkommen, aber sie macht sich Sorgen, ihre Schwester den Sommer über allein zu lassen. Ellie ist jung, noch in der Schule und … naiv.»

Sie hat auch einen wilden Zug an sich. So wild wie die pinkfarbige Strähne in ihrem blonden Haar, zu der sich in den zwei Monaten, seit wir in New York sind, auch noch eine blaue und dann eine grüne gesellt haben.

«Ich könnte mir vorstellen, dass sie Schwierigkeiten anzieht», bemerke ich.

«Genau. Außerdem wird Ellie den Coffee Shop allein führen müssen, mit nur Marty als Hilfe. Olivias Vater ist –»

«Er ist ein Trinker.»

Ich bin auch gut darin, die zu erkennen. Die rieche ich auf eine Meile.

«Ja.» Nicholas seufzt. «Sehen Sie, Logan, Sie sind schon lange genug dabei, um zu wissen, dass ich nicht leicht oder oft jemandem vertraue. Aber Ihnen vertraue ich.» Er fährt sich mit einer Hand durch seine schwarzen Haare und sieht mir in die Augen. «Aus diesem Grund frage ich Sie. Werden Sie in New York bleiben? Werden Sie Ellie helfen, auf sie aufpassen ... dafür sorgen, dass sie in Sicherheit ist?»

Sie scheint ein anständiges Mädchen zu sein, aber wie ich schon sagte, bin ich kein Diener – und ich bin auch kein Babysitter. Die königliche Familie zu beschützen ist eine Pflicht, die ich gewählt habe. Einen amerikanischen Teenager im Auge zu behalten, da ist der Ärger verdammt noch mal vorprogrammiert.

Nicholas sieht aus dem Fenster. «Ich weiß, das ist viel verlangt. Das ist nicht Ihre Aufgabe. Sie können Nein sagen. Aber es gibt niemanden sonst, den ich dafür wählen würde ... niemanden sonst, auf den ich mich verlassen kann. Also würde ich es als persönlichen Gefallen betrachten, wenn Sie Ja sagen.»

Ach ... verdammt.

Ich habe einen Bruder. Zu sagen, dass ich mir wünsche, ich hätte keinen, wäre untertrieben. Und nicht auf die gleiche Weise, wie Nicholas sich wünscht, sein königlicher Schnösel von einem Bruder würde verdammt noch mal erwachsen werden, oder wie Miss Olivia manchmal verärgert über ihre jüngere Schwester wirkt. Die Welt wäre ohne meinen Bruder ein besserer Ort, und das ist eine Haltung, die andere mit mir teilen.

Aber wenn ich die Wahl hätte, wenn ich mir einen Bruder von Grund auf zusammenbauen könnte, dann würde ich den Mann bauen, der gerade vor mir sitzt.

Und darum, obwohl ich es verdammt noch mal bereuen werde, dauert es nur einen einzigen Moment, bis ich ihm meine Antwort gebe.

«James hat einen Jungen daheim, ungefähr ein Jahr alt, deshalb wird er mit Ihnen nach Hause fahren wollen. Tommy wird gern bleiben. Die Bronx ist wie ein persönlicher Harem für ihn. Mit uns beiden und noch zwei weiteren Männern, Cory und Liam vielleicht, können wir das Mädchen den Sommer über aus Schwierigkeiten raus- und den Laden über Wasser halten.»

Ein breites Lächeln legt sich auf Nicholas' Gesicht, und seine Augen leuchten vor Erleichterung auf. Er steht auf, streckt mir die Hand hin, um meine zu schütteln, und klopft mir dankbar auf die Schulter.

«Danke, Logan. Wirklich. Das werde ich Ihnen nicht vergessen.»

Dieser Sommer wird ... mal was anderes werden.

MIX
Papier aus verantwortungsvollen Quellen
FSC® C083411

Das für dieses Buch verwendete Papier ist FSC®-zertifiziert.